财富传承

案例与实务操作

王秀全 郭万华 主编

吴云飞 李金萍 高郡瞳 副主编

法律出版社 LAW PRESS·CHINA

财富传承

案例与实务操作

编委会

主　编：王秀全　郭万华

副主编：吴云飞　李金萍　高郡瞳

编委会成员：

王秀全　郭万华　吴云飞

李金萍　高郡瞳　王丹丹

刘　佳

/ 主编简介 /

王秀全 律师

王秀全律师系北京济和律师事务所合伙人，北京市优秀婚姻家庭法专业律师，兼有拍卖师、婚姻家庭咨询师、心理咨询师、证券从业等资质。系北京离婚律师网（www.bjlhlawyer.com)创始合伙人、“财富帮传承论坛”的发起人之一。

王秀全律师自2000年即开始从事法律工作，主要业务领域为婚姻继承及财富传承。对于不良企业资产、文化艺术品、不动产相关的拍卖法律法规有较深入的研究。

擅长家族企业股权设计及风险防范，并已实际运用遗嘱、契约、大额保单、信托等财富传承工具为企业家及高净值人士的财富传承进行了良好规划。在实务操作中，曾担任多起家族企业继承案件的遗嘱执行人并实际履行遗产管理人的职责。对现实中公司股权、有价证券、虚拟资产等特殊类型的遗产继承案件有着丰富的实战经验。另外，王秀全律师还对婚姻财产保护、个人资产保全具有独到实务经验。执业期间曾多次担任保险公司、私人银行、财富传承机构的培训讲师。王律师能够在实践中总结成功方法，然后再应用于具体的传承案例之中，最终达到使客户的财富安全、合法、稳健传承的目的。

王秀全律师曾受邀中央电视台《社会与法》频道，对婚姻家事领域出现的问题进行点评。系司法部“五五普法”《与法同行》栏目婚姻家庭案件的嘉宾律师。在执业期间多次接受《法制晚报》《北京晚报》《家庭百科报》《大众阅读报》《环球时报》《侨报》《中国日报》《星期日电讯报》《法律与生活》《中国妇女》等媒体的采访，有效地传播了与婚姻家庭及财富传承相关的法律知识。

出版有《我的婚房谁的名》《离婚自助一本通》《继承自助一本通》《房地产纠纷案例与实务大全》《房屋土地征收补偿纠纷180问》等书籍。

王秀全律师曾被评为：“北京市朝阳区优秀青年律师”“北京市优秀婚姻家庭法专业律师”“2015-2018年度优秀律师”“中华遗嘱库优秀律师”“2019-2020年度律师行业优秀共产党员”

微信号(手机同号):13661058044

邮箱：wangxiuquanlawyer@163.com

郭万华 律师

郭万华律师系北京济和律师事务所创始合伙人，兼有婚姻家庭咨询师、心理咨询师等资质。系北京离婚律师网（www.bjlhlawyer.com)的发起人之一。

郭万华律师自2002年起从事法律工作，主要业务领域为婚姻家事、公司法律实务及财富传承等。擅长家族企业股权设计及风险防范，利用财富传承工具为企业家及高净值人士的财富传承进行良好规划。在公司股权、企业合规管理、债权清收等领域有着丰富的执业经验。

郭万华律师自2002年起开始专注于民事案件的代理工作，积累了丰富的办案经验，成功办理了在国内有重大影响的婚姻家事案件，如：调解某某投资集团公司CEO涉及近十亿财产离婚纠纷案、某某外资企业高管变更抚养权案、某某美籍华人离婚后巨额境外财产分割案、某某德国籍人士巨额财产分割和争取子女抚养权案。自2008年起至今，担任了国内某知名娱乐经纪公司的常年法律顾问。

郭万华律师曾多次接受《法制晚报》《北京晚报》《法律与生活》《环球时报》《侨报》《中国日报》《星期日电讯报》《TIME》等国内外媒体的采访，有效普及了与财富传承相关的法律知识，发表的多篇法律类文章被《今日头条》《凤凰网》等媒体转载和推广。

出版有《我的婚房谁的名》《离婚自助一本通》《继承自助一本通》《房地产纠纷案例与实务大全》《房屋土地征收补偿纠纷180问》等法律书籍。

郭万华律师曾被评为：

“北京市朝阳区优秀律师”“北京市朝阳区社会公益律师”

微信号(手机同号):13366882255

邮箱：13366882255@163.com

/ 副主编简介 /

吴云飞 律师

吴云飞律师系天津君耀律师事务所副主任。毕业于南开大学。天津知名家族传承律师，现为中华全国律师协会和天津市律师协会会员。

吴云飞律师目前是天津市城市建设协会监事长，天津市国际商会副会长，天津市安徽商会副会长，天津市浙江商会特邀副会长，天津市三胞中青年联谊会理事。中国民航大学校外导师，天津外国语大学校外导师。吴云飞律师多次受邀担任天津电视台法律访谈嘉宾。

吴云飞律师执业以诚信为本，法学功底扎实，实务能力突出，思维活跃，对法律事务要求严格，尤其擅长婚姻家庭、财产继承纠纷等各类复杂、疑难案件。

吴云飞律师在诉讼业务中，能够综合考量各方面因素确定代理方案，谙熟诉讼程序，应对策略丰富。其在金融、公司领域的诉讼与非诉讼业务中也涉及颇广。对顾问单位的项目选取、风险防控等方面严格把关，取得了客户普遍认同和广泛称赞，并在提供法律服务的过程中，与客户建立了良好稳定的合作关系。担任天津国电津能热电有限公司等多家大型国有企业和天津潮信投资集团等多家民营企业的法律顾问。

微信号：wulvshi1978

邮箱：wulvshi1978@163.com

李金萍 律师

李金萍律师，执业于北京济和律师事务所，毕业于吉林大学。主要研究领域为：婚姻家事、房产纠纷、民商事案件代理。主要业务方向为：家族财富传承。

李金萍律师在婚姻家庭、民商经济合同、人身保险的具体运用等领域具有深厚的理论功底和丰富的实践经验。始终专注于围绕客户财富管理、财富保全以及财富传承的需求，结合客户婚姻家庭、财产情况，综合运用遗嘱、协议、人身保险、家族信托等传承工具，为客户量身订做财富管理解决方案，助力高净值客户最终实现财富稳健传承之目的。

李金萍律师在执业期间曾多次受邀为人寿保险公司从业人员进行专业培训，为私行客户的疑难复杂传承问题提供有效咨询，并担任了国内某知名娱乐经纪公司常年法律顾问。

李金萍秉承“受人之托，忠人之事”的执业理念，以细致认真的工作态度赢得了当事人的信任，并以深厚的专业知识、精湛的诉讼技巧和高尚的职业道德赢得了同行好评，为当事人提供专业化的服务，有效地维护了当事人的合法权益。

“成功一凝聚着我们的汗水”，李金萍律师以此作为自己的座右铭，鞭策自己向专业化方向纵深发展，并在自己的专业领域为客户提供优质、高效的法律服务。

已出版著作：《继承自助一本通》

《房地产纠纷案例与实务大全》

微信号（手机同号）：18810636960

邮箱：290751075@qq.com

高郡瞳 律师

北京济和律师事务所合伙人，北京知名婚姻家事律师，兼有法务会计师资格，系北大股权律师联盟理事、北京市文化娱乐法学会理事、中小企业投融资协会特聘法律顾问。

从事公司及婚姻家事法律业务十余年，实战经验丰富，多次接受主流媒体及网络媒体对婚姻家事问题的专访。

高郡瞳律师代理了众多复杂的婚姻家事案件，并专注私人财富传承领域研究，多次受财富管理机构及保险公司的邀请，向高净值客户提供系统化的培训和法律服务。同时，高郡瞳律师担任多家企事业单位的法律顾问，多次为企业提供投融资、并购、重组等专项法律服务，并代理多起公司纠纷案件。高郡瞳律师擅长利用家族企业股权设计、家族信托等创新法律业务，为诸多高净值人士提供极具实操性的私人财富顾问服务。高郡瞳律师尤其擅长处理公司与婚姻家事领域交叉的复杂法律事务。

高郡瞳律师办案风格严谨、认真、负责，善于从不同角度利用斡旋、谈判、调解、诉讼等多种法律手段为当事人实现利益最大化。高郡瞳律师在承办的婚姻家事案件中，秉承“将法律温度化、将服务可视化”的原则，勤恳而敬业、受到当事人一致的好评。

微信号（手机同号）：18911695926
邮箱：mermaid_shan@126.com

序　言

2020年5月28日，第十三届全国人民代表大会第三次会议表决通过了《中华人民共和国民法典》（以下简称《民法典》），自2021年1月1日起施行，与财富传承关联度较高的《婚姻法》《继承法》《合同法》《物权法》《民法通则》《民法总则》同时废止。

《民法典》被称为"社会生活百科全书"，是民事权利的宣言书和保障书，如果说《宪法》重在限制公权力，那么《民法典》就重在保护私权利。《民法典》的诞生与施行，必将对财富传承领域产生深远的影响。

孟子云："民之为道也，有恒产者有恒心，无恒产者无恒心。"但谚语又说"富不过三代"，如何创造财富并使之得以壮大？如何传承财富使其子孙得之并传之久远？这一系列问题成了摆在家族企业和高净值人士面前的难题。

本书的作者均具有丰富的家事业务代理经验，在财富传承领域各有专攻，有研究拍卖的行业翘楚、有保险领域的法律专家、有设计传承架构的实务人才、有为家族企业保驾护航的法律顾问、有运筹帷幄的信托业精英，他们聚在一起，通过对遗嘱、契约、保险、信托等传承工具的灵活运用，为读者奉上财富传承的饕餮盛宴，这本书在体系架构上分为遗嘱继承篇、财产协议篇、保险传承篇、信托传承篇、常用传承法律文书及传承知识点图表篇。本书整理收录了50余个典型案例，浅入深出地介绍高净值人士如何有效利用遗嘱、协议、保险、信托等传承工具实现财富的有序传承。

本书具有如下特色：

1. 新颖性。所选用的案例大多为近些年所发生，并结合最新的《民法典》进行了改编。

2. 实用性。案例来源于现实生活，作者提炼其精华，再用于指导具体的传承实践，从实务层面更加贴近企业家及富裕阶层人士的传承需求。

3. 全面性。书中所涉及的遗嘱、协议、保险、信托等传承工具几乎是高净值人士所必需。

4. 可操作性。读者可结合书中案例及传承分析，选择与自身财产状况相适应的传承工具。

法律在不停地修改和完善，本书在定稿时虽然已经充分考虑并已引用新的条款，但考虑到现实中立法和相关的司法解释的动态性，请读者予以充分注意并在实践中根据实际情况调整相应的传承方案。顺祝诸君选择适合自己的财富传承工具，助力家族基业长青，使财富得以合法、稳健地传承。

是为序。

本书编写组

目 录

第一篇 遗嘱继承

第二篇　财产协议

第三篇　保险传承

第四篇　信托传承

第五篇　常用传承法律文书及传承知识点图表

01 第一篇

遗嘱继承

“眼看他起朱楼，眼看他宴宾客，眼看他楼塌了！”清代戏曲家孔尚任所作《桃花扇》中的一段唱词，道出了人这一生，都如镜花水月，如梦如幻一般，从出生到死亡，四季变化，人生更迭。

“神龟虽寿，犹有竟时”“月有阴晴圆缺，人有旦夕祸福”，古人的这两句话更是释尽了生死无常。我国的某些老一辈人忌讳谈论死亡，但死亡又是每个人必走之路，没有例外。

如何豁达地处理身后事，是大多数有财富需要传承的人无法回避的课题。立遗嘱，一定要早！把财富传递给子女或其他亲近的人，留给他们的应是满满的关爱和呵护，谁也不想看到自己百年之后，后辈们兄弟操戈、亲人间分崩离析。

一份有效的遗嘱可以起到列明财产、定向传承、定分止争、简化手续等作用，但：

遗嘱，有那么重要吗？

遗嘱，您真的会立吗？

您立的遗嘱有效吗？

哪些情况下遗嘱会无效，我们从无效的遗嘱中能吸取什么教训？

遗嘱是不是经过公证后效力更高？

如果夫妻处于感情破裂期间，单方能放弃继承吗？

遗赠应注意哪些事项？

立完的遗嘱能变更、撤回吗？

想立遗嘱把房产留给子女，子女离婚房产会被分割吗？

没有人执行您的遗嘱，您立的遗嘱在您百年之后会不会“沉睡”？

继承遗产需要缴税吗？

想继承遗产，能不承担债务吗？

房产继承，还需要先办理公证手续？

您要的答案尽在—— 遗嘱继承篇

一、遗嘱的重要性

（一）许某的身后事　今人的警世钟

［传承案例1］

许某先后有两段婚姻，和第一任妻子生育一女许某丽，双方共同生活10年后离婚，许某丽归其母亲抚养。许某和第二任妻子育有一女许某薇，与第二任妻子结婚10年后再次离婚，许某薇也归其母亲抚养。之后许某一直独自生活，2007年许某突发心脏病去世。

许某生前并未留下任何遗嘱，去世的非常突然，当时两个女儿都不在身边。事后，两个女儿与叔叔为了争夺巨额遗产闹到公堂之上，耗时2年多最后以和解方式结束，许某的骨灰也是时隔4年之后才得以安葬。

许某的弟弟许某华在其去世后第一时间赶到许某的住处，帮忙料理后事，并掌控了许某的所有资产与相关文件。许某的大女儿已成年，二女儿刚满9周岁。姐妹两个收到消息后回来奔丧，对父亲许某家中的情况也不熟悉，等许某的丧事结束等待墓地安葬期间，开始着手进行遗产继承时，才发现许某名下仅有一部老旧的轿车和一处尚有几百万元银行贷款的花园别墅。对其他财产究竟有没有？如果有，到底有多少等一无所知。

许某丽和许某薇姐妹虽然不跟随父亲共同生活，但是也经常与父亲一起过周末，印象中父亲有收藏手表、玉石翡翠、古董、字画的习惯，现在却什么都没有留下。而且父亲的银行账户只有一百多万元，与料想的也相差甚远。

为查清许某名下财产情况，许某丽、许某薇将叔叔许某华告上法庭，称许某名下的财产除了一辆老旧轿车和尚有上百万元银行贷款的花园别墅外，许某华自接手许某所有遗产后从未有将遗产交付姐妹二人的意图，也未将财产列明清单、封存遗物，许某华的行为严重侵害了姐妹二人的遗产继承权，故要求许某华返还及赔偿相应遗产。随即许某华将许某丽、许某薇告上法庭，要求姐妹二人支付其垫付的许某名下房产贷款、购车款及税费，同时宣布停止支付房贷。建设银行在许某华之后将许某丽、许某薇姐妹告上法庭，要求偿还欠付的银行房贷。许某银行账户只有一百多万元的存款，因缺少墓地经费，许某的骨灰一直搁置无法下葬。

2010 年案件开庭审理，庭审中双方均提出大量事实进行庭审辩论，吵得不可开交。因案件错综复杂，即使多次调查取证，确认的财产仍很有限，终至 2010 年年底，历时两年多，在双方亲朋好友的共同努力下，双方达成和解。

该案例究其原因还在于中国人固有的传统观念，认为立遗嘱是不吉利的事情，一直避讳谈及此事。但要知道，生老病死乃自然规律，任何人都避免不了。尤其像许某这样相对富有的人士，如果能够在生前订立一份遗嘱或作一下财产安排，有份清晰的账目，基本上就可以有效避免遗产范围不明确的情况发生，从而减少遗产继承的阻碍。

［传承实务及法律分析］

2020 年热播电视剧《三十而已》中，顾佳的父亲说过一段有名的话，“儿女是咱们前世的债啊，他们没有本事，咱们就当好那渡人的船。有本事他们自己是那大邮轮，那咱们也得当好上边那救生艇，万一出什么事，我们就是那个把她们送到岸边的人”。

如何当好“渡人的船”？如何做好邮轮上的“救生艇”？显然不懂法律、不懂有效传承工具是行不通的，本书聊一聊遗嘱的重要性。

1. 通过遗嘱确定遗产范围，避免巨额财产旁落他家

从上述传承案例中，我们可以得出以下经验教训：一份明确遗产范围的遗嘱对继承人来说是至关重要的。如许某生前能订立一份遗嘱，明确其遗产的名称、数量、存放于（或位于）何处、大概价值等，则许某丽、许某薇姐妹继承遗产时感受到的应该是幸福，而不是因继承引发的烦恼。

可现实是许某并未在其生前订立一份遗嘱，也未将自己的财产情况一一记录在案，从而导致了财产数目上的不明晰。本案在起诉到法院的情况下借助司法手段能够查询到的财产也非常有限，这不仅影响了整个遗产继承的顺利进行，而且还破坏了整个家庭的和谐氛围，面临部分甚至大部分遗产旁落他人或成为无主物的风险。

财富重要，亲情更重要，千万不要拿财富考验亲情，否则徒惹伤心罢了。

而避免上文悲剧的可行方法就是：立一份内容上明确具体、法律上合法合规、操作上行之有效的遗嘱。

2. 独生子女继承难，如有遗嘱可化繁为简

我国自20世纪80年代初期开始实行计划生育，“80后”“90后”多为独生子女。身为独生子女在继承遗产时可能面临各种意外状况，如没有遗嘱无法做公证继承，没有其他兄弟姐妹作为被告也无法通过诉讼达到继承目的。

若父母意外去世，在祖父母、外祖父母也都过世且无遗嘱的情况下，独生子女要合法继承遗产，需要证明自己为唯一合法继承人。

为证明自己是唯一继承人，要提供亲子关系证明、被继承人的配偶已故证明、被继承人的父母已故证明、被继承人子女情况证明、被继承人去世时的婚姻状况证明等，继承人需耗费较多的精力。如果涉及境外资产，涉及的事项更加复杂，程序也更为烦琐。

若独生子女还未成年，无法独立继承遗产，此时很有可能发生其他亲属争夺未成年继承人的监护权，造成巨额财产外流甚至财富传承中断的情况。被继承人奋斗一生积累的财富最后却无法福荫后人，岂不扼腕？

3. 凸显遗嘱重要性，您的遗产能否准确地传承给您的“意中人”

案例中因许某未在生前订立遗嘱，其遗产继承“意中人”是谁我们已经不得而知。很多人的观念中没有生前立遗嘱的概念，认为不吉利而回避、忌讳立遗嘱，并理所应当的认为遗产应该由自己的子女继承，而现实情况又是什么呢？

依据《民法典》第1123条和第1127条的规定，若被继承人生前未立遗嘱，则应按照法定继承办理。故被继承人的遗产应由第一顺序继承人（配偶、父母、子女）继承，即子女并非父母遗产的唯一法定继承人，被继承人的配偶与父母也有权利继承相应份额的遗产，故在被继承人去世且未立遗嘱的情况下，能继承被继承人遗产的不仅仅是他的子女，还有被继承人的配偶和父母。此外，《民法典》第1062条明确规定，除遗嘱或赠与合同中确定只归夫或妻一方的财产外，夫妻在婚姻关系存续期间因继承或受赠所得的财产为夫妻共同财产。在被继承人去世且未立遗嘱的情况下，如果被继承人的子女已婚，则被继承人子女继承的遗产应作为夫妻共同财产，并不能实现遗产准确传承给自己子女的目的。而一旦被继承人子女发生婚变，因继承所分得的财产将面临被依法分割的风险。

若被继承人的父母继承遗产后去世，被继承人的部分遗产份额将由被继承人父母的继承人继承，此种情况下亦不能实现遗产准确地传承给被继承人的“意中人”，反而还会造成财富的外流。

由此推算可知，不设立遗嘱，被继承人的遗产是会按照法定继承进行分配，完全不是被继承人所认为的那个“意中人”独自继承，生前订立一份遗嘱，明确将财产传给谁还是很有必要的。

4. 财富平稳传承还是中断，有无遗嘱境况大不同

本案中，许某在生前并未订立遗嘱，在其突然身故后，遗产范围不明且大量流失，何谈财富平稳传承？

前些年北京发生特大暴雨，广渠门桥下发生车内司机死亡事件；还是北京，因大风吹落花盆砸死行人；2020 年突如其来的新型冠状病毒肺炎疫情导致数千人不幸离世；再加上媒体经常报道的交通意外等，这一切都提醒我们每个人都有可能遭遇天灾、人祸、病患或其他意外状况。如果这些被继承人生前未作任何安排，可能会使一家妻小瞬失所依；如果被继承人是大型公司或家族企业的掌舵人，因未能提前规划，会致使公司经营困难；如遇到有人趁机夺权，公司大权旁落，辛苦创立的基业很难传承下去。

中外多少高净值人士因没有做好财富传承安排，导致后世子女因为继承遗产亲情破裂，在遗产争夺中两败俱伤，以至于家财外露引来外人觊觎，几代传承的家业财富毁于一旦，而这一切，都源于没有提前立遗嘱。

（二）为传房产假诉讼 调解被撤行不通

［传承案例 2］

张某①中年丧偶，与前妻育有一儿张某庆和一女张某卿，两个孩子都已长大成家在外生活。

① 本书案例中出现的人名均为化名。

张某退休后感到一个人生活多有不便，希望找个老伴一起安度晚年，于是经人介绍认识了同样中年丧偶的王某慧。二人相处一段时间后感觉比较合适，便正式登记结婚，开始新的生活。结婚后因为双方年龄都比较大，为给日后生活做个保障，张某和王某慧拿出婚后的积蓄购买了两套房产。一套位于北京市朝阳区，登记在王某慧名下。另一套位于北京市海淀区，登记在张某名下，并标注“单独所有”，海淀区房产市值已达到300余万元。

谁知天有不测风云，没过几年张某不幸身患慢性病，需要长期卧床治疗。随着时间越来越久，王某慧对张某的照顾越发不耐烦，态度也大不如前。这使张某心生不满，对王某慧颇有意见，想到自己死后，留下的两套房子还要分给王某慧一大部分，顿时有些懊悔当初看错了人。

为了不让王某慧分走自己的财产，张某与儿子张某庆想出了一个办法。张某给张某庆写下一张欠款59万元的欠条，张某庆凭此欠条到张家口市某区人民法院起诉张某，请求法院判令张某清偿59万元的债务。张某向法院表示欠条属实，但自己无力偿还债务，只有名下一套位于北京市海淀区的房产可以用于清偿这笔债务。于是在法院的主持下，张某与张某庆达成调解协议，张某用“以房抵债”的方式，将名下这套房产过户给张某庆用以清偿其债务。法院为其出具了《民事调解书》和《协助执行函》，张某庆据此到房产管理部门将张某名下的房产过户到了自己名下。

没过多久，张某病重离世。张某庆和张某卿将继母王某慧起诉至法院，认为王某慧名下的那套房子属于夫妻共同财产，有父亲张某一半份额，他们作为子女对属于遗产的份额享有三分之二的继承权，同时，还要求分割父亲的存款等财产。王某慧发现子女们的诉求中并没有涉及张某名下的那套房产，感觉十分蹊跷。警觉的王某慧委托律师向法院申请了《调查令》，到房产所在地的不动产事务中心调查，这时她才知道原来丈夫名下的房子已经过户到了张某庆的名下。王某慧回忆，张某从来没有借过张某庆这59万元，除了这张欠条外也没有其他任何转账汇款凭证证明存在这笔钱。但正是凭借这不存在的59万元，本属于夫妻共同财产的房子就这样变成了张某庆名下的财产。

了解其中情况后，王某慧经过咨询律师得知像她这样被恶意诉讼侵害了权益的当事人可以向作出决定的法院要求撤销调解书。于是王某慧委托律师向出具调解书的法院提出再审请求，要求依法撤销调解书。法院收到再审材料后,经院长提交审判委员会讨论后认为,该调解书确有错误,裁定另组成合议庭再审。法院还依照王某慧的申请查封了涉案的北京市海淀区的房产。法院再审后认为,依据现有的事实和证据,无法证明张某庆与张某之间存在真实的借贷关系,且张某和张某庆的户籍所在地均为北京市海淀区而非本市区,法院作出判决撤销了调解书,并判令将案件移送北京市海淀区人民法院审理。张某庆收到判决书后不服,上诉至张家口市中级人民法院,二审法院驳回上诉,维持原判。

案件移送到北京市海淀区人民法院后,经审理,法院认为张某庆主张张某尚欠其借款59万元,仅提交了一份日期为××××年×月×日的签有张某名字的欠条,在庭审中拒绝回答关于款项来源的询问,并表示不需要核实相关情况;张某系张某庆之父,张某庆表示并不知晓张某借款的用途与常理不符;双方即便真的发生借款,基于双方之间的父子关系出具欠条也属罕见。自然人之间的借款合同,自贷款人提供借款时生效。现张某庆未能提交证据证明其确实向张某提供了欠条中约定的款项,故欠条并未生效。最终法院判决驳回张某庆的诉讼请求。

张某庆不服,上诉至北京市第一中级人民法院,二审法院经审理后维持原判。

[传承实务及法律分析]

1. 传承他人财富不可行

财富传承,首先传承的财产在法律上应是自己的合法财产。如果传承的财产不属于自己所有,则传承无效。在财产为家庭共同财产或夫妻共同财产的情况下,须注意不能处分他人享有的份额。

本案中,张某与张某庆父子“以房抵债”所涉房产,登记在张某个人名下,且《房屋所有权证》标注“单独所有”,是否能表明该房产是张某个人财产呢?答案是:不能!

房屋所有权证书记载的所有权共有状况只是登记人本人意志的体现,并不能作为认定房产权属的依据。该房产是张某与王某慧在婚后所购买,依据《民法典》第1062条的规定,如果夫妻没有对房产所有权作出特别约定,则该房产就属于夫妻共同财产。本案中,没有证据证明张某和王某慧约定该房产归张某个人所有，因此，该房产从法律的角度来看应属于夫妻共同财产，张某只拥有该房产的50%产权份额，张某只能处分该房产中属于自己的部分，不能处分属于王某慧的份额。案例中，张某通过以房抵债的方式，处分了夫妻共同财产，即便债务真实存在，其行为亦侵犯了王某慧的财产权利，必然导致其对王某慧所享有的财产份额的处分无效。

2. 虚假诉讼不可行

法律赋予每个人处分个人财产的权利，但是处分权利的行使不得侵犯他人合法权益，更不得违反法律的规定。

本案中，张某和张某庆父子，恶意串通，通过出具欠条的方式，虚构债务，在法院调解时，隐瞒房产属于夫妻共同财产的事实，达成调解方案，以价值300多万元的房产，抵顶59万元的债务，并按照调解书的内容将涉案房产过户至张某庆的名下，是典型的虚假诉讼行为。

可能有读者会质疑，在借款纠纷中，主审法官是否存在失职行为，法官是否应当就款项是否支付、借款人是否有借款需求、出借人是否有出借能力，款项交付方式等进行综合审查判断，以确认借贷事实是否发生。

客观地说，该案主审法官确实未能严格审查借贷发生的原因、时间、地点、款项来源、交付方式、款项流向以及借贷双方的关系、经济状况等事实，综合判断是否属于虚假民事诉讼。该案当事人是父子关系，张某有稳定退休金、没有借款需要，且存在将房产以明显不合理的低价抵顶债务的情形，在当事人双方未提供款项来源以及交付方式、款项流向的情况下，主审法官理应及时发现该案存在的问题，但是法官未能严格进行审查，而是按照当事人提出的和解方案，出具调解书，主审法官的确存在疏忽失职的情况。另外，民事活动遵循意思自治原则以及权利自主处分原则，也就是当事人在诉讼过程中的答辩、承认、放弃、和解、调解等，都具有自主性，法院审查较为被动，这也是虚假诉讼时有发生并屡屡得逞的原因之一。

该案当事人通过虚假诉讼暂时实现了财产的转移或者传承，但是虚假诉讼终究“纸里包不住火”，一旦败露，进行虚假诉讼的当事人必将付出惨痛的代价，得不偿失。

虚假诉讼为什么不可行？

第一，丧失了通过合法手段处分财产的可能。

本案中，在王某慧发现张某和张某庆的虚假诉讼行为后，通过再审程序，要求撤销调解书,依法改判或者发回重审。再审法院最终裁定撤销原调解书。本案重审过程中,法院以张某庆未提交证据证明其确实向张某提供了欠条中约定的借款,判决驳回张某庆的诉讼请求,二审法院亦以同样的理由维持该判决。

调解书被撤销,且案件改判后,张某庆依据调解书取得的房产,将被执行回转。房产中属于张某的部分,列为遗产,由王某慧、张某庆和张某卿按照法定继承原则予以继承。原本张某可以通过合法手段如通过立遗嘱方式将该房产中自己所享有的份额传承给自己心目中的继承人张某庆,但采用了虚假诉讼的方式,自以为做得天衣无缝,谁曾想"搬起石头砸了自己的脚",最终导致丧失了合法处分自己财产的机会,未能按照自己的意愿实现财富的有效传承。

第二,承担虚假诉讼罪的刑事责任。

在以往司法实践中,若发现有弄虚作假的行为,通常是批评教育,最重也就是罚款、拘留,违法成本相对较低,这使不少人铤而走险。由于虚假诉讼现象呈多发态势,且严重侵害他人合法权益,损害司法权威和司法公信力。2015 年虚假诉讼行为已列入刑法调整范畴,虚假诉讼行为人,无视法律的权威,利用法律达到非法目的,构成虚假诉讼罪,在此情况下将要承担刑事责任,将付出失去人身自由的沉重代价。

3. 选择正确的传承工具

本案传承失败的原因是当事人投机取巧,意图侵害财产共有人的权益,从而选择虚假诉讼的违法途径,丧失了选择合法的传承工具实现财产依自己的意愿传承的机会。

依据传承的财产种类不同,律师建议使用不同的传承工具。对于本案所涉房产中属于张某的部分,遗嘱方式较为适用。遗嘱是财富传承的重要工具之一,能起到财富的定向传承功能。遗嘱继承优先于法定继承。如果没有遗嘱,遗产按照法定继承分配,第一顺位继承人一般会平均分配遗产(与被继承人共同生活或尽了主要扶养义务的继承人,可以适当多分)。但法定继承,不一定符合财产所有人或立遗嘱人的意愿。而如果立有遗嘱,则可以按照财产所有人的意愿,将财产传承给其指定的继承人。当然,遗嘱不是万能的,而且遗嘱的专业性强,如果想要立遗嘱,建议寻求专业律师的帮助,确保所立遗嘱合法有效,从而实现财产所有人在百年之后财富得以顺利传承。

二、遗嘱的种类

依据《民法典》第1133～1139条的规定，遗嘱的形式包括自书遗嘱、代书遗嘱、打印遗嘱、录音录像遗嘱、口头遗嘱、公证遗嘱。上述遗嘱形式各有利弊，就财富传承的严谨性而言，口头遗嘱最不可靠，有被其他继承人否认或面临被法院不予采信的巨大风险。公证遗嘱从证据的客观真实性而言更容易被司法机关采纳，而自书遗嘱则必须严格按照法律规定"中规中矩"的来立，不能天马行空随意拟订。

（一）口头遗嘱

[传承案例3]

胡某与吕某薇系夫妻关系，生育两子，即胡某华、胡某建。胡某于1999年3月25日去世。吕某薇于2001年12月1日与任职单位签订《公有房屋出售协议》，购买×号院×号楼×单元202号房屋（以下简称202号房屋），登记在吕某薇名下。胡某华常年在国外居住生活，胡某建一直与吕某薇同住，照顾其生活起居。2012年8月12日吕某薇在家中突发心脏病去世。

2013年2月26日，胡某华以胡某建为被告向法院提起诉讼，胡某华认为原、被告均系被继承人之子女，二老去世后留有202号房屋一套，未立遗嘱，应依法按照法定继承分割。请求依法分割被继承人胡某、吕某薇的遗产202号房屋，并要求202号房屋判归原告所有，原告给付被告房屋折价款。

庭审中，被告胡某建辩称，母亲吕某薇已将202号房屋留给自己，为此胡某建提交吕某、吕某帆、张某怡书写的证明，证明吕某薇在2008年3月12日病危，3月13日下午四点半左右吕某、吕某帆、张某怡三人探望吕某薇，吕某薇立下口头遗嘱将202号房屋给胡某建。

胡某建虽已提供证人证言,即使其证明内容真实,三位证人均陈述吕某薇在立口头遗嘱时头脑清晰,但吕某薇在立完口头遗嘱之后4年多才去世,如此长的时间吕某薇应当具有以书面或者录音形式立遗嘱的能力,所谓"口头遗嘱"并不符合遗嘱的合法要件,胡某华主张吕某薇立的口头遗嘱已属无效。故一审法院认为,202号房屋系吕某薇的遗产,应按照法定继承由胡某建、胡某华共同继承。胡某建与吕某薇同住,照顾其生活起居,胡某建对吕某薇尽了主要的赡养义务,可以多分遗产。胡某华常年在国外,本案中未向法院提交赡养老人的证据,遗产部分应当少分。法院最终确定202号房屋由胡某建继承,胡某建给付胡某华房屋折价款,具体的折价款金额由法院依据实际情况确定。

[传承实务及法律分析]

1. 什么是口头遗嘱,口头遗嘱具有哪些缺点

(1)口头遗嘱又称"口授遗嘱""略式的口授遗嘱""特别方式之遗嘱",遗嘱人在危急情况下可以设立口头遗嘱。

(2)口头遗嘱具有下列缺点:①见证人存在被某一继承人操纵的可能性;②证明力比较薄弱,可信性较差;③被继承人真实意思可能被见证人篡改;④口头遗嘱不具有固定性,容易被推翻,在被继承人死后其立遗嘱意愿无法查证。

在某起继承案件中,因涉及再婚家庭,在父亲去世后,儿子和继母起了纷争。儿子一方申请了5个见证人出庭,在接受法官询问环节,就口头遗嘱的内容,各见证人之间陈述的基本一致,且各见证人均表示对当时的场景记忆犹新。但在法官询问遗嘱人立口头遗嘱时的衣着、头脚(证人均称遗嘱人躺着立的口头遗嘱)分别在哪个朝向、各见证人之间在当时的排列顺序等问题时,回答得完全不一致,法官据此未予采信证人证言并按照法定继承对房产进行了分割。

2. 法律关于口头遗嘱是如何规定的

在《民法典》施行以前,《继承法》第17条第5款规定:"遗嘱人在危急情况下,可以立口头遗嘱。口头遗嘱应当有两个以上见证人在场见证。危急情况解除后,遗嘱人能够用书面或者录音形式立遗嘱的,所立的口头遗嘱

无效。”

《民法典》第1138条规定:“遗嘱人在危急情况下,可以立口头遗嘱。口头遗嘱应当有两个以上见证人在场见证。危急情况消除后,遗嘱人能够以书面或者录音录像形式立遗嘱的,所立的口头遗嘱无效。”

在本案中,因遗嘱人在危急情况消除后,能够以书面或者录音录像形式立遗嘱却未立新的遗嘱,被法院认定口头遗嘱无效。另外,需要提醒读者注意的是,法院并未认定见证人所提供证言的真实性,只是说即便是真实的,因遗嘱人自立口头遗嘱至死亡4年多,能用其他形式立遗嘱而未立,故认定口头遗嘱无效。

3. 口头遗嘱必须具备的法律要件

(1)订立口头遗嘱的前提是“危急情况”。法律规定只有在这种情况下订立的口头遗嘱才有法律效力。“危急情况”一般是指当事人已经濒临死亡或者生命随时处于死亡的危险状态。

(2)若“危急情况消除”后,口头遗嘱并非立即失效。即口头遗嘱作为一种危急情况下的应急措施,遗嘱人能够以书面或者录音录像形式立遗嘱了,口头遗嘱才失效。所谓“遗嘱人能够以书面或者录音录像形式立遗嘱”,是指危急情况消除后,遗嘱人同时具备订立书面遗嘱或者录音录像遗嘱的时间与客观条件,主观上并未主动去重新订立遗嘱,那么遗嘱人之前所订立的口头遗嘱即失效。

(3)口头遗嘱必须有“两个以上见证人在场见证”方为有效。人数上见证人应是2人以上,且见证人应该是无利害关系的人员,不能是《民法典》第1140条规定人员之一。全部见证人应全程参与遗嘱人订立遗嘱的过程,不能中途离开或由他人转述。没有2名且合法的见证人,可能会导致即便是有口头遗嘱存在,最终也会被法院认定为无效。

4. 哪些人不能成为口头遗嘱的见证人

依据《民法典》第1140条的规定,下列人员不能作为遗嘱见证人:(1)无民事行为能力人、限制民事行为能力人以及其他不具有见证能力的人;(2)继承人、受遗赠人;(3)与继承人、受遗赠人有利害关系的人。

“有利害关系的人”共有两类:一是继承人或受遗赠人的近亲属,包括配偶、子女、父母、兄弟姐妹、祖父母、外祖父母、孙子女、外孙子女以及其他共同生活的家庭成员;二是与继承人有民事债权和债务关系的人。依据《最高人民法院关于适用〈中华人民共和国民法典〉继承编的解释(一)》第24条规定,继承人、受遗赠人的债权人、债务人、共同经营的合伙人,也应当视为与继承人、受遗赠人有利害关系,不能作为遗嘱见证人。

5. 哪些情况下,口头遗嘱面临无效

(1)只有在危急情况下所立的口头遗嘱才可能是有效的遗嘱;

(2)无民事行为能力人或者限制民事行为能力人所立的口头遗嘱无效;

(3)口头遗嘱必须表示遗嘱人的真实意思,遗嘱人在受胁迫、欺骗情况下所立的口头遗嘱无效;

(4)见证人虚构(伪造)遗嘱人口头遗嘱的,虚构(伪造)的内容无效;

(5)口头遗嘱的内容被篡改的,被篡改的部分无效;

(6)口头遗嘱没有为缺乏劳动能力又没有生活来源的继承人保留必要的继承份额,口头遗嘱须在扣除应当保留的份额后按照口头遗嘱的内容分配遗产。

(二)自书遗嘱

[传承案例4]

吴某(男)与铁某(女)系再婚夫妻,婚后在一起度过了10年的幸福生活。2007年7月吴某病逝。料理完丈夫的后事后,铁某出示了吴某在电脑上写的一份遗嘱,遗嘱内容为"本人如有意外,现存财产全部归遗孀铁某所有",并在打印出的遗嘱上签下了自己的姓名。铁某坚持该遗嘱是吴某真实意思的表示,吴某打印的遗嘱上面有其签名,遗嘱应属有效。

为证明吴某打印遗嘱是出于自愿,铁某出具了他们家保姆的证言,证明铁某与吴某感情很好,另一证人铁某的学生则证明吴某在写遗嘱那一天精神状态很好。可吴某父母和孩子认为这份遗嘱不是按吴某的意愿所立,而且打印的遗嘱虽有签名,但不符合自书遗嘱的有效形式,遗嘱应属无效,应按法定继承来分割吴某遗产。最后双方将遗嘱交到了法庭。

[传承实务及法律分析]

自书遗嘱是现实中最常用的一种遗嘱方式,通俗地说,自书遗嘱是指遗嘱人生前在法律允许的范围内,按照法律规定的方式对其遗产或其他事务所作的个人处分,并于遗嘱人死亡时发生效力的法律行为。公民在遗书中涉及死后个人财产处分的内容,确为死者真实意思的表示,有本人签名并注明了年、月、日,又无相反证据的,视为自书遗嘱。

公民有权立遗嘱处分个人财产,如何订立有效的自书遗嘱,以避免日后继承人为遗产之事起纷争呢?本书将详细介绍自书遗嘱的法律规定:

1. 遗嘱的全部内容均应由遗嘱人亲笔书写,内容要明确,且处分的应是立遗嘱人有权处分的财产

《民法典》施行以前,《继承法》规定自书遗嘱应由立遗嘱人亲笔书写全文。这样既能完全真实地表达立遗嘱的意愿,又不易被他人伪造、篡改。即便是将来发生纠纷,对于鉴定机构认定遗嘱的真伪也有良好的辅助作用。因此,不能将"打印遗嘱"视为遗嘱人"亲笔书写遗嘱",故在本案中,吴某的遗嘱因缺乏有效的形式要件被法院认定为无效。

由于制定《继承法》时,电脑的使用尚不普遍,故对于电脑打印的遗嘱并未作出明确的规定。《民法典》新增加了打印遗嘱,故遗嘱人可以依法订立打印遗嘱。

遗嘱中应直接反映出遗嘱人真实的意思表示,表述及用词应严谨,不要使用易产生歧义的语句。同时要特别注意,遗嘱只能处分自己名下的财产或自己享有权利的财产,如房屋是夫妻共同财产,则只能处分自己依法享有的份额。在遗嘱内容上对财产的指向应具有唯一性。如涉及处分的标的物是房产的,须写明房屋的坐落、所有权人、面积等所有权内容,并明确房产证号,房产证号相当于人的身份证号,在财产的指向上具有唯一性,不易发生纠纷。

2. 要有本人亲笔签名

遗嘱上需要立遗嘱人亲笔签名,以示遗嘱为何人所立,内容为书写人的真实意思表示,是遗嘱有效的决定性要件。如果仅盖章或仅捺手印,则这样的自书遗嘱不发生法律上的效力。

在司法实践中发生过被继承人所立的遗嘱除未签名、未书写日期外,其他方面已经完全具备遗嘱的形式要件和实体要件,但在诉讼中,法官认为遗嘱上本人的签名应是遗嘱有效成立的重要形式要件,被继承人未在遗嘱上签名证明其存在犹豫或最终并不打算让遗嘱在其百年之后生效,从而认定遗嘱不符合形式要件而无效。

3. 要注明年、月、日

在立遗嘱人签名之后，应标明立遗嘱的年、月、日，提醒读者注意：年、月、日三者缺一不可，并尽量使用公历。

遗嘱上写明日期，有利于发生纠纷时辨明真伪，对于判断遗嘱人在立遗嘱时是否具有遗嘱能力有着重要的参考作用。订立遗嘱的时间对遗嘱的效力有一定的影响。按照法律规定，多份遗嘱的内容相矛盾时，应以时间在后的书面遗嘱为准。

在某起继承案例中，父亲过世后留下一套房产，儿子在办理房产过户时遭到继母阻挠，儿子作为原告将继母起诉至法院，在庭审中原告拿出了父亲生前出具的一份自书遗嘱，但遗嘱并未注明立遗嘱的具体时间。法院审理认为，自书遗嘱能够发生法律效力的前提是必须符合法律规定的形式要件和实体要件。依据《民法典》第1134条的规定，自书遗嘱应由遗嘱人亲笔书写、签名，注明年、月、日。庭审中，被告对遗嘱系被继承人本人书写予以认可，但该份遗嘱上的年、月、日空缺，不符合法律规定的形式要件，故该自书遗嘱应认定为无效遗嘱，应按法定继承确定各继承人的份额。

4. 有增删，必须签名且须标注日期

如对自书遗嘱进行涂改、增删的话，应亲笔书写，并需要在涂改、增删内容的旁边明确注明涂改、增删的字数，且应在涂改、增删处另行签名、注明增删日期，不要以盖章或捺手印来代替。

提醒读者注意的是，如果修改的内容属于实质性修改，建议立遗嘱人在遗嘱内容之后专段说明修改之处并尽可能地解释修改原因，以免在自己百年之后各继承人之间发生不必要的争议。

5. 律师提醒事项

作为财富传承的重要工具之一，自书遗嘱扮演着不可替代的角色，每个家庭的财富状况不同、子女情况不同，对遗嘱的重视程度也存在巨大差异。在司法实践中，出现了大量的遗嘱被人民法院判决无效，从而导致被继承人的财产按照法定继承而未按立遗嘱人本意进行传承的后果。

律师提醒：立遗嘱人订立遗嘱的话，最好是在专业从事家事业务的律师指导下进行。如有必要，则需委托专业家事律师来协助订立遗嘱，以确保遗嘱的有效性。

（三）公证遗嘱

［传承案例5］

景某与田某莉系夫妻关系，婚后生育3名子女，分别为长子景某亭、次子景某山、三子景某平。景某与田某莉生前一直居住在北京市某区某小区102号房屋（以下简称102号房），产权登记在景某名下。2012年至2017年，田某莉与景某相继去世。

2018年3月30日，景某平诉至法院要求依法继承102号房。诉称父亲景某留有遗嘱将诉争房屋归其继承，并向法院提交北京市嘉诚公证处出具的《公证书》及其所公证的《遗嘱》予以证明。该《遗嘱》内容为："立遗嘱人：景某，遗嘱受益人：景某平。本人景某是遗嘱受益人景某平的父亲。在我名下有102号房一套，上述房产是我的个人财产，为了避免我去世后，因上述房产的继承问题引起纠纷，特立遗嘱如下：1. 待我去世后，上述房产由景某平继承，并作为他的个人财产。2. 本遗嘱不指定遗嘱执行人。立遗嘱人（签名）：景某，二〇一六年六月三日。"《公证书》载明："申请人：景某。公证事项：遗嘱。兹证明景某于二〇一六年六月三日来到我处，在本公证员和本处公证人员胡某清的面前，在前面的《遗嘱》上签名，并表示知悉遗嘱的法律意义和法律后果。"被告景某亭和景某山辩称，我们不知道有遗嘱的存在，什么情况下立的遗嘱也不知道，不认可这份遗嘱。102号房是我父母的共同财产，如果我父亲的遗嘱是有效的，我母亲的那份也应该大家平分。景某亭、景某山要求占有诉争房屋的份额。

一审法院经审理认为：本案诉争财产系景某名下102号房。依据景某平提交景某的公证遗嘱可见，景某明确指定由景某平继承102号房，且景某亭、景某山等人对遗嘱真实性亦认可，故本院认为上述遗嘱系被继承人景某的真实意愿，尊重被继承人的意见确认上述房屋由景某平继承景某的份额部分。102号房为景某与田某莉的夫妻共同财产，因田某莉未留遗嘱，应由其法定继承人依据法定继承予以继承；另考虑到各方实际继承房产份额情况，并参考房屋的现价值，本院确认诉争房屋由景某平继承，景某平给付景某亭、景某山一定数额的房屋折价补偿，依据各当事人一致认可的房屋价值，本院酌情确认数额为每人43.75万元，景某亭、景某山协助景某平办理上述房屋的产权变更登记手续。

[传承实务及法律分析]

1. 公证遗嘱的内涵

公证遗嘱是遗嘱人生前订立并经公证机关公证的遗嘱，也即公证处按照法定程序对遗嘱人设立遗嘱行为的真实性、合法性进行公证。经过公证处公证的遗嘱为公证遗嘱。遗嘱人可以在法律允许的范围内，按照法律规定的方式对其遗产或其他事务作出个人处分，并于遗嘱人死亡时发生效力。

2. 办理公证遗嘱需要的条件

办理公证遗嘱需要具备以下条件：

(1)遗嘱人必须具有完全民事行为能力；

(2)遗嘱人的意思表示真实；

(3)遗嘱的内容和形式不得违反法律或社会公共利益；

(4)遗嘱人处分的财产必须是其个人合法财产。

3. 办理公证遗嘱所需材料

(1)申请人为境内的，应提供居民身份证、户口簿；为境外的，应提供护照或其他境外身份证件；

(2)立遗嘱处分的财产方面的证据，如房屋产权证、存款证明、股权证明等；

(3)立遗嘱人的亲属关系证明及相关的婚姻状况证明；

(4)立遗嘱人若已写好遗嘱(草本)的，也可提供。遗嘱中指定遗嘱执行人的，应提交遗嘱执行人的身份证明。

4. 公证遗嘱的效力是否具有优先性

在《民法典》施行之前，依据《继承法》第20条第3款的规定，自书、代书、录音、口头遗嘱，不得撤销、变更公证遗嘱。即公证遗嘱在效力上与其他种类的遗嘱相比具有优先性。因《继承法》关于公证遗嘱的效力优先性设定，限定甚至剥夺了遗嘱人最终处分其财产的自由意志和处分权，使遗嘱人最终处分其财产的意思表达归于无效，使遗嘱人的真实愿望落空。《民法典》继承编部分删除了《继承法》中关于公证遗嘱效力优先的条款。依据《民法典》第1142条第3款的规定，当立有数份遗嘱，内容相抵触的，以最后的遗嘱为准。即如果立有数份遗嘱，内容相抵触的，不论最后一份遗嘱是否经过公证处公证，都以最后订立的遗嘱为准，充分尊重了遗嘱人的真实意愿。所以，在《民法典》施行后，公证遗嘱不再具有优先性。

5. 公证遗嘱应注意的事项

(1)公证遗嘱的办理，依据《公证程序规则》第5条、第11条的规定，应由遗嘱人本人到公证处申请办理，该事项不能委托他人代办；遗嘱人亲自到公证处有困难的，可以书面或者口头形式请求有管辖权的公证处指派公证员到其住所或者临时处所办理。

(2)遗嘱人应是完全民事行为能力人，能真实、准确地表达自己对财产处分的意愿，没有受到欺诈、胁迫等情况。

(3)立遗嘱人死亡后，遗嘱继承人应当持遗嘱公证书、被继承人死亡证明，及本人身份证件到公证处办理继承权公证。如遗嘱受益人不在法定继承人范围的，则为受遗赠人。受遗赠人必须在知道受遗赠后60日内到公证处办理接受遗赠的声明书公证。

(4)遗嘱人处分的财产应为遗嘱人个人有权处分的财产。其中如果有配偶的遗产尚未分割的，应当先办理继承权公证，然后再办理遗嘱公证。

(四)代书遗嘱

[传承案例6]

万某奇与罗某系夫妻关系，共同生育了儿子万某青、万某华及万某实。万某奇于2013年1月2日病逝，其生前与罗某有位于某区104号房(以下简称104号房)一套，登记在罗某名下。现罗某年老体弱，重病在身，所需医疗费巨大，且生活来源有限，罗某欲将104号房以折价、拍卖或变卖方式进行处置，罗某所得房款用于支付医疗费，但在与万某青、万某华、万某实经多次协商后无果。无奈之下，罗某起诉到法院要求分割104号房并判令房产的62.5%归罗某所有。

被告万某青在庭审中提交万某奇代书遗嘱一份，该代书遗嘱系电脑打印，虽然有万某奇及4名见证人的签名与日期，但这4名见证人中的2个见证人与继承人万某青存在利害关系，关于该份代书遗嘱见证人刘某超分别给原告、被告出具了2份相互矛盾的声明，见证人李某山系万某青的小舅子，且刘某超、李某山均未到庭说明情况。故该遗嘱法院未予采信，法院认为本案应按法定继承处理。104号房系被继承人万某奇生前与罗某的夫妻共同财产，万某奇、罗某各享有该房产50%份额，故该房产50%份额为万某奇的遗产。因万某奇的父母已先于万某奇死亡。万某奇第一顺位继承人有罗某、万某青、万某华、万某实，对104号房可平均继承12.5%份额，故原告罗某享有104号房的62.5%份额。

[传承实务及法律分析]

1. 代书遗嘱的内涵

代书遗嘱是指由遗嘱人口述遗嘱内容，由他人代为书写制成的遗嘱。代书遗嘱产生的原因多为立遗嘱人文化程度不高或不识字，或因生病不能书写，或基于其他原因不愿意自己书写，从而委托他人代写遗嘱。

依据《民法典》第1135条的规定，代书遗嘱应当有2个以上见证人在场见证，由其中一人代书，并由遗嘱人、代书人和其他见证人签名，注明年、月、日。

2. 代书遗嘱的具体要求

由于代书遗嘱不是遗嘱人亲自书写，遗嘱的真实性往往难以保证。考虑到代书遗嘱的内容系处分遗嘱人的财产，涉及一切利害关系人的切身利益，因此，法律对代书遗嘱的形式和实质要件作了严格的规定：

(1)符合遗嘱的一般要求，即立遗嘱人为完全民事行为能力人，限制民事行为能力人和无民事行为能力人不能设立遗嘱；

(2)立遗嘱人意思表示真实，遗嘱处分的财产应为立遗嘱人合法财产；

(3)应当有2个以上见证人在场见证，且见证人应是完全民事行为能力人，不得是继承人、受遗赠人，并与继承人无利害关系(有利害关系的人，详见本书口头遗嘱部分)；

(4)见证人中须由一人代书，并注明年、月、日；

(5)代书人、其他见证人、遗嘱人均需签名，注明年、月、日。

3. 制作代书遗嘱时须注意的细节

（1）代书遗嘱不是代书人按照自己的意思设立遗嘱，而是代书人按照遗嘱人的真实意思表示，如实地记载遗嘱人口述的遗嘱内容，代书人不能曲解或违背遗嘱人的真实传承意图。

（2）现代手机一般都具有录音录像功能，在制作代书遗嘱时，在有条件的情况下，为了辅助证明代书遗嘱的效力，尽量全程录音录像，并刻录光盘，留存原始载体。

（3）基于代书遗嘱的特殊性，在代书人制作完代书遗嘱后应向立遗嘱人宣读遗嘱内容，由立遗嘱人确认无误后签字。

（4）《民法典》并没有规定代书人在代书时必须亲笔书写（如通过电脑打印的方式），但是，为了保证代书遗嘱的效力，尽量亲笔书写。

（5）在只有两个见证人的情况下，见证人均应全程参与见证事务，不能存在某一时间点只有一名见证人在场的情况。同时，在订立代书遗嘱过程中，遗嘱人口述和代书人代书、见证人见证应在同一时间同一地点进行，否则会面临不符合“两个以上见证人在场”而无效的风险。

（6）《民法典》施行前，依据《继承法》第 17 条第 3 款规定，代书遗嘱由代书人注明年、月、日，其他见证人和遗嘱人只需签名而无须注明年、月、日。代书遗嘱的日期是确定遗嘱效力的重要因素，万万不可忽略。“立遗嘱”本身可能是一项动态的工作，尤其是就某一项重大财产的处分存在多份遗嘱，日期恰好是确定立遗嘱先后的关键点，是确定代书遗嘱效力的直接依据。在《民法典》施行后，依据第 1135 条的规定，遗嘱人、代书人和其他见证人不仅需要签名，还要注明年、月、日，所以在代书遗嘱时务必注意遗嘱形式要件的完整性，避免因忘签或漏签年、月、日而导致遗嘱无效。

（7）遗嘱见证人、立遗嘱人在代书遗嘱上应亲笔签名，避免因使用个人印章或捺手印代替签名导致代书遗嘱无效的风险。

4. 代书遗嘱可能存在巨大风险

中国有一句谚语，叫作“没有金刚钻，别揽瓷器活”。据媒体的公开报道，2018 年上海某律师事务所因遗嘱见证无效被法院判决赔偿当事人经济损失 1,188,000 元，并承担案件的受理费和评估费。无独有偶，北京某律师事务所在接受遗嘱见证委托后，仅指派一名律师进行见证从而导致见证无效，最终被北京市朝阳区人民法院判决赔偿 114,318.45 元。

专业的律师办理遗嘱的见证业务尚有如此大的无效可能性，作为没有受过法律专业训练的普通人，在代书遗嘱时更要引起警惕，严格按照法律规定的实质要件和形式要件进行。

（五）录音录像遗嘱

［传承案例7］

王某林与邢某系夫妻关系，王某颖、王某帅、王某阳、王某浩系王某林与邢某之子。王某林与邢某一直居住在北京市某区305房（以下简称305房），305房为王某林与邢某的夫妻共有财产。2005年10月30日邢某去世。2006年经过分家析产及继承后，305房归王某林和王某浩、王某颖、王某帅、王某阳共同所有，并取得了305房的所有权证书。其中王某林占61%份额，王某浩占12%份额，王某阳占11%份额，王某帅占8%份额，王某颖占8%份额。

王某林于2018年9月14日去世。随后王某浩向一审法院起诉请求将305房中属王某林61%的份额归王某浩继承，理由是自己对王某林尽了主要赡养义务。王某浩虽主张自己对王某林尽了主要赡养义务，但依据现有证据不足以证明其主张，故对王某浩主张，法院未予采信。但一审法院考虑到王某浩曾与被继承人共同生活且其生活困难等实际情况，故酌情多分王某浩部分份额。与此同时，王某阳也主张王某林的61%份额应归其所有，提交了王某林留有的录音遗嘱一份，并向法院提交了录音及证人证言予以证明。但经法院询问，王某阳主张其父作出遗嘱时仅有王某阳与王某阳之子在场，无其他见证人。因上述遗嘱不符合法定的遗嘱形式，法院不予采信。故本案应按法定继承处理。

305号房中61%份额系王某林遗产，王某颖、王某帅、王某阳、王某浩均系王某林继承人，均有权继承王某林遗产。

最终一审法院判决：305房由王某浩、王某阳、王某帅、王某颖共同所有，其中王某浩占28%份额，王某阳占26%份额，王某帅占23%份额，王某颖占23%份额。

[传承实务及法律分析]

1. 什么是录音录像遗嘱

录音遗嘱是指遗嘱人口述遗嘱内容并通过录音、磁带及光磁存储材料记载的遗嘱。

录像遗嘱是指以录制声音和影像的器材所录制的遗嘱人的遗嘱。

《民法典》施行前,《继承法》第 17 条第 4 款只规定了录音遗嘱,并未规定录像遗嘱。是因为当时经济发展水平较低,录像设备不普及,不便于利用录像设备制作录像遗嘱。《民法典》为适应现代社会经济发展与科技进步,在原来录音遗嘱的基础上增加了录像遗嘱,更便于当事人设立遗嘱,并透过声音与影像真实还原遗嘱人设立遗嘱的现场情景,更有利于得知遗嘱人的真实意思表示,维护遗嘱人与相关继承人的合法权益。

2. 怎么订立录音录像遗嘱

(1)必须由遗嘱人亲自口头叙述遗嘱的全部内容;

(2)必须两个以上的见证人在场作证,且见证人应是完全民事行为能力人,不得是继承人、受遗赠人,并与继承人无利害关系(具体哪些人属于有利害关系的人,详见本书口头遗嘱内容);

(3)制作录音录像开始时,遗嘱人、见证人必须分别说明自己的姓名、性别、年龄、籍贯、职业、所在工作单位和家庭住址等身份信息并清晰记录遗嘱人和见证人声音与肖像;

(4)遗嘱人、见证人必须说明制作录音录像遗嘱的具体地址和年、月、日;

(5)录音录像制作完毕,应当密封保存,并在封面上由遗嘱人、见证人签名,注明年、月、日。然后交由遗嘱人或见证人保管。

3. 制作录音录像遗嘱时应注意的事项

(1)在录音录像遗嘱只有两个见证人的情况下,两个见证人均应全程参与见证事务,不能存在某一时间点只有一名见证人在场的情况。否则会面临不符合"两个以上见证人在场"而无效的风险。

(2)录音录像遗嘱的潜在风险在于无法得知立遗嘱的真实时间,在有可能的条件下,见证人最好是律师、社区的工作人员、社区片警等公信力相对较高的人。

(3)现代手机一般都具有录音录像功能,制作录音录像遗嘱时,在有条件的情况下,尽量全程既录音又录像。

(4)在司法实践中,录音录像遗嘱作为证据使用,应注意其自身具有易于伪造、删减、模仿、剪切、编辑等特点,遗嘱人或见证人应注意保持录音录像遗嘱的完整性。

(5)录音录像设备质量的好坏、遗嘱人的发音是否清晰、磁带或光盘及其他载体放置时间的长短,均会影响录音录像磁带的音质与影像效果,都会使录音录像遗嘱在使用时,因录音录像遗嘱的内容难以听清或图像难以辨别而引起诉争,影响遗嘱的执行,录音录像遗嘱的这些特点应引起充分重视。

(6)在录音录像遗嘱完成后,遗嘱人及见证人应认真检查录音录像的内容有无遗漏,尤其是重要财产的处置是否明确。在录音录像遗嘱中就财产如何处置,请读者自行参考本书自书遗嘱内容。

(六)打印遗嘱

[传承案例8]

王某与李某于2006年结婚,双方均系再婚。婚后双方共同居住在王某个人所有的位于某区3-201室,婚后未生育子女。

王某与前妻育有两子王某昊与王某涛,均已成年并各自组建家庭。王某于2013年去世。

王某去世后,王某昊与王某涛作为原告将李某起诉至法院,在诉讼请求中要求依法继承王某名下房产。

在诉讼过程中,李某提交打印遗嘱一份,遗嘱内容为:"我名下位于某区3-201室为我个人财产,在我去世后,由我的配偶李某(身份证号:××××)继承。遗嘱人:王某,2010年9月6日。"证明被继承人王某将涉案房屋处分给李某所有。王某昊与王某涛对该份遗嘱不予认可,认为该打印遗嘱不符合《继承法》关于自书遗嘱的形式要求,不是有效的遗嘱。

案件审理过程中,法官从法理、情理、事理等方面给各方当事人做工作,最终促使本案调解结案。

[传承实务及法律分析]

1. 什么是打印遗嘱

打印遗嘱是指使用电脑或其他电子设备将完整的遗嘱内容写完,并利用打印机将写好的遗嘱打印出来的遗嘱。

《民法典》施行前《继承法》并无打印遗嘱的规定,随着社会经济发展及科技进步,手机、电脑、打印机等电子设备已广泛普及并融入大众的日常生活,为了更加便捷、高效、正式地设立遗嘱,《民法典》在继承编新增加了打印遗嘱。

依据《民法典》第1136条的规定,打印遗嘱应当有两个以上见证人在场见证。遗嘱人和见证人应当在遗嘱每一页签名,注明年、月、日。

2. 怎么订立打印遗嘱

(1)必须由遗嘱人亲自在电脑上将遗嘱的全部内容写完,并通过打印机将遗嘱打印出来。

(2)必须请两个以上的见证人在场作证,且见证人应是完全民事行为能力人,不得是继承人、受遗赠人,并与继承人无利害关系。(具体哪些人属于有利害关系的人,详见本书口头遗嘱内容。)

(3)见证人应全程参与订立遗嘱的全过程,不可中途离开或由其他人转述。即见证人应亲自见证遗嘱人在电脑的书写过程,并见证电脑中的遗嘱通过打印机打印出来的过程。见证人见证的遗嘱在电脑上书写过程与在打印机上打印遗嘱过程,是一个连贯的动作,并亲自审核电脑上的遗嘱与打印出来的遗嘱是否一致,审核该打印遗嘱是否符合遗嘱人的真实意思表示。

(4)遗嘱人、见证人应当在每一页上都签上自己的姓名并注明年、月、日。

(5)打印遗嘱使用何种字体、字号等形式无要求,使用何种电子设备书写、何种打印机、纸张颜色等均无明确要求,建议当事人参照公文的要求打印。

3. 制作打印遗嘱时应注意的事项

(1)制作打印遗嘱时,在只有两个见证人的情况下,两个见证人均应全程参与见证事务,不能存在某一时间点只有一名见证人在场的情况。否则会面临不符合"两个以上见证人在场"而无效的风险。

(2)打印遗嘱包括书写遗嘱和打印遗嘱两个步骤,所以见证人在场见证时也应是连续见证这两个过程,不能分别见证再组合。

(3)订立打印遗嘱必须是遗嘱人本人亲自书写与打印,如果是他人代为在电脑上书写遗嘱并打印遗嘱,则该遗嘱应按照代书遗嘱的规定审查是否符合代书遗嘱的有效要件。

(4)打印遗嘱是《民法典》新增加的遗嘱形式,立遗嘱人应严格按照打印遗嘱的形式要件订立打印遗嘱,否则会面临打印遗嘱无效的风险。

4. 本案中李某提交的打印遗嘱是否有效

《民法典》施行以前,依据《继承法》规定,自书遗嘱由遗嘱人亲笔书写。《继承法》中无打印遗嘱的规定,司法实践中,以机器打印方式印刷的遗嘱一般不为法院所承认,不能构成自书遗嘱。本案中,因原告提交的遗嘱系打印件,不符合自书遗嘱的形式要求,不能按照遗嘱继承处理。

如本案发生在《民法典》施行之后,也需要审核王某所立的遗嘱是否有两个以上的见证人在场见证等情况,以判断王某所立遗嘱是否符合打印遗嘱的规定。

三、从无效的遗嘱中吸取教训

（一）存在多种解释的留言遗嘱无效

［传承案例9］

潘某玲与龚某国系再婚夫妻，婚后购买位于北京市某区某小区8号楼802室房屋（以下简称802室房屋）一套，并在此共同居住，有室内家具若干。龚某国与其前妻育有一子龚某兵。

2020年3月，龚某国因病去世，就802室房屋的继承问题，潘某玲与龚某兵产生争议，后经居委会调解无效，潘某玲将龚某兵起诉至法院，请求法院将802室房屋中属于遗产的份额全部判归其所有。

在诉讼过程中，潘某玲出示了一张由龚某国生前所留的字条，内容为："我有财产802室房屋，家具若干由吾妻潘某玲继承。"龚某兵不同意潘某玲的主张，称其作为儿子有权继承父亲的遗产，龚某国生前所留字条不能作为遗嘱处理。

法院判决：802室房屋及室内物品归潘某玲所有；潘某玲向龚某兵支付折价款80余万元。

［传承实务及法律分析］

1. 龚某国所留字条是否符合自书遗嘱的要件

潘某玲提交的龚某国生前留言原件是龚某国本人书写，内容涉及遗产分配且有签名并标注了日期，符合法律规定的自书遗嘱的基本形式。

2. 如遗嘱内容可以作不同解释时法院会如何处理

虽然该留言系自书遗嘱，但其字条上标点符号过少造成在不同位置标注符号的解释大相径庭，可以有两种以上不同解释。依据《最高人民法院指导案例裁判要旨汇览》的内容,被继承人生前的自书遗嘱可以作两种不同解释时,不能将自书遗嘱确定为被继承人的真实意思表示,留言无效。据此,龚某国的自书遗嘱无效,其遗产按照法定继承的方式分配。

3. 遗嘱无效后,按照法定继承该如何处理

潘某玲系龚某国之妻,且 802 室房屋取得是在二人结婚之后,龚某国去世后,其财产先分出一半归潘某玲所有,剩下一半由潘某玲与龚某兵作为第一顺序继承人参加法定继承,分得相等的份额。因潘某玲无其他住房,又占 802 室房屋的大部分份额,802 室房屋以归潘某玲所有为宜,潘某玲应当向龚某兵支付相应折价款。

4. 传承提醒

通过上述案例,提醒读者在立遗嘱时,除了内容上要注意用词严谨不能产生歧义之外(详见遗嘱的种类篇章),标点符号的运用也要得当,不能因标点符号的使用错误导致传承本意大打折扣。

(二)被篡改的遗嘱部分无效

[传承案例 10]

陈某民与崔某芳于 1951 年 6 月 15 日登记结婚,婚后生育了 3 名子女,分别是陈某雄、陈某英和陈某萍,现该 3 名子女均为美国公民并居住在美国。

陈某民与崔某芳于 1991 年购买房改房一套,位于某市 404 号房。2000 年 9 月 20 日,崔某芳在美国因病死亡,生前没有订立遗嘱。崔某芳死亡后,陈某雄、陈某萍、陈某英及陈某民没有对其遗产作处理。之后,经人介绍,廖某南到陈某民处从事保姆工作,照顾陈某民的日常起居生活,2009 年 6 月 23 日,两人登记结婚,婚后双方没有生育子女。

2010 年 4 月 16 日,陈某民手书了一份遗嘱,内容为:“本人陈某民,身份证号:××××,因年岁已高,现对自己财产拟作如下处理:1. 本人名下 404 号房属于本人房产份额,在本人去世后,全部归妻子廖某南所有。2. 本人名下其他财产,在本人去世后,也归妻子廖某南所有。本遗嘱壹份由妻子廖某南持有。立遗嘱人:陈某民,2010 年 4 月 16 日。”

2010 年 11 月 1 日,陈某民去世。廖某南领取了其职工基本养老保险离退休人员死亡抚恤金42,062元。依据廖某南已提供的票据显示,廖某南为办理被继承人陈某民后事,共支付了14,079元。

2010年12月3日,陈某雄、陈某萍、陈某英持一份由陈某民签署的遗嘱,向法院起诉廖某南要求:(1)陈某雄、陈某萍、陈某英对被继承人陈某民及崔某芳的404号房的遗产享有继承权,陈某雄、陈某萍、陈某英的继承份额分别为三分之一,并将该房屋过户到陈某雄、陈某萍、陈某英名下(房屋价值约20万元人民币);(2)判决廖某南搬出上述房屋;(3)判决廖某南支付陈某雄、陈某萍、陈某英各10,000元抚恤金;(4)诉讼费由廖某南承担。三人所持遗嘱内容为:"本人陈某民现将404住宅一处决定在我死去之后,归我的三个儿女共有,即陈某雄、陈某英、陈某萍三人共有。2010年5月12日陈某民签署。"陈某雄、陈某萍、陈某英同时提供了当时陈某民在该遗嘱上签署日期和签名的录影光盘。该光盘上尚有五张视频截图,其中有关遗嘱截图的日期编码为2010/01/02,另有一张内容为"我要廖某南的儿子王某及妻子黄某搬走5/11/10 签名 陈某民 2010511"的纸条截图,日期编码也是2010/01/02。

廖某南在答辩期间,也提供了另一份由被继承人陈某民亲笔书写的遗嘱,内容为:"立遗嘱人陈某民,男,汉族,出生于1926年5月25日,决定将404号房,在我去世后留给再婚妻子廖某南所有,此前有关此处房地产所有遗嘱一概作废。2010年5月16日下午于市第二人民医院特需病房9号病房。立遗嘱人陈某民(指模)自书,在场见证人:病房护工甄某浓。"该遗嘱日期"16日"中的"6"字存在涂改痕迹。

一审诉讼中,依据廖某南提供的2010年5月16日的遗嘱中所载明的见证人,法院向被继承人当时住院治疗时的护工(也即见证人)甄某浓调查了当时遗嘱人立遗嘱的情况,依据甄某浓陈述,当时遗嘱人书写遗嘱时,其已被叫离现场,只是在遗嘱书写完毕后,才回到现场签名,故不清楚当时的情况。

案件经过两审终审,并经当事人申请委托广东南天司法鉴定所对其提供的2010年5月12日遗嘱全文笔迹是否为陈某民本人所写,进行司法鉴定。鉴定意见为"检材陈某雄等3人提供的2010年5月12日陈某民遗嘱全文笔迹是陈某民本人书写"。最后判决如下:

1. 被继承人陈某民、崔某芳的404号房,由陈某雄、陈某英、陈某萍及廖某南共有,其中陈某雄占三十二分之九份额,陈某英占三十二分之九份额,陈某萍占三十二分之九份额，廖某南占三十二分之五份额；

2. 廖某南在判决发生法律效力之日起3日内向陈某雄、陈某英、陈某萍分别支付抚恤金6995.75元；

3. 驳回陈某雄、陈某英、陈某萍的其他诉讼请求。

[传承实务及法律分析]

1. 被继承人三份遗嘱效力问题

被继承人陈某民在生前分别向其妻子廖某南及儿女陈某雄、陈某萍、陈某英立有三份遗嘱，且遗嘱内容相互抵触，依据《民法典》第1142条第3款的规定，立有数份遗嘱，内容相抵触的，以最后的遗嘱为准，故本案的审查关键点在于遗嘱的成立时间。

首先，经二审法院委托具有相应鉴定资质单位进行司法鉴定，鉴定意见为：由陈某雄、陈某萍、陈某英持有的“2010年5月12日”遗嘱是陈某民的自书遗嘱。但陈某雄、陈某萍、陈某英在一审期间提供拍摄该遗嘱形成过程的视频资料及从中截取的照片显示拍摄时间为“2010年1月2日”，即视听资料的拍摄时间与遗嘱的落款时间不一致而使该份证据的形成时间在证据形式上具有瑕疵，则陈某雄、陈某萍、陈某英作为该遗嘱持有人负有对该证据的形成时间承担进一步举证证明的责任。如无法提供有力证据则要承担举证不能的不利后果。

其次，由廖某南持有的落款时间较后的“2010年5月16日”的遗嘱中的“16”有被涂改痕迹，且立遗嘱人陈某民未在该涂改处另行签名。廖某南作为该遗嘱持有人应当对该涂改系陈某民本人所为的事实负进一步的举证证明的责任，但廖某南未申请对该涂改痕迹作司法鉴定，亦未提供相应的证据进行证明，故要承担举证不能的不利后果。

最后，因各方当事人均应对己方持有的证据的形成时间负有进一步举证证明的责任，二审期间各方当事人均明确表示不同意对涉案三份遗嘱的形成时间的先后作司法鉴定，故各方当事人均应当对己方持有证据的形式瑕疵负举证不能的不利后果，即涉案三份遗嘱处于形成时间先后顺序不明的法律事实状态，导致被继承人陈某民最后的遗嘱意思表示不明且相互抵触，故对涉案三份遗嘱的效力均不予采信。

2. 遗产继承及分割问题

首先,廖某南、陈某雄、陈某萍、陈某英均系被继承人陈某民的第一顺序法定继承人,在三份遗嘱均无法认定的情况下,依据公平原则,推定涉案遗产适用法定继承。

其次,因404房属于被继承人陈某民与其前妻崔某芳的夫妻共同财产,且崔某芳已于2000年9月20日死亡,其生前并未立下遗嘱,依据《民法典》第1127条、第1130条的规定,属于崔某芳份额的房屋应由被继承人陈某民及陈某雄、陈某萍、陈某英共同继承。

最后,属于被继承人陈某民的遗产,由同一顺序法定继承人廖某南、陈某雄、陈某萍、陈某英各自继承。

3. 对于抚恤金分割问题

抚恤金是死者生前退休的工作单位给予死者亲属的抚慰金,属于死者家属共有的财产,而作为死者的妻子廖某南已提供初步证据证明为办理被继承人陈某民的后事而支出必要费用,其中绝大部分的费用发生附有正式发票或加盖相关部门的收费专用章。故扣除廖某南为办理被继承人陈某民的后事而支出必要费用剩余部分后由各继承人均分。

(三)伪造的遗嘱无效

[传承案例11]

郝某会与燕某系夫妻关系,郝某译系二人婚生子,郝某译未婚。

郝某会于2010年3月22日去世,燕某与郝某译对于郝某会遗产没有进行分割。2015年12月23日,郝某译因意外去世。

郝某会去世后遗留四套与燕某共同所有的房产,其中一套房产由郝某甲(郝某会之弟)占有使用。郝某译死亡时在吉林银行留有存款60万元。2016年4月14日经人民法院判决,认定燕某为无民事行为能力人并指定燕某乐(燕某之弟)为燕某的监护人。2016年4月18日,燕某乐作为燕某的监护人诉至一审法院,请求依法继承被继承人郝某会、郝某译的遗产。

诉讼中,燕某申请对被继承人郝某译银行存款10万元先予执行,用于其医疗费用。2016年5月24日,法院作出民事裁定,将郝某译在吉林银行账号为×××存款10万元,先行给付燕某用于其医疗费用。2016年7月27日,燕某乐收到先予执行款10万元。

在法院审理过程中,郝某甲主张遗嘱继承,并向法院提交郝某会遗嘱,燕某乐对该遗嘱真实性提出异议,并申请对遗嘱上郝某会签名进行文检鉴定,法院委托吉林鸣正司法鉴定中心对郝某甲提供的2010年2月21日郝某会生前所立遗嘱中,立遗嘱人"郝某会"的签名是不是郝某会本人的签名进行文检鉴定,2017年1月9日吉林鸣正司法鉴定中心出具吉鸣正司鉴中心(2016)文鉴字第D53号司法鉴定意见书,鉴定意见为:检材遗嘱中郝某会的签名字迹与样本中郝某会的签名字迹不是同一人所书写。2017年2月8日吉林鸣正司法鉴定中心出具关于郝某会文书鉴定案的补充说明,说明如下:(1)检材遗嘱中立遗嘱人处"郝某会"的签名字迹与样本1编号为3#4－5－72吉林省城市房屋拆迁补偿安置协议《产权调换协议》第7页乙方(签章)处"郝某会"的签名字迹不是同一人所书写;(2)检材遗嘱中立遗嘱人处"郝某会"的签名字迹与样本2:2007年6月29日《房屋买卖合同》第3页乙方(签字或盖章)处"郝某会"的签名字迹不是同一人所书写;(3)检材遗嘱中立遗嘱人处"郝某会"的签名字迹与样本3:吉林市中心医院住院病案第二页右下角处"郝某会"的签名字迹不是同一人所书写;(4)检材遗嘱中立遗嘱人处"郝某会"的签名字迹与样本4:吉林市商业银行储蓄卡存款凭证右下角处"郝某会"的签名字迹不是同一人所书写。

法院在审理过程中查明:(1)郝某译丧葬事宜由燕某乐办理,燕某乐为此支出13,233.65元;(2)燕某的亲属在清点郝某会、郝某译遗物时,发现两处房产,现两处房屋均由燕某的监护人燕某乐管理。

[传承实务及法律分析]

1. 伪造的遗嘱无效,应按法定继承处理

依据《民法典》第1123条的规定,继承开始后,按照法定继承办理;有遗嘱的,按照遗嘱继承或者遗赠办理;有遗赠扶养协议的,按照协议办理。《民法典》第1143条第3款规定,伪造的遗嘱无效。

本案中,郝某甲提供郝某会的遗嘱,经司法鉴定,立遗嘱人处"郝某会"签名与其认可郝某会签名4个样本均非同一人书写,对该遗嘱不予采信,故

应按照法定继承办理。

燕某与郝某会系夫妻关系，郝某译系二人婚生子。因郝某会与郝某译生前均未立有遗嘱，对于郝某会的遗产，燕某及郝某译均依法享有继承权；对于郝某译的遗产，燕某依法享有继承权。

2. 郝某会的遗产范围

郝某会于2010年3月22日去世，依据《民法典》的相应规定，继承程序可以启动。

依据《民法典》第1122条的规定，遗产是自然人死亡时遗留的个人合法财产。郝某会死亡时遗留下的四套房产应为郝某会与燕某的夫妻共同财产，析产后即将燕某所有的份额二分之一析分出来，其余财产份额作为遗产继承，由燕某和郝某译分别继承二分之一。

3. 郝某译的遗产范围

郝某译于2015年12月23日去世，其遗产为依法继承的郝某会遗留房产的二分之一，自己现金存款60万元。

4. 新发现两套房产的处理

关于在清点郝某会、郝某译遗物时，发现两处房产，因未提供证据证明该两套房屋的权属证明，无法在本案中一起处理，可待有证据时另行主张权利。

5. 燕某继承范围

燕某依法享有对郝某译遗产的继承权，郝某译依法继承的郝某会的房产均归燕某所有。郝某译去世时在银行存款60万元，除去燕某先予执行10万元和支付郝某译丧葬费后，剩余款项均归燕某所有。

（四）无民事行为能力人或者限制民事行为能力人所立的遗嘱无效

［传承案例12］

崔某与徐某旭系再婚夫妻，两人于1995年2月8日登记结婚，婚后未生育，结婚时双方子女均已成年，崔某新、崔某华系崔某与前妻生育的子女，崔某于2014年10月4日死亡。

婚前崔某名下原有一套房产，后于2009年变更登记在徐某旭与崔某名下。崔某死亡后其招商银行账户有工资58,000元及2014年11月14日发放的抚恤金175,626元。

2010年1月10日崔某自书遗嘱载明"玉田新村×××号×××室在我百年后归徐某旭所有",2011年8月1日崔某自书遗嘱载明"我百年后我的财产、房子归徐某旭"。上海市精神卫生中心门诊病史记录2013年7月26日崔某在徐某旭陪同下治疗,主诉记忆力减退5年余,伴行为紊乱,现病史记载崔某于2008年12月住院并发脑梗塞,之后出现迷路、记忆力下降,有时不认识子女,叫老婆为"阿姨"等。医院2009年1月21日出院记录载明崔某颅脑CT查出双侧基底节区、半卵圆中心多发腔隙性梗塞,轻度脑萎缩;2010年2月27日出院记录记载当时崔某已患有腔隙性脑梗死,混合型痴呆;2010年3月11日后崔某多次在医院神经内科门诊就诊;2013年7月至2014年9月崔某多次在医院就诊治疗老年痴呆;派出所出警记录载明2011年后崔某多次走失。

2015年6月13日,徐某旭向一审法院起诉请求:确认其与崔某名下的共有房产中徐某旭与崔某各占一半份额;上述房屋中崔某名下一半份额由徐某旭一人继承。

[传承实务及法律分析]

1. 本案中出现的遗嘱是否有效

在利用遗嘱这一传承工具进行财富传承时,立遗嘱人的行为能力直接涉及遗嘱的效力。《民法典》第1143条明确规定,无民事行为能力人或者限制民事行为能力人所立的遗嘱无效。

在本案中,依据2008年12月至2014年9月崔某的就诊记录,证明崔某立遗嘱之前就已经确诊为脑萎缩,且渐渐发展为痴呆,崔某在2010年1月10日已处于不具有完全民事行为能力状态的可能性完全存在,因此,法院依法确认涉案遗嘱无效。

2. 崔某遗留的房产份额

虽然崔某遗留下的房产是其与徐某旭登记结婚前购买,但在两人登记结婚后崔某自愿将产权人登记变更为其与徐某旭名下,故应视为崔某将部分房屋产权赠与徐某旭。由于徐某旭与崔某婚姻存续近二十年,且崔某生前从未主张其房屋产权份额多于徐某旭，徐某旭主张崔某与其各半所有符合情理，故系争房屋中一半产权份额属于崔某遗产，一半产权份额为徐某旭所有。

3. 遗嘱无效后，崔某遗产如何分割

由于涉案遗嘱无效，故崔某遗产应按法定继承原则进行分割继承。双方当事人系崔某的妻子和子女，对被继承人的遗产享有继承权，法院依法予以确认。崔某与徐某旭结婚多年，婚后一直共同生活，崔某疾病不断，多次就医，尤其是后期患有脑梗、老年痴呆等多种疾病，故徐某旭对崔某尽了主要扶养义务，其依法可以适当多分得遗产。

（五）遗嘱人以遗嘱形式处分了属于国家、集体或他人所有的财产，该遗嘱的此部分内容无效

［传承案例13］

高某、郝某系夫妻关系，生育有高某生、高某贵和高某娟3个子女。

高某、郝某于1947年购买了位于某地12号院的22间房屋，1968年高某去世。高某的父母均早于高某先后去世。1984年，当地的房地产管理局为郝某颁发了房产所有权证。

2001年，郝某立遗嘱一份，内容为："坐落在某地12号院内的22间房产在我去世后全部留给我女儿高某娟继承。"同年，公证处为该遗嘱出具了公证书。2003年，郝某去世。

2006年，拆迁公司与高某娟签订了《住宅房屋拆迁货币补偿协议》，将12号院内郝某名下的房屋22间全部拆迁，拆迁补偿人口为高某娟及其子刘某东。拆迁费300万元由高某娟领取。

2009年，高某生和高某贵起诉至法院，称他们均有继承父母房产的权利，拆迁补偿款不应当由高某娟一人独得。

［传承实务及法律分析］

1. 财富传承的前提是财产应是自己有权处分的合法财产，案例中的郝某在立遗嘱时只能处分自己有权处分的份额

据已查事实，虽然该诉争房产登记在郝某名下，但其购买是在高某与郝

某的婚姻关系存续期间，所以应当属于夫妻共同财产。高某去世之后，遗产分割前郝某无权处分属于他人（其他继承人）的财产份额。

2. 在财富传承的过程中如处分涉及他人的财产，涉及该项财产处分行为无效

依据《民法典》第1153条的规定，夫妻共同所有的财产，除有约定的外，遗产分割时，应当先将共同所有的财产的一半分出为配偶所有，其余的为被继承人的遗产。遗产在家庭共有财产之中的，遗产分割时，应当先分出他人的财产。

本案中诉争房屋系高某与郝某的夫妻共同财产，在高某去世后，应将高某与郝某的夫妻共同房产的50%分出为郝某的财产，剩余的50%份额作为高某的遗产。

因高某并未立有任何遗嘱，依据《民法典》第1123条规定按照法定继承办理。因高某去世之后，高某的法定继承人一直未依法定继承进行分割高某的遗产，故高某的遗产由郝某、高某生、高某贵、高某娟4人共同共有，该部分财产属于4人共有状态。郝某在设立遗嘱时，将诉争房产整体都作为自己的财产进行处分，故该遗嘱处分其他继承人所享有的财产份额应当认定无效。

依据《民法典》第1123条的规定，继承开始后，按照法定继承办理；有遗嘱的，按照遗嘱继承或者遗赠办理；有遗赠扶养协议的，按照协议办理。在案例中，郝某去世后，因其与案外人不存在遗赠扶养协议，属于其享有的份额及其继承的份额，在有遗嘱的情况下，按照遗嘱继承办理，即郝某享有的财产份额全部由高某娟继承。

（六）遗嘱违反法律强制性规定无效

［传承案例14］

孙某田与郭某系夫妻，孙某煜系孙某田的侄儿。孙某煜结婚之前，户籍一直登记在生父孙某河的家庭户籍簿上，婚后，已单独立户。

2012年5月，孙某田因患胃癌住院治疗，住院期间，一直由妻子郭某对其进行照料。

2012年6月7日，孙某田在住院期间请人代书遗嘱一份，该代书遗嘱为机打遗嘱，遗嘱内容分为四项：(1)本人有三间土木结构房屋，由郭某继承；(2)承包的村责任田1.06亩、河边荒田2亩、菜园3分均由妻子郭某继承和承包；(3)空闲宅基地由其侄儿孙某煜使用，四至为：东至猪栏后杨树，西至隔壁宅基地为界，东西界址平宜，南至隔壁屋檐，北至水镜路；(4)家中一切财产均由郭某继承，他人不得干涉。遗嘱有孙某田手写签名，并捺有手印，另有见证单位××县××法律服务所公章和见证人李某乙的机打签名，遗嘱制作时间为2012年6月7日。出院后，孙某田回家就医。

2012年6月29日，在孙某田家中，此时孙某田意识清醒，说话没问题，能够正确表达自己的思想，在两名律师的见证下，孙某田又立代书遗嘱一份，该遗嘱为手写代书遗嘱，遗嘱内容也分为四项：(1)孙某田婚前财产，两间土木结构房屋、一间土木结构小山房，孙某田死后该房屋由郭某居住，郭某死后或不想居住后，该房屋及屋场的树木归郭某所有，房屋由孙某煜拆除，该宅基地归孙某煜所有；(2)现有的现金、存款，孙某田生前生活、治病、死后安葬开支，剩余全部归郭某所有；(3)孙某田现在生病，孙某煜与郭某伺候孙某田，每人伺候一天轮流照顾；(4)河里开荒地2亩归郭某经营，由其处理，1.06亩责任田经营权归孙某煜所有，但郭某可以耕种，郭某不耕种后交给孙某煜经营，郭某经营期间不得流转、出售，郭某种不了田了交给孙某煜，孙某煜每年按当地惯例给郭某出口粮(直到郭某死亡)，现有菜园归郭某耕种。该遗嘱有孙某田手写签名，并捺有手印；有见证人杨某、刘某手写签名；有代书人杨某手写签名；有现场证人：孙某煜、雷某然手写签名，并分别捺有手印。遗嘱制作时间为2012年6月29日。

因前后两份遗嘱对孙某田生前财产的分配有一定的差异。郭某认为其为孙某田的合法妻子，在孙某田死亡后，当然地享有死者生前财产的所有权，故准备对其丈夫遗留的房屋进行房产登记和责任田的经营管理，但孙某煜及孙某庚、孙某兴(孙某田的两个兄弟)均以各种理由对郭某的行为进行阻止，郭某因此诉至法院，请求人民法院依法确认孙某田生前遗留的三间土木结构房屋、承包的责任田、河边荒地2亩、菜园3分归郭某所有和承包经营管理，并由孙某煜承担本案的诉讼费。

[传承实务及法律分析]

1. 关于两份遗嘱的效力问题

首先，郭某提供的第一份代书遗嘱为机打遗嘱，只有一个见证人且见证人签名非手写，遗嘱上盖有的××县××法律服务所公章，系见证人所在工作单位，而单位本身无法成为见证人，故该份遗嘱不符合《民法典》第1135条规定的"代书遗嘱应当有两个以上见证人在场见证，由其中一人代书，并由遗嘱人、代书人和其他见证人签名，注明年、月、日"。因此，该份遗嘱不具有上述法律规定的代书遗嘱应具有的形式要件，不是合法有效的代书遗嘱。

其次，孙某煜提供的第二份代书遗嘱符合《民法典》第1135条关于代书遗嘱的规定，形式合法，对孙某田生前财产（房屋、树木、田地及现金、存款等）在郭某与孙某煜之间进行了分配，遗嘱为郭某留了一定的现金财物，也从衣食住行等方面对其提供了一定的保障，保证其有生之年有房屋居住，有菜园耕种，有田地耕种，如果郭某因年老后耕种不了田地或不愿意耕种后，可交由孙某煜耕种，由孙某煜按照当地惯例给郭某粮食。因此，第二份遗嘱并未违反《民法典》第1141条遗嘱应当为缺乏劳动能力又没有生活来源的继承人保留必要的遗产份额的规定。

最后，孙某田在立第二份遗嘱时意识清醒，语言表达正常，能够正确表达自己的思想，具有订立遗嘱的行为能力，遗嘱内容为其真实的意思表示。

2. 第二份遗嘱是否违反法律的强制性规定

首先，依照第二份遗嘱第一项内容（该房屋及屋场的树木归郭某所有，房屋由孙某煜拆除，该宅基地归孙某煜所有），无法明确房屋所有权由谁继承，遗嘱内容将房屋和宅基地进行了分开处理，违背了"房地一体"的法律原则，应属无效。为此，房屋属孙某田的婚前财产，其死后应当按照法定继承，由孙某田的妻子郭某作为唯一第一顺序继承人进行继承。

其次，依照第二份遗嘱的第四项内容（河里开荒地2亩归郭某经营，由其处理，1.06亩责任田经营权归孙某煜所有，但郭某可以耕种，郭某不耕种后交给孙某煜经营，郭某经营期间不得流转、出售，郭某种不了田了交给孙某煜，孙某煜每年按当地惯例给郭某出口粮，直到郭某死亡后，现有菜园归郭某耕种），可以明确"1.06亩责任田经营权归孙某煜所有"。依据我国《农村土地承包法》第16条第1款"家庭承包的承包方是本集体经济组织的农户”,孙某田生前的1.06 亩责任田是由以户为单位的家庭承包方式取得,孙某田生前的户籍上仅有两名成员(户主孙某田和该户成员郭某),并没有孙某煜,孙某煜的户籍一直在其生父孙某河的户籍簿上,婚后已单独立户,其实际亦并未跟随孙某田共同生活,为此,该1.06 亩责任田是孙某田与郭某的家庭承包责任田,孙某田死亡后,应由其他家庭成员即郭某继续承包。

再次,依据我国《农村土地承包法》第32 条的规定,承包人应得的承包收益,依照继承法的规定继承。林地承包的承包人死亡,其继承人可以在承包期内继续承包。

由上述法律条款可以得知,林地承包的承包经营权可以依法继承。这种完全列举式的法律条款具有排他性,排除了耕地、草地的承包经营权可以依法继承,故遗嘱规定“1.06 亩责任田经营权归孙某煜所有”违背了《农村土地承包法》的规定,应属无效。

最后,对于遗嘱第四项中提到的“河里开荒地2 亩”以及“现有菜园”(面积为3 分)因没有权属登记证明,无法确认权利归属,法院未予处理。

四、遗嘱是否可以撤回、变更

[传承案例15]

冯某和张某瑶系夫妻关系，育有三子，长子冯某江、次子冯某海、三子冯某岳(冯某岳育有一子冯某宝，冯某岳于2001年病故)。

2005年11月11日，冯某与张某瑶订立遗嘱，将两人共同共有的46号房产一套由冯某宝继承，并于同年2005年12月7日就该份遗嘱进行了公证。

2008年5月26日，冯某病故，冯某宝依据遗嘱继承46号房产50%的产权。2008年7月16日，张某瑶以声明书公证的形式撤销其于2005年12月7日所立的公证遗嘱。2008年12月20日，张某瑶自书遗嘱将其拥有的46号房产50%的产权份额由冯某江继承。

2009年1月1日，冯某江与冯某宝协商一致后，冯某宝以8万元的价格将其继承的46号房产50%的产权出售给冯某江。2015年4月19日，张某瑶去世，冯某江依据被继承人张某瑶遗嘱继承50%的房屋份额后，要求冯某宝配合办理房屋过户手续，冯某宝未予配合，故引起纷争。

[传承实务及法律分析]

本案财富传承的法律要点在于遗嘱的动态性，即立遗嘱人能不能通过变更、撤回遗嘱来实现自己财富传承的真实用意。在现实生活当中，也出现过大量的指定的遗嘱继承人违背立遗嘱人的意志，损害立遗嘱人的利益，从而导致立遗嘱人不得不考虑重新确定财富传承的新人选，或者重新安排财产的分配比例。另外，立遗嘱人能不能在立完遗嘱后，仅凭自己主观上的好恶来变更、撤回遗嘱？立遗嘱人是否有权依据客观情况的变化来变更、撤回、修改遗嘱？如果变更、撤回，不同的遗嘱应当采取什么样的形式来变更、撤回？下文将通过上述案例详细分析。

1. 公民在生前有权利处置自己的合法财产，即享有按照自己意志进行财富传承的权利

依据《民法典》第1133条第1款、第2款的规定，自然人可以依照本法规定立遗嘱处分个人财产，并可以指定遗嘱执行人。自然人可以立遗嘱将个人财产指定由法定继承人中的一人或者数人继承。本案中，冯某与张某瑶有权订立遗嘱，将两人共同共有的46号房产指定由冯某宝继承，这是当事人按照自己的意志进行财富传承的具体表现，是符合法律规定的。

2. 变更、撤回之前所立遗嘱，不需要经过他人的同意，但应注意处分的权利界限及变更、撤回不同遗嘱的形式要求

在《民法典》施行之前，依据《继承法》第20条第1款的规定，遗嘱人可以撤销、变更自己所立的遗嘱。因撤销与撤回是完全不同的两个概念。撤销代表着将已经生效的法律行为废除，使其自始不发生法律效力。撤回则是将尚未生效的法律行为在其未生效前将其取消，使该行为不发生任何法律效力。故撤销遗嘱是指在遗嘱已经生效的情况下，废除该遗嘱。因遗嘱生效即代表着遗嘱人已经去世，其已经不可能将已经生效的遗嘱撤销，遗嘱人只能在遗嘱生效前将遗嘱撤回。所以《民法典》继承编中将遗嘱的“撤销”变更为“撤回”。

依据《民法典》第1142条第1款、第2款的规定，遗嘱人可以撤回、变更自己所立的遗嘱。立遗嘱后，遗嘱人实施与遗嘱内容相反的民事法律行为的，视为对遗嘱相关内容的撤回。即遗嘱人可以于遗嘱设立后的任何时间撤回、变更之前所立遗嘱，撤回、变更遗嘱不需要任何理由，只要撤回、变更遗嘱系遗嘱人真实的意思表示及符合法律规定即可。本案中张某瑶以声明书公证的形式撤销（依据《民法典》第1133条的规定实际上是撤回遗嘱）其2005年12月7日所立公证遗嘱，即属于对自己财产权利的有效处分，此种财产权利的处分不需要经过他人的同意，不需要任何法定事由。

因2005年12月7日所立公证遗嘱已经以声明书公证的形式有效予以撤销，张某瑶有权利再立新的遗嘱处分自己的财产，故张某瑶在2008年12月20日所立的自书遗嘱符合法律规定，张某瑶的遗产继承应以其2008年12月20日所立的自书遗嘱为准，在张某瑶死亡后，冯某江有权依照张某瑶所立自书遗嘱继承46号房产50%的产权。

3. 继承人在取得遗产权利后，可以合法地进行处分

在冯某死亡后，冯某宝作为继承人依照冯某 2005 年 12 月 7 日所立之公证遗嘱继承 46 号房产 50% 的产权，在取得 46 号房产 50% 的产权后冯某宝可以合法地处分该部分财产，故 2009 年 1 月 1 日以 8 万元的价格将其所继承的 50% 房屋产权出售给冯某江是符合法律规定的。对于 46 号房产，冯某江通过购买和继承两种方式拥有了 100% 的产权。

4. 在利用遗嘱工具进行财富传承时，应紧密结合立遗嘱时有效的法律规定，注意遗嘱变更、撤回的明示方式和推定方式

因为遗嘱可撤回、可变更，在遗嘱发生效力前，遗嘱人可随时撤回或变更所立的遗嘱。遗嘱的撤回和变更方式有明示方式和推定方式两种，以下进行详细介绍：

(1)遗嘱撤回、变更的明示方式

遗嘱变更、撤回的明示方式，是指遗嘱人以明确的意思表示变更、撤回遗嘱。遗嘱人以明示方式变更、撤回遗嘱的，须以法律规定的设立遗嘱的方式进行。依据《民法典》第 1142 条第 1 款的规定，遗嘱人可以撤回、变更自己所立的遗嘱。

因此，遗嘱人若想通过明示方式变更、撤回公证遗嘱，可以到公证机关通过公证方式撤回公证遗嘱。本案中张某瑶以声明书公证的形式撤销(撤回)其 2005 年 12 月 7 日所立公证遗嘱，是符合法律规定的。

(2)遗嘱撤回和变更的推定方式

遗嘱撤回和变更的推定方式是指遗嘱人虽未以明确的意思表示撤回、变更所设立的遗嘱，但法律依据遗嘱人的行为推定遗嘱人有撤回或变更遗嘱的意思表示，并实际产生撤回或变更遗嘱的法律后果，推定方式主要有以下三种：

第一种，遗嘱人立有数份遗嘱，且内容相互抵触的，以最后所立的遗嘱为准，推定后立的遗嘱变更或撤回前立的遗嘱。

第二种，遗嘱人生前实施的行为与遗嘱内容意思相反，而使遗嘱处分的财产在继承开始前灭失、部分灭失，或所有权移转、部分移转的，遗嘱视为被撤回或部分被撤回。

第三种，遗嘱人故意销毁遗嘱的，推定遗嘱人撤回原遗嘱。原遗嘱毁坏后是否又立有新遗嘱不影响推定的效力。

(3)注意公证遗嘱变更、撤回的特殊要求

因《民法典》已删除了公证遗嘱优先的规定,如果遗嘱人意图变更或撤回公证遗嘱,一般有以下几种途径:①通过公证遗嘱直接对原公证遗嘱内容撤回或变更;②设立新遗嘱,对原公证遗嘱不予变动,以订立时间在后的遗嘱撤回订立在前的公证遗嘱;③立遗嘱人通过实施与公证遗嘱内容相抵触的民事处分行为达到撤回公证遗嘱的效果。

五、遗赠在财富传承中的应用

[传承案例16]

被继承人徐某冬与李某系夫妻关系，婚后二人共生育三子，即长子徐某健、次子徐某峰、三子徐某乔。徐某贝系徐某健之子。李某于1999年11月2日去世，徐某冬于2019年2月18日去世。徐某冬及李某的父母均在徐某冬及李某之前去世。

2018年2月27日在见证人孙某楠、张某、王某的见证下由孙某楠代笔，徐某冬立下遗嘱，遗嘱载明："立遗嘱人徐某冬，汉族，1936年9月9日出生，住××××。（注明：立遗嘱时，意识清醒，头脑清晰）我与李某系夫妻关系，生育三子，长子徐某健、次子徐某峰、三子徐某乔，我老伴李某于1999年11月去世。为了避免以后财产发生任何纠纷，我特立以下遗嘱：现我持有的北京市××区××村30123股股权及分红钱，等我去世之后，我自愿将上述股份钱及名下的其他财产，均由孙子徐某贝（身份证号：×××）一人继承，其他人不得干涉。以上遗嘱内容均是我的真实意思表示。"立遗嘱人徐某冬签名捺印注明2018年2月27日，见证人兼代笔人孙某楠签名，并注明2018年2月27日，张某、王某均在遗嘱上签字。遗嘱上黏附某医院医疗诊断证明。

2019年3月4日，徐某贝向法院诉讼请求：(1)徐某贝继承徐某冬所遗留的现金（以法院查明金额为准）；(2)徐某贝继承徐某冬所持有的北京市××区××村30123股股权；(3)依法承担诉讼费。

法院经审理后认为，本案被继承人徐某冬去世前立有遗嘱，将个人所有的财产赠与徐某贝，该遗嘱的内容未违反法律行政法规相关规定，应属合法有效，其个人财产在其去世后，应由徐某贝继承。由于被继承人徐某冬所立遗嘱中载明其股权及名下其他财产均由徐某贝继承，即不论被继承人徐某冬剩余的其他财产数额有多少，都应当由徐某贝继承。在本案诉讼中法院已查明的徐某冬所遗留的现金为 90,000 元与北京市××区××村 30123 股股权，并无其他财产。故法院判决：(1)被继承人徐某冬所遗留的现金 90,000元由徐某贝继承；(2)被继承人徐某冬所有的北京市××区××村 30123 股股权由徐某贝继承。

[传承实务及法律分析]

遗赠是指被继承人通过遗嘱的方式，将其个人财产赠与国家、集体或者法定继承人以外的人。

《民法典》第 1133 条第 3 款中将“公民”修改为“自然人”，即自然人可以立遗嘱将个人财产赠与国家、集体或者法定继承人以外的组织、个人。因公民带有一种政治上的身份，公民是带有国籍的自然人，而自然人一般不考虑其政治身份。所有的公民都是自然人，但并不是所有的自然人都是某一特定国家的公民。随着社会经济进步，将继承法律关系中的公民修改为自然人，自然人比公民更加准确和全面。

通过遗嘱形式，被继承人可以将自己名下的财产定向传承给其中意的法定继承人，同时也可以通过遗嘱将其个人财产指定传承给国家、集体或者法定继承人以外的人，即遗赠。遗赠在充分尊重被继承人的自由意思表示的前提下，将被继承人的遗产定向传承到指定人手中。

1. 遗赠的形式及有效要件

(1)遗赠的形式

依据《民法典》的规定，遗嘱有自书遗嘱、代书遗嘱、打印遗嘱、录音录像遗嘱、口头遗嘱、公证遗嘱六种形式。依据《民法典》第 1133 条第 3 款的规定，自然人可以立遗嘱将个人财产赠与国家、集体或者法定继承人以外的组织、个人。该条并未对设立遗赠的遗嘱形式加以限制，故由此可知，自然人可以通过上述六种遗嘱形式中的任一种设立遗赠。

(2)遗赠的有效要件

第一，具有完全民事行为能力的自然人可以通过遗嘱设立遗赠，不区分国籍与政治立场。

第二，受遗赠人为除法定继承人以外的任何国家、集体、组织与个人。

第三,遗赠人处分的财产系其死亡后遗留的个人合法财产,非法财产、他人财产、依照法律规定或者根据其性质不得继承的遗产除外。

第四,遗赠人去世之前遗赠成立未生效,遗赠人去世之后立即生效。

第五,遗赠必须符合《民法典》中关于遗嘱合法要件的其他规定。

2. 受遗赠人接受遗赠财产的注意事项

(1)依据《民法典》第 1123 条的规定,继承开始后即被继承人去世后,遗赠立即生效,受遗赠人可以依法接受遗赠。如在继承开始之前作出接受的意思表示则无效。明示的方式可以是书面的、口头的、公证、起诉、办理财产转移或者过户手续等多种方式。

(2)依据《继承法》第 25 条第 2 款的规定,受遗赠人应当在知道受遗赠后 2 个月内,作出接受或者放弃受遗赠的表示。而依据《民法典》第 1124 条第 2 款的规定,受遗赠人应当在知道受遗赠后 60 日内,作出接受或者放弃受遗赠的表示。即将受遗赠人在知道受遗赠的事实后作出是否接受遗赠的时间由原来的“两个月”修改为“六十日”,使确定计算受遗赠人作出是否接受遗赠的时间更加明确、具体。

(3)《民法典》第 1124 条第 2 款规定的“六十日”的期间是除斥期间,该期间从受遗赠人应当知道之日起计算,不能中止、中断和延长。

(4)《民法典》第 1124 条第 2 款规定的“受遗赠人应当在知道受遗赠后六十日内”中的“应当知道”是指受遗赠人在明确已经知道受遗赠的事实后,如果受遗赠人不知道,则不能开始计算受遗赠人作出是否接受遗赠的意思表示的时间。

(5)依据《民法典》第 1124 条的规定,受遗赠人应以明示的方式作出接受或者放弃受遗赠的表示,如不作出任何意思表示,则视为放弃受遗赠。实践中,必须注意接受遗赠的法定形式,不能当然认为默示就视为接受遗赠。

(6)受遗赠人接受遗赠不得有任何条件和期限。即接受遗赠必须是概括接受,不能接受部分或者附加条件,也不能只接受遗赠中的权利而不接受遗赠中的义务。

3. 遗赠的放弃与丧失

(1)依据《民法典》的规定,受遗赠人在知道遗赠之后 60 日内未明确作出接受遗赠的意思表示,即受遗赠人默示、置之不理、不表达任何意见,视为受遗赠人拒绝接受遗赠。

(2)依据《民法典》第1144条的规定,遗嘱继承或者遗赠附有义务的,继承人或者受遗赠人应当履行义务。没有正当理由不履行义务的,经利害关系人或者有关组织请求,人民法院可以取消其接受附义务部分遗产的权利。故,如受遗赠人附条件接受遗赠或者部分接受遗赠、或者只接受遗赠中的权利不接受遗赠中的义务,均视为放弃遗赠。

(3)依据《民法典》第1125条第1款的规定,如受遗赠人有下列情形之一的,受遗赠人丧失受遗赠权:①故意杀害被继承人;②为争夺遗产而杀害其他继承人;③遗弃被继承人,或者虐待被继承人情节严重;④伪造、篡改、隐匿或者销毁遗嘱,情节严重;⑤以欺诈、胁迫手段迫使或者妨碍被继承人设立、变更或者撤回遗嘱,情节严重。因遗赠属于单方赠与的法律行为,如受遗赠人实施了上述任一法律行为,则受遗赠人即丧失受遗赠权,该丧失受遗赠权是绝对的、永久地丧失受遗赠权,不适用《民法典》第1125条第2款规定的"宽恕制度"。

4. 无人接受遗赠财产的处理

(1)依据《民法典》第1154条的规定,受遗赠人放弃受遗赠、受遗赠人丧失受遗赠权、受遗赠人先于遗嘱人死亡或者终止的,遗嘱人遗赠的该部分财产按照法定继承办理。

(2)依据《民法典》第1160条的规定,无人继承又无人受遗赠的财产,归国家所有,用于公益事业;死者生前是集体所有制组织成员的,归所在集体所有制组织所有。

5. 受遗赠人应当履行的义务

(1)依据《民法典》第1159条的规定,分割遗产,应当清偿被继承人依法应当缴纳的税款和债务;但是,应当为缺乏劳动能力又没有生活来源的继承人保留必要的遗产。

(2)依据《民法典》第1161条的规定,继承人以所得遗产实际价值为限清偿被继承人依法应当缴纳的税款和债务。超过遗产实际价值部分,继承人自愿偿还的不在此限。

继承人放弃继承的,对被继承人依法应当缴纳的税款和债务可以不负清偿责任。

(3)依据《民法典》第1162条的规定,执行遗赠不得妨碍清偿遗赠人依法应当缴纳的税款和债务。

(4)依据《民法典》第 1163 条的规定,既有法定继承又有遗嘱继承、遗赠的,由法定继承人清偿被继承人依法应当缴纳的税款和债务;超过法定继承遗产实际价值部分,由遗嘱继承人和受遗赠人按比例以所得遗产清偿。

六、放弃继承与遗嘱的“联姻”

[传承案例 17]

陈某亮与孔某瑶在 2016 年 9 月结婚，双方均系再婚。

因再婚前陈某亮与前妻之子由陈某亮抚养，孔某瑶与前夫之女由孔某瑶抚养，考虑到工作压力及经济负担问题，两人婚后未生育共同子女。

婚姻初期，两人感情尚可，后因男方有同性恋行为，夫妻生活不和谐，再加上两人出现矛盾后缺乏有效沟通，导致感情逐渐变淡。孔某瑶作为原告向法院起诉离婚，法院审理后认为两人均系再婚，又是自由恋爱，婚前沟通良好，且婚后拥有近 4 年的共同生活，具有一定的感情基础，双方因家庭琐事及缺乏沟通发生争执，一定程度上影响了夫妻感情，但并不足以导致夫妻感情破裂，故驳回了孔某瑶的离婚请求。

孔某瑶本想上诉，后律师建议说，第一次起诉离婚如果法院判决驳回离婚诉求的话，上诉基本上是维持原判，没有意义，不如等一审判决生效后 6 个月再次起诉，判决离婚的概率会更高一些。最终孔某瑶没有上诉。

“屋漏偏逢连夜雨”，在孔某瑶等待第二次起诉的 6 个月期间内，孔某瑶的母亲（以下简称孔母）因患乳腺癌医治无效去世。在孔母生前，因陈某亮对岳母经常有不敬之词，故孔母也不待见陈某亮。孔某瑶的父亲（以下简称孔父）看不惯陈某亮打扮得女里女气，当初孔某瑶与陈某亮恋爱时就对其有负面看法，如果不是考虑爱女的面子，甚至连他们的婚礼都不想参加。因家庭矛盾太重，在孔某瑶结婚后，两家几乎没有怎么来往。

孔母去世时，与孔父共有的财产有：(1) 北京市某区别墅一套，登记在孔母名下，在 2020 年 4 月价值 4800 万元左右；(2) 北京市某区商品房一套，面积为 140 平方米，登记在孔父名下，在 2020 年 4 月价值 700 万元左右。上述两套房屋均无贷款。

孔母生前未留有遗嘱,其第一顺序继承人为孔父、孔某瑶。孔某瑶想到离婚判决生效6个月之后还要再次起诉陈某亮,如果和父亲共同继承了属于遗产的房产份额,则自己享有的份额面临被分割的风险,如何能够保全母亲留下的房产,令孔某瑶非常头疼。

经过咨询第一次起诉离婚时的代理律师,律师建议孔某瑶放弃继承权。后孔某瑶给孔父写下书面的《放弃继承意见书》,随后孔父与孔某瑶就遗产问题在法院签下《调解笔录》,后法院出具《民事调解书》,依法确认孔母享有的房产份额全部归孔父继承,事后孔父便将某区别墅变更登记至自己名下。

2020 年 10 月,孔父来到律师事务所,在两位律师的指导和见证下,立下自书遗嘱,在遗嘱中明确表示将上述两套房产在自己去世后留给女儿个人专有,不属于孔某瑶家庭财产,与孔某瑶配偶无关。

[传承实务及法律分析]

1. 在孔某瑶与陈某亮感情破裂期间,孔某瑶是否有权放弃继承

依据《民法典》第 1124 条第 1 款的规定,继承开始后,继承人放弃继承的,应当在遗产处理前,以书面形式作出放弃继承的表示;没有表示的,视为接受继承。在《民法典》施行以前,有关继承人放弃继承的法律规定主要体现在《继承法》第 25 条第 1 款,内容为:继承开始后,继承人放弃继承的,应当在遗产处理前,作出放弃继承的表示;没有表示的,视为接受继承。

上述民事法律规定,为孔某瑶放弃继承提供了法律依据。但在放弃继承时,应注意下列事项:

(1)放弃继承的时间应该是在“继承开始后”且“遗产处理前”,按照《民法典》第 1121 条的规定,继承从被继承人死亡时开始,与《继承法》第 2 条所规定内容一致。如果继承人在被继承人死亡前就表示放弃继承,这种放弃无论以什么形式作出,从法律意义上应该是无效的。如果在遗产处理后,继承人表示放弃的,其实质放弃的是所继承遗产的所有权,而非放弃继承权。

(2)在父母一方去世的情况下,如尚有一方健在,子女一般情况下不会提出遗产分割。在司法实践中,存在继承开始后直到健在一方(父或母)死亡前都未分割遗产的情况。基于对中国传统文化的尊重,《民法典》并未对继承人一方放弃继承作具体时间限定。

(3)2021 年 1 月 1 日《民法典》施行之后，放弃继承必须以书面形式作出。放弃继承是继承人对自己财产权利的重大处分，从法律上意味着不再参与被继承人所留遗产的分配，其所享有的继承份额将由其他继承人继承。

《民法典》第 1124 条的规定与《继承法》第 25 条的规定相比，最重要的变化就是对放弃继承的形式作了严格要求，即必须以书面形式作出明确的意思表示，而在《民法典》施行之前，《继承法》对放弃继承的形式并无要求。

(4)放弃继承的书面意思表示，可以向其他继承人出具，也可以向遗产管理人表达，如果继承人之间已经就继承问题起诉到法院，可以向人民法院作出。

如案例中的孔某瑶就是向孔父作出的《放弃继承意见书》，在法院诉讼阶段，如孔父将《放弃继承意见书》作为证据使用，法院会核实该书面证据的真实性。

2. 一方放弃继承权需配偶同意吗

在分析这个问题之前，首先得明白：我国第一顺序继承人和第二顺序继承人的范围。

依据《民法典》第 1127 条第 1 款、第 2 款的规定，遗产按照下列顺序继承：(1)第一顺序：配偶、子女、父母；(2)第二顺序：兄弟姐妹、祖父母、外祖父母。继承开始后，由第一顺序继承人继承，第二顺序继承人不继承；没有第一顺序继承人继承的，由第二顺序继承人继承。依据《民法典》第 1129 条的规定，丧偶儿媳对公婆，丧偶女婿对岳父母，尽了主要赡养义务的，作为第一顺序继承人。

依据上述法律条文的规定，配偶一方在一般情况下，对公婆或岳父母的遗产不具有继承权。案例中，在孔母所留遗产未分割前，孔某瑶放弃继承权是对自己权利的处分，并不需陈某亮同意。

继承开始后，遗产分割前，继承人享有的是遗产的继承权而并非所有权。而继承权的取得，需要满足以下条件：(1)被继承人已经死亡；(2)被继承人留有合法的遗产；(3)继承人对该遗产依法享有继承权；(4)继承人在继承开始时仍然生存。继承开始后遗产分割前，继承人能继承的遗产份额还处于未定状态，继承人尚未取得遗产的所有权，遗产既不属于继承人的，更谈不上是继承人及其配偶的夫妻共同财产，只有继承人实际继承遗产后，此部分遗产份额才能成为继承人的财产，继而配偶才对继承的财产享有共同所有权。因此,在继承人作出是否放弃继承权的意思表示时,遗产份额根本就还没有转化为夫妻的共同财产,所以也不可能会损害到配偶的利益。

3. 在孔某瑶放弃继承后,孔父另立遗嘱将全部财产留给自己女儿专有,该项财富传承安排是否合法

在案例中,孔母生前未留有遗嘱,孔母的遗产按照《民法典》第1123条(除表达方式改变外,内容上继续沿用原《继承法》的规定)的规定,在没有遗赠扶养协议的情况下,按照法定继承办理。如孔某瑶实际继承到相应的房产份额,在没有遗嘱的情况下,该继承的份额应为夫妻共同财产。

问题的关键在于孔某瑶与陈某亮的夫妻感情已经破裂并处于第二次准备起诉离婚的特定6个月期间内,让陈某亮分割自己母亲所留的遗产份额显然并非孔某瑶的本意,在其放弃继承的情况下,属于孔母的全部房产份额应由另一继承人孔父继承。在有人民法院《民事调解书》且某区别墅登记在孔父名下后,孔父对两套房屋享有占有、使用、收益、处分的所有权能。

考虑到孔母去世之前未留遗嘱,如果孔某瑶继承房产份额,则孔某瑶继承的份额属于其与陈某亮的夫妻共同财产,这样就导致了老两口的财富外流。孔父在了解了《婚姻法》第18条(《民法典》第1063条)的规定后,决定立遗嘱,将两套房的全部份额在自己去世后全部归孔某瑶个人所有,并排除了孔某瑶配偶的权利,符合法律规定,也实现了孔父真实的传承意愿。

七、遗嘱执行人的重要性及遗嘱执行人的权利义务

（一）遗嘱未定执行人　兄弟相疑起纠纷

[传承案例18]

王某国与金某为夫妻关系，育有两个儿子王某祥（长子）和王某泰（次子），两人均已结婚并独立生活。

2011年金某因严重的交通事故死亡，肇事方赔偿的款项经父子三人商量后，王某祥和王某泰全部放弃，归王某国所有。王某国考虑到日后生活需要，先后购买了位于北京市丰台区××××路××号房产（面积98平方米）和位于北京市朝阳区××××路××号房产（面积66.72平方米）共两套，均登记在王某国名下。

2016年5月，王某泰与王某祥考虑到王某国独自生活困难，另外还担心父亲心梗的突然发作，两人决定将王某国接至家中轮流赡养，在每家居住半年。考虑到弟弟家庭条件一般，其间王某国的生活费、医疗费用主要由王某祥负担，王某祥因工作原因经常出差，多次带王某国外出旅游。

2018年1月，王某国在与王某泰共同生活期间病重，自觉身体难以维持，又想到金某离世之突然，为避免自己百年之后王某泰与王某祥因遗产问题产生纠纷，遂立书面遗嘱一份，将自己身后事宜安排如下：(1)位于北京市朝阳区××××路××号的房产归其子王某祥所有；(2)位于北京市丰台区××××路××号的房产归其子王某泰所有；(3)因两处房产价值相差较大，由王某泰向王某祥支付数额为两处房产差价二分之一的补偿款，两处房产的具体价值由兄弟两人进行协商或请评估公司进行评估；(4)自己名下剩余的存款由王某泰、王某祥二人均分。该份遗嘱由王某国亲笔书写并签署

姓名、日期。后将遗嘱交由王某泰保管。

2018 年 4 月,王某国因病医治无效去世,王某祥承担了后续的丧葬费。在王某国去世后,王某泰拿出王某国生前立下的遗嘱,主张依遗嘱内容按照王某国生前意愿对王某国财产进行分割。但王某祥不同意,主要有两点意见:第一,不认可遗嘱的真实性。该份遗嘱上所显示的时间正是王某国重病之时,且王某国曾患有脑血栓,并留有后遗症,左侧身体知觉和运动能力很差,四肢不灵活,而该份遗嘱笔迹相对流畅工整,与同时期王某国留下的其他文字笔迹特征明显不符,故不认可此份遗嘱是由王某国亲笔书写,也不认可其代表王某国真实的意思表示。第二,金某去世后,王某祥给予王某国主要的经济支持,包括日常的开销、医疗等费用。而王某泰因自身经济状况有限,并未过多地给予王某国帮助,因此从常理上推断王某国在遗产分配上面积大的房产应该归属王某祥而非王某泰,这也与遗嘱内容不符。综上,王某国此份遗嘱系王某泰伪造,应为无效,王某国的遗产应当按照法定继承处理。

王某泰与王某祥经多次协商,双方关于王某泰向王某祥支付的补偿款数额这一问题上始终未能达成一致。无奈之下,2018 年 6 月王某泰以继承纠纷为由向北京市丰台区人民法院起诉王某祥,主要内容为请求法院确认王某国所立遗嘱有效,并判令王某泰和王某祥依照此遗嘱对王某国的遗产进行继承分割。

在庭审过程中,因对遗嘱的真实性存在质疑,双方一致同意由法院委托鉴定机构对遗嘱的内容和遗嘱上被继承人签字的真实性进行笔迹鉴定。法院同时依照王某祥的申请,向银行及被继承人所在的居委会调取了被继承人立遗嘱前后半年的签字及其他书写材料,并将其作为鉴定的比对证据一并移交鉴定机构。但出乎王某祥和王某泰意料的是,鉴定机构经过鉴定后致函法院,说明依据现有的材料无法鉴定出遗嘱的真伪。

2019 年 4 月,法院按照遗嘱的内容作出了判决,双方均未上诉。

[传承实务及法律分析]

1. 遗嘱真实与否的举证责任

王某国当初立下遗嘱的本意是想确保自己留下的财产能够顺利地传承

到两个儿子手中，避免纠纷。而王某祥对遗嘱内容与书写笔迹真实性的质疑，因斯人已逝，无法证实遗嘱的真伪。王某祥和王某泰两人谁有义务对遗嘱的真实性承担举证责任？

依据最高人民法院《关于适用〈中华人民共和国民事诉讼法〉的解释》第90条的规定，当事人对自己提出的诉讼请求所依据的事实或者反驳对方诉讼请求所依据的事实，应当提供证据加以证明，但法律另有规定的除外。在作出判决前，当事人未能提供证据或者证据不足以证明其事实主张的，由负有举证证明责任的当事人承担不利的后果。依据《民法典》第1123条的规定，继承开始后，按照法定继承办理；有遗嘱的，按照遗嘱继承或者遗赠办理；有遗赠扶养协议的，按照协议办理。因遗嘱继承纠纷案件的特殊性，如继承人主张按照遗嘱继承，应就遗嘱存在的事实举证，并就遗嘱符合法定形式完成举证的，视为主张遗嘱继承的继承人完成了举证责任。

如果其他继承人无异议，应当按照遗嘱进行继承分配。如果其他继承人对遗嘱的真实性、合法性、有效性提出异议，主张依照法定继承或其他遗嘱、遗赠扶养协议继承的，此时案件的举证责任发生转移，由其他继承人就其主张承担举证责任。

本案中，王某泰主张按照遗嘱继承，其提供了王某国的书面遗嘱，并符合自书遗嘱的基本要求，该遗嘱系亲笔书写，有立遗嘱人签名，并标明了立遗嘱的年月日等信息。而王某祥对该遗嘱的真实性有异议，则王某祥应对遗嘱的真实性承担举证责任。如王某祥认为遗嘱不是王某国所写，王某祥应申请鉴定，确认遗嘱上的笔迹是否为王某国亲自书写。如果证明遗嘱上的字迹与王某国的字迹相同或者不同，结果比较容易处理。如果难以鉴定出遗嘱上字迹与立遗嘱人的字迹是否相同，应由王某祥承担败诉责任。

如果王某祥认为王某国立遗嘱时属于无民事行为能力人或者限制民事行为能力人的，应提供相应的证据加以证明。如果没有证据或证据不足以证明立遗嘱人在立遗嘱时不具有相应的行为能力的，由王某祥承担败诉责任。在本案中，经鉴定机构鉴定，内容为现有的材料无法鉴定出遗嘱的真伪，最后法院按照遗嘱的内容作出了判决。

2. 不设遗嘱执行人的弊端

遗嘱执行可以简单地理解为遗嘱执行人依照立遗嘱人的意愿将遗产按照遗嘱规定的分配办法转移给指定的继承人或者受遗赠人。虽然我国在立法上对遗嘱执行人制度予以肯定,但相应的法律条文较少且缺乏配套的实施程序,与变化万千的现实需要存在一定程度的脱节。有鉴于此,在立法尚未健全的情况下选择专业律师作为遗嘱执行人是尤为重要的。律师运用其专业能力提供优质的遗嘱执行服务,可以为客户财富的平稳传承保驾护航。

王某国立下自书遗嘱的目的是防止在自己去世后子女间为遗产发生争执,但现实中两个儿子仍然因遗嘱内容的真伪产生纠纷,不但对簿公堂甚至还申请了司法鉴定确定遗嘱的真伪。如果王某国立遗嘱时有先见之明,委托一位遗嘱执行人,本案中同室操戈的问题或许能迎刃而解。

结合本案,总结现实中不设遗嘱执行人的弊端如下:

(1)当自书遗嘱的真实性受到质疑,无法快速证实遗嘱是真的

现实中如果遗嘱的内容不利于某一继承人,他会想尽一切办法推翻遗嘱,这也在情理当中。如在本案当中,王某祥就申请法院委托鉴定机构就遗嘱的内容和签字的真实性进行鉴定。本来很简单的一件事,到最后变得费时费力且亲情也消耗殆尽。而笔迹鉴定有时候也会因为各种因素导致无法鉴定或鉴定意见不明确,此时,遗嘱人立遗嘱的目的是否实现也会大打折扣。

当王某祥对王某国所立的遗嘱真实性产生质疑时,没有任何最直接的人能够快速准确地证实这一份遗嘱是真的,从而导致案例中出现了鉴定程序。如果设有遗嘱执行人,尤其是选择具有专业法律知识的律师作为遗嘱执行人,对于实现立遗嘱人的意愿至关重要。

(2)当立遗嘱人的真实意思表示受到质疑时,不会有遗嘱执行人还原立遗嘱人的传承意愿

现代社会生活节奏变快,各种矛盾突出,成年的子女不与老人共同生活已成常态。留在家里的老父母要么独立生活,要么由保姆等人照顾。随着父母的年龄越来越大,身体的各项机能日益衰退,甚至完全依赖他人。很多老人在临“走”前才想起来要立遗嘱,而此时所立下的遗嘱是遗嘱人的真实意思表示还是为人所胁迫,无从证明。如果设有遗嘱执行人,尤其是选择具有专业法律知识的律师作为遗嘱执行人,在立遗嘱人的真实意思表示受到质疑时,遗嘱执行人可以还原立遗嘱人的传承意愿。

(3)遗嘱人立遗嘱时的精神状况无法证实

很多人觉得立遗嘱是件晦气的事情,不愿意在年轻的时候立遗嘱,除非

患有重病或出现其他特殊状况。这种观点随着社会的进步已经变得相对滞后。

按照法律规定,无民事行为能力人、限制民事行为能力人所立的遗嘱无效,待到遗嘱人去世后,继承人如果有人质疑遗嘱人订立遗嘱时的身体健康状况尤其是精神状况,进而主张遗嘱无效时,因立遗嘱人已经去世,他立遗嘱时的精神状况无法直接证明,除非有医院就立遗嘱人的精神状况出具的诊断证明书或鉴定机构出具的权威鉴定意见。

3. 适格的遗嘱执行人

(1)遗嘱的保管和执行

遗嘱人立完遗嘱多数是自己保管或交由某一继承人保管或交给自己信任的亲朋好友保管。如果这些保管人恰好又是遗嘱中指定的执行人,这样处理会衍生很多问题,如当立遗嘱人去世后,亲友拿出遗嘱,对遗嘱分配不满意的继承人可能会对保管遗嘱的亲友的遗嘱执行人身份不予认可,以至于给亲友惹来不必要的麻烦。如果保管遗嘱的亲友意外身故,继承人基本上永远不会知道立遗嘱人有份遗嘱要给他们。

现实中也出现了在某一继承人得知遗嘱由某个亲友保管并担任遗嘱执行人后,与保管人就某一事项形成串通并隐匿遗嘱的案例。所以遗嘱的保管和执行对于立遗嘱人而言至关重要。

那么有人会说,干脆由遗嘱人自己保管,去世前拿出来就可以。人的一生什么时候终结真的没有定数而且也不会被提前告知,如果遇到意外,在他们去世之后,他们的遗嘱谁来执行?

综上,问题的解决途径就是委托一位遗嘱执行人,在遗嘱人生前严格保密,在遗嘱人身后能够及时传递给继承人真实、合法、有效的遗嘱,并按照遗嘱人的意愿分配遗产,消除继承人之间的相互猜疑。

(2)遗嘱执行人的权利来源和失能处理

遗嘱执行人的权利来源:《民法典》第 1133 条规定,自然人可以依照本法规定立遗嘱处分个人财产,并可以指定遗嘱执行人。

遗嘱人在遗嘱的内容中指定了遗嘱执行人的,被指定人即为遗嘱执行人。遗嘱执行人既可以是法定继承人,也可以是法定继承人以外的人,继承人以外的人被遗嘱人指定为遗嘱执行人的,有权自行决定是否担任遗嘱执行人,其不愿意担任遗嘱执行人的,可不为遗嘱执行人。

(二)遗嘱执行人有哪些权利和义务

[传承案例19]

熊某与张某系夫妻关系,生育有熊一、熊女两个子女。

熊某于1996年10月17日遭遇车祸并住院治疗。

1997年2月23日,熊某邀请宝鸡市W律师事务所张律师到西安,并将孙某(熊某秘书)、熊一(熊某之子)、吴某(熊女之夫)叫到病床前,由张律师代书立下生前遗嘱,其内容为:

"我一九九六年十月十七日在河南某县视查工作时不幸发生车祸,现正在医院治疗恢复阶段,为了答谢张某的照顾以及了结我的心愿特写此遗书。

一、现金:现有现金壹仟叁佰壹拾陆万元(暂在吴某、张某处保管),分成四份,熊一、熊女、张某、吴某各壹份。

二、企业:1. 烟台某食品有限公司的股份由儿子熊一、女儿熊女继承,由女婿吴某代为参与管理,所取得效益归他们共同所有;2. 梅河口熊某食品有限公司由张某代替我管理,执行原合同,因为我有今天事业上的成功全靠我妻张某对我的关心、照顾和支持,因而所取得的效益归张某所有。

三、房产:1. 坐落在珠海市平沙的房屋产权(房产证号:××)归熊一所有;2. 坐落在广州的房产(房产证号:××),以及番禺的铺子(房产证号:××)均归熊女所有;3. 坐落在梅河口市R新村的房产(房产证号:××)、坐落在阜新的房产(房产证号:××)以及阜新城中城的门面房产(房产证号:××)归张某所有。

四、其他:1. 聘请宝鸡县W律师事务所张律师做我私人终身法律顾问,有权代为审查上述各企业账务,保护我的合法权益。2. 我指定张律师作为我的遗嘱执行人。3. 目前由于握笔困难由法律顾问张律师执笔书写。4. 我与各公司所签的合同履行期满后凡继续使用商标,要从利润中提取20%,作为商标使用费(合同另签),企业属谁,由谁得益。5. 此遗嘱一式七份,由遗嘱执行人保管,继承开始由执行人负责实施。见证人:张律师(签名),单位:宝鸡县W律师事务所;见证人:孙某(签名),单位:熊某集团公司;见证亲属:熊一(签名)吴某(签名)遗嘱人:熊某;代书人:张律师;遗书时间:1997

年2月23日。”

上述遗嘱经宝鸡市公证处公证。

1997年2月28日熊某逝世。1997年3月1日、4月14日，遗嘱执行人张律师分别与熊女、熊一签订《协议书》，约定:“根据1997年2月23日熊某先生生前遗嘱第四项第一条、第二条、第四条规定双方协商签订如下协议:一、乙方(张律师)要遵照遗嘱的规定办好各种手续，差费由甲方(熊女、熊一)负责解决。二、甲方聘请乙方担任法律顾问、财务顾问，维护甲方合法权益，全权委托乙方对甲方继承权益得到充分兑现。查账按总裁指示办。三、在合同履行期间，甲方遇到有关涉及法律及财务方面的问题乙方帮助解决。四、给乙方的报酬:按原签法律顾问合同执行，由集团办发放。奖金由甲方自行酌定。五、甲方无论是否在此单位任职，乙方均有权代替甲方按协议进行工作。六、律师应收遗嘱分配析产代理费，按国家规定从遗产中扣除。七、此协议有效期三年，自签订协议之日起计算有效期。”

1997年4月22日，张律师向熊一、熊女出具了宝鸡县W律师事务所收到15万元、3万元遗嘱析产律师代理费的收款收据，但所收到的18万元未交W律师事务所。1997年4月27日张律师在给熊女的“情况说明”中称执行遗嘱全部费用已交清。

1997年4月底，张律师按照熊某《生前遗嘱》将其遗产全部分配完毕。

1997年6月13日，熊一、熊女向宝鸡市中级人民法院提起诉讼，诉讼请求为:判令被告张律师返还代理费22.9万元。

庭审中张律师陈述有笔2万元现金，个人已收取，未向熊女打收据。以上共计20万元。

另查，宝鸡县W律师事务所是由张A、张B、张律师、冯C四人于1993年12月30日申报的合作制律师事务所，合伙人各出资2000元为活动经费。1994年7月25日陕西省司法厅批复同意成立。该事务所为独立事业法人组织，实行自愿结合，自收自支，自我约束的运行机制，为自律性律师事务所。1998年1月1日张A、张B根据宝鸡县司法局〔1997〕43号通知退出宝鸡县W律师事务所，回宝鸡县律师事务所执业，1998年3月24日，宝鸡县W律师事务所经清产后，移交宝鸡县司法局。

[传承实务及法律分析]

本案涉及的关键问题是如何确认遗嘱执行人的法律地位和其权利义务。

遗嘱人在设立遗嘱时,可以以口头或书面的形式指定其信任的人执行遗嘱。被指定的遗嘱执行人既可以是法定继承人,也可以是法定继承人以外的人。但指定继承人之外的人作为遗嘱执行人必须具备两个条件:第一,要有遗嘱人在遗嘱中的指定;第二,被指定的人同意承担遗嘱执行人的义务。遗嘱人用遗嘱指定执行人是单方的法律行为,只要遗嘱人一经指定,即具有法律效力。遗嘱人死亡后,被指定的执行人即可执行遗嘱。结合《民法典》继承编关于遗产管理人的相关规定,从法学理论和司法实践看,遗嘱执行人应具有以下权利和义务:

1. 遗嘱执行人的权利

(1)遗嘱审查权

遗嘱执行人要忠实执行遗嘱,就必须首先掌握遗嘱中对各项财产处分的含义,以及遗嘱是否真实合法。在被继承人指定了遗嘱执行人的情况下,该遗嘱执行人很有可能参与了被继承人订立遗嘱过程,遗嘱执行人会审查遗嘱人是否有遗嘱能力,遗嘱是否出于遗嘱人的真实意愿,有无涂改、变换或隐匿等情形,是否给无劳动能力又无生活来源的继承人保留了必要的遗产份额以及是否处置了不属于自己的财产等。此外,对遗嘱中所指定的继承人、遗产的数量、遗产的所在地、继承的份额等问题也必须予以明确。

本案中,张律师以律师身份现场帮熊某做代书遗嘱,保证了代书遗嘱的真实、合法、有效,并在所有继承人面前熊某指定张律师为遗嘱执行人,确保在熊某去世后张律师能够依据熊某的意愿将遗产分配到各个继承人手中。

(2)对遗产进行有效的管理、保值及有限处分

遗嘱执行人有权依照被继承人的意愿对遗嘱所涉及的全部遗产清点、转移占有、保管及有限处分。如①遗产在其他继承人手中时,遗嘱执行人有要求转移占有的权利,如果遗产有孳息,有权代为收取;②被继承人遗留有缺乏劳动能力又没有生活来源的法定继承人或胎儿,而被继承人又没有用遗嘱给他们留下必要的遗产份额或者被继承人遗有债务和欠交的税款时,遗嘱执行人有权为他们保留必要的遗产份额和用遗产替被继承人偿还债务

和缴纳税款;③召集主持继承人会议,根据遗嘱指定的遗产分配原则或者指定的数额分割遗产;④将遗嘱中遗赠的财产数额或特定的财物交给受遗赠人等。

(3)排除妨碍请求权

遗嘱执行人在执行职务时,任何人(包括继承人在内)不得妨碍和干涉。继承人亦不得处分与遗嘱有关的遗产,这里所谓的“与遗嘱有关的遗产”,是指未经清算和按遗嘱分割的遗产。如果继承人擅自处分未经分割的遗产或者有妨害遗嘱执行人执行职务的行为,遗嘱执行人有权请求人民法院责令妨碍其执行遗嘱活动的人承担由于其行为而给自己和遗嘱继承人造成财产损失的赔偿责任。

本案中,遗产内容在熊某立遗嘱时已经确定,熊某去世后,继承人未经合法继承不得擅自处分或占有各项财产,否则张律师有权追回被其他继承人擅自处分或占有的财产。

(4)报酬求偿权

《继承法》关于遗嘱执行人是否可以收取报酬,未有明确规定。只要法律无禁止性规定,民事主体处分自己私权利的行为就不应当受到限制。只要协议的签订出于双方当事人的自愿,协议内容是双方当事人真实的意思表示,不违反法律和行政法规的禁止性规定,就应认定为有效。

《民法典》第 1149 条规定,遗产管理人可以依照法律规定或者按照约定获得报酬。第 1145 条规定,继承开始后,遗嘱执行人为遗产管理人。所以,遗嘱执行人可以按照法律规定或者按照约定获得报酬。

张律师被指定为遗嘱执行人,虽然遗嘱人在遗嘱中未指定给其报酬,但张律师分别与熊某的继承人签订了委托协议约定给付报酬,因此,张律师担任遗嘱执行人是合法的,张律师与继承人签订收取报酬的协议也是合法的。

2. 遗嘱执行人的职责

依据《民法典》第 1145 条的规定,在继承开始后,因遗嘱执行人为遗产管理人,故在继承开始后,遗嘱执行人与遗产管理人履行的职责相同。此处详细内容请参照遗产管理人相关内容。

3. 遗嘱执行人的损害赔偿责任

《民法典》第 1148 条规定,遗产管理人应当依法履行职责,因故意或者重大过失造成继承人、受遗赠人、债权人损害的,应当承担民事责任。依据上述规定,在继承开始后,遗嘱执行人即为遗产管理人,其应当依照被继承人或法律规定履行遗嘱执行人的职责,如因遗嘱执行人的过失造成财产损失,侵害继承人合法权利的,遗嘱执行人应当依法赔偿。

八、遗产管理人

[传承案例20]

田某水是某航空公司的飞行员，周某嘉是某小学的老师，经人介绍与田某水相识后，两人于2011年10月办理了结婚登记。

婚后初期，双方感情较好，并购买了一套别墅，2014年生育一子田某丰。由于田某水经常飞国际航班，夫妻双方聚少离多，感情转淡。2017年1月，田某水在单位体检时被医院确诊为肺腺癌，立即入院治疗。

2017年9月，田某水第一次手术结束后，周某嘉因需要照顾田某丰上学，加上夫妻双方矛盾，一直没有去亲自照顾田某水，而是由田某水的父母田某园、郑某玲照料其生活起居。

2018年1月，田某水病情恶化再次入院治疗，同年3月因医治无效去世。田某水生前住院期间，很多朋友劝他将家中的财产状况整理成书面文字，尽量立一份遗嘱并在遗嘱中指定遗嘱执行人。田某水考虑一边是年迈的父母，一边是尚未成年的儿子，在财产如何处理的问题上摇摆不定，左右为难，再加上从心理上忌讳立遗嘱，并认为自己这么年轻，医疗这么发达，自己一定能挺过鬼门关，立遗嘱一事也就不了了之。

田某水去世后，田某园、郑某玲尝试与周某嘉协商继承遗产事宜。鉴于双方无法协商继承事宜，2018年6月，田某水父母共同作为原告向法院起诉周某嘉与田某丰，要求依法继承田某水遗产。自此，继承大战拉开序幕。

在第一次开庭时，周某嘉并不配合法院的调查，除列举了为购买别墅借款及利息1000多万元外，对其他财产声称不知悉。为查明田某水的遗产范围，田某园、郑某玲的代理律师向法院申请了《调查令》，根据田某水和周某嘉的身份证号，查明了在婚姻关系存续期间的车辆信息：田某水名下有奔驰轿车一辆，周某嘉名下有宝马轿车一辆。

按照《婚姻法》的相关规定，婚姻关系存续期间，田某水与周某嘉名下工资及各项福利收入、住房公积金、个人缴纳的养老保险费用等均属于夫妻共同财产。其中属于遗产的部分，应由各继承人依法继承。但问题的关键在于这些信息两原告并不掌握，被告又不愿意提供，查明田某水、周某嘉夫妻共同财产的范围成了确定田某水遗产范围的关键。为此原告代理律师第二次向法院申请《调查令》调查田某水的工资收入情况，获得法院准许后律师持《调查令》到某航空公司调取了田某水的工资收入、奖金、加班费等财产情况。

某航空公司出具了《收入情况说明》，提供了田某水的详细工资账户（开户行、户名、卡号）并从电脑中打印了田某水从结婚至死亡时的所有收入，金额高达600多万元。律师根据某航空公司出具的工资账户信息初步查询到了田某水名下银行账号等信息，于是律师第三次向法院申请调取该工资账户在婚姻关系存续期间的所有交易记录，然后从交易记录里查到了周某嘉在中国建设银行的账户信息。

原告代理律师据此第四次向法院申请调取周某嘉与田某水婚姻关系存续期间周某嘉中国建设银行的所有交易明细，从交易明细查出了周某嘉转账比较频繁的招商银行、华夏银行、工商银行、农业银行四个账户。后原告代理律师第五次向法院申请调取这四个账户的交易信息。

至此，由于周某嘉拒不配合提供与田某水的夫妻共同财产的明细，原告代理律师为查明田某水的遗产范围，调查双方的财产信息耗费了近半年。

在第二次开庭时，周某嘉主张其与田某水在购买别墅时曾向债权人王某借款1000多万元，且在田某水患病后，周某嘉再次向王某借款200多万元，周某嘉认为这1200多万元属于夫妻共同债务，应当在夫妻共同财产中扣除，并将剩余财产的一半作为田某水的遗产。为证明上述事实，周某嘉请求债权人王某出庭证明借款事实。后周某嘉又担心法院不予认定，与债权人王某协商，由王某分别向北京市东城区人民法院、北京市通州区人民法院以民间借贷纠纷为由起诉周某嘉。为尽快得到生效判决，周某嘉对王某的出借事实均予以承认，双方在法院的组织下达成了《民事调解书》，在第二次开庭时周某嘉将上述《民事调解书》提交给了法院。

田某园、郑某玲夫妇则认为，田某水从结婚至死亡时的工资收入，金额高达600多万元，属于高工资收入人群，根本不需要向第三人借款。且周某嘉并未提供任何真实、合法、有效的证据，来证明田某水与周某嘉在婚姻关系存续期间存在夫妻共同债务，故对周某嘉认为上述债务属于夫妻共同债务的主张不予认可。在第二次开庭结束后，田某园、郑某玲夫妇立即开始向北京市东城区人民法院、北京市通州区人民法院起诉请求撤销周某嘉与王某的《民事调解书》，其理由是周某嘉恶意隐瞒正在审理的遗产继承纠纷案件，与王某恶意串通，制造虚假诉讼，侵害了其他继承人的权益。

该起继承纠纷案件耗时近一年半，在2019年12月终于等到了法院的判决。法院经审理后认为，遗产是公民死亡时遗留的个人合法财产；田某水去世前并未留有遗嘱，田某水的遗产应当按照法定继承办理，由田某丰、周某嘉、田某园、郑某玲继承。夫妻在婚姻关系存续期间所得的共同所有的财产，除有约定的以外，如果分割遗产，应当先将共同所有的财产的一半分出为配偶所有，其余的为被继承人的遗产。本案中属于周某嘉与田某水的婚后共同财产的，应当先扣除周某嘉的部分，剩余部分再由继承人继承。考虑到田某丰尚未成年，现阶段缺乏劳动能力，没有自己的生活来源，故在分配遗产时对其予以照顾。田某水与周某嘉的共同财产别墅一套、奔驰轿车一辆、宝马轿车一辆、银行存款912,783元，上述财产扣除周某嘉的夫妻共同财产份额后，在遗产范围内法院认定周某嘉、田某园、郑某玲分别享有22.5%的份额，田某丰享有32.5%的份额。由于各方都同意以上财产归田某丰、周某嘉所有，法院判决别墅一套、奔驰轿车一辆、宝马轿车一辆、银行存款归周某嘉、田某丰所有，周某嘉、田某丰向田某园、郑某玲支付折价款3,336,745元。关于周某嘉在庭审过程中所述的夫妻共同债务问题，由于本案为继承纠纷案件，对于债务问题认定不属于本案的审理范围且涉及案外人王某的利益，因此本案暂不处理，各方当事人可另行起诉解决。

判决作出后，周某嘉与田某丰不服债务部分的处理，提起上诉。二审法院审理后于2020年6月作出终审判决，判决结果为：驳回上诉，维持原判。

[传承实务及法律分析]

1. 遗产管理人的概念及内涵

依据《民法典》第1145条的规定可知，遗产管理人是在继承开始后、遗产分割前，由被继承人在遗嘱中指定的遗嘱执行人，或在未有遗嘱执行人的情况下，继承人之间协商产生或者由有关部门指定的人或机构，遗产管理人需要承担管理、分配、处分被继承人遗产等职责。

在《民法典》施行之前，并无法律或司法解释涉及遗产管理人制度，仅仅是在《继承法》第16条第1款规定了“公民可以依照本法规定立遗嘱处分个人财产，并可以指定遗嘱执行人”。这一条款被理解为“遗嘱执行人”制度。在《继承法》第24条规定了“存有遗产的人，应当妥善保管遗产，任何人不得侵吞或者争抢”。这一条款被理解为“遗产保管人制度”。上述两项规定内容均比较简单，缺乏可操作性。《民法典》继承编新增加了遗产管理人制度，并对遗产管理人的产生、指定、职责、遗产管理人未尽职责的民事责任、遗产管理人的报酬等内容作了明确规定。

2. 遗产管理人制度设立的必要性

在我国，虽然很多人逐渐有了订立遗嘱的思想意识，但大多数人在生前都缺乏对所要传承的财富进行有效规划的理念，所以很少有人在遗嘱中指定遗嘱执行人，从而导致遗产继承中出现了不必要的纠纷。

在笔者律师团队所代理的继承案件中，因未设立遗嘱执行人或未明确遗产管理人，常常会出现以下情况：(1)持有财产的继承人一方出现了转移、隐匿遗产的现象；(2)为减少或吞并遗产出现了大量的虚假债务诉讼；(3)遗嘱中未列明遗产的种类、金额等，导致继承人之间出现相互猜疑和不信任，甚至于大动干戈、反目成仇；(4)缺乏有效的沟通机制，使原本可以协商的继承事宜变成了法庭上的“兵戎相见”。

遗产管理人制度的设立确有其必要性，主要体现在：(1)有利于保护继承人、受遗赠人、债权人的合法权益，由遗产管理人清理遗产并制作遗产清单、向继承人报告遗产情况，能够避免部分继承人恶意的转移、隐藏遗产，损害相关权利人的利益、有效避免各继承人之间不必要的矛盾；(2)遗产管理人会采取必要措施防止遗产毁损、灭失，这样将有利于保护遗产的完整性、有助于遗产的保值增值；(3)由遗产管理人处理被继承人的债权债务，能够极大地维护债权人的利益，做到“该追偿的债权依法追偿，该清偿的债务依法清偿”；(4)由遗产管理人按照遗嘱或法律规定分割遗产，能够最大程度地尊重被继承人的意思自治，分割遗产时有据可依，做到公平、公开，有利于家庭和谐。

本案中，田某水生前并未设立遗嘱和指定遗嘱执行人，这就导致田某水去世后，公婆和儿媳之间缺乏有效的沟通机制。在田某水父母想要依法继承田某水遗产的过程中，由于田某水遗产不明需要花费大量精力进行调查取证；在调查取证结束后，又出现了债权人王某起诉周某嘉要求其偿还债务，该诉讼是否为虚假诉讼等一系列问题。如果田某水在遗嘱中指定了遗嘱执行人或者在田某水去世后各继承人之间能够协商选定遗产管理人，上述情况可能会迎刃而解。

3. 遗产管理人的产生

依据《民法典》第 1145 条的规定，继承开始后，遗嘱执行人为遗产管理人；没有遗嘱执行人的，继承人应当及时推选遗产管理人；继承人未推选的，由继承人共同担任遗产管理人；没有继承人或者继承人均放弃继承的，由被继承人生前住所地的民政部门或者村民委员会担任遗产管理人。《民法典》第 1146 条规定，对遗产管理人的确定有争议的，利害关系人可以向人民法院申请指定遗产管理人。

由上述规定可知，遗产管理人的产生有一定的先后顺序：

（1）由被继承人指定的遗嘱执行人为遗产管理人；

（2）没有遗嘱执行人的，继承人应当及时推选遗产管理人；

（3）继承人未推选的，由继承人共同担任遗产管理人；

（4）没有继承人或者继承人均放弃继承的，由被继承人生前住所地的民政部门或者村民委员会担任遗产管理人；

（5）对遗产管理人的确定有争议的，经利害关系人申请，由人民法院指定遗产管理人。

假如本案发生在 2021 年 1 月 1 日《民法典》生效后，由于田某水并未订立遗嘱，所以其无遗嘱执行人，在没有遗嘱执行人的情况下，作为继承人的周某嘉、田某园、郑某玲、田某丰应当及时推选遗产管理人，如果继承人未推选的，则由周某嘉、田某园、郑某玲、田某丰四人共同担任遗产管理人。

4. 遗产管理人职责

依据《民法典》第 1147 条的规定，遗产管理人应当履行如下职责：

（1）清理遗产并制作遗产清单

确定遗产范围是遗产继承的前提，也是遗产继承的焦点之一。继承开始后，遗产管理人应立即开始清理遗产，确定遗产目前状态，避免部分继承人隐匿、转移遗产，损害其他继承人的合法权益。

依据《民法典》第 1151 条的规定，“存有遗产的人，应当妥善保管遗产，任何组织或者个人不得侵吞或者争抢”。遗产管理人可以根据遗嘱记载的遗产情况清理遗产，或者向继承人、其他亲属、合伙人等询问遗产情况，存有遗产的任何组织或者个人应如实告知财产情况，妥善保管不得私自侵吞或争抢，损害继承人的利益。遗产管理人也可根据财产情况申请专业的资产评估机构进行遗产鉴定。

遗产管理人应根据遗产情况制作详细的遗产清单，以便于管理遗产，防止遗产流失，方便后期遗产价值的计算、继承人继承遗产、继承人与利害关系人随时查阅。

依据《民法典》第 1153 条的规定，夫妻共同所有的财产，除有约定的外，遗产分割时，应当先将共同所有的财产的一半分出为配偶所有，其余的为被继承人的遗产。遗产在家庭共有财产之中的，遗产分割时，应当先分出他人的财产。

根据上述规定可知，被继承人去世后，其遗产往往还处在夫妻共同财产或家庭共同财产之中，所以在确定被继承人遗产份额时，应先将遗产从夫妻共同财产及家庭共同财产分析出来。

本案中，由于一审发生在《民法典》生效前，此时尚无遗产管理人制度。在田某水去世后，田某水的遗产范围不能确定，没有专门的人来制作遗产清单清理田某水的遗产，最终导致田某园、郑某玲提起诉讼后，花费了近半年申请法院调查取证，在诉讼过程中，甚至出现了可能为虚假诉讼的“案中案”（王某起诉周某嘉的民间借贷纠纷案件）。

（2）向继承人报告遗产情况

遗产管理人在处理遗产的过程中需要尊重被继承人的意愿完成遗产继承事宜，以最大限度保护所有继承人的合法权益，故遗产管理人在清理完所有遗产并制作遗产清单后，有义务向遗产继承人报告遗产情况与遗产分配情况，遗产继承人也可随时查阅遗产清单。遗产情况包括遗产的范围、现状、保管情况、现价值以及是否已采取了保全措施等。

（3）采取必要措施防止遗产毁损、灭失

遗产管理人为了妥善管理和保护遗产价值，防止遗产毁损、灭失等情况的发生，可以对遗产进行必要、恰当的管理和处分，但应当以不变更遗产标的物或者权利的性质为限。

依据《民法典》第 1148 条的规定，遗产管理人应当依法履行职责，因故意或者重大过失造成继承人、受遗赠人、债权人损害的，应当承担民事责任。根据以上规定可知，继承开始后，遗产管理人应立即接管遗产，根据财产情况不影响财产价值和后期遗产继承的，可以不转移占有，但应随时监督、查看财产保管情况。如果遗产有孳息，有权代为收取。管理遗产所需的费用，可以从遗产中扣除或由继承人承担。如因遗产管理人的故意或重大过失导致遗产损毁、灭失的，遗产管理人应当承担责任。

(4)处理被继承人的债权债务

《民法典》第 1159 条规定，分割遗产，应当清偿被继承人依法应当缴纳的税费和债务。根据以上规定，遗产管理人在清理遗产过程中，应优先对被继承人遗留的税费和债权债务进行处理。所以，在继承开始后，遗产管理人应当通知债权人、继承人、受遗赠人及其他利害关系人，告知继承开始的事实及申报与被继承人之间的债权债务。如有必要，遗产管理人还可以通过公告方式，公告继承开始及通知相关的当事人申报债权债务，公告期满后，遗产管理人根据相关权利人的申报情况，根据法律规定的顺序逐一清偿债务。如被继承人遗留有债权，遗产管理人有权对遗留债权进行追讨。

依据《民法典》第 1161 条的规定，继承人以所得遗产实际价值为限清偿被继承人依法应当缴纳的税款和债务。超过遗产实际价值部分，继承人自愿偿还的不在此限。继承人放弃继承的，对被继承人依法应当缴纳的税款和债务可以不负清偿责任。

当被继承人的遗产不足以清偿相关税费等债务的，遗产管理人应该按照遗产清单，按照法定清偿顺序逐一清偿。

(5)按照遗嘱或者依照法律规定分割遗产

遗产管理人必须按照遗嘱人的意愿和法律的要求，忠实地履行自己的职责，不能随意改变遗嘱内容。继承开始后，遗产管理人可以召集、主持继承人会议，根据遗嘱确定的遗产分配原则或者指定的数额分割遗产。

遗产管理人在分配遗产时，应当注意以下几个问题：①当遗嘱继承、法定继承与遗赠都存在时，注意遗嘱继承与遗赠、法定继承的继承顺序；②注意丧偶儿媳与丧偶女婿是否可以作为第一顺位继承人；③当被继承人遗留有缺乏劳动能力又没有生活来源的法定继承人或未出生的胎儿时，注意被继承人是否用遗嘱给他们留下了必要的遗产份额；④注意对被继承人尽了较多扶养义务的人或与被继承人共同生活的继承人,在分配遗产时可以多分,各继承人之间协商一致的也可以按照继承人的意愿进行遗产分配。

此外,遗产管理人分割遗产时应做到公开、公平、透明,并及时将准确的份额分配到各继承人手中。

(6)实施与管理遗产有关的其他必要行为

遗产管理人除实施上述已经列明的职责外,还可以根据管理遗产的需要实施其他必要行为。例如,为被继承人遗留的债权债务而进行起诉、应诉、财产保全、申请鉴定等;如果被继承人生前有经营管理事业的,遗产管理人可以代为收取相应经营收益等。

遗产管理人在履行职责时,任何人(包括继承人在内)不得妨碍和干涉。继承人亦不得处分与遗嘱有关的遗产,这里所谓的"与遗嘱有关的遗产",是指未经清算和按遗嘱分割的遗产。如果继承人擅自处分未经分割的遗产或者妨害遗产管理人执行职务的,遗产管理人有权请求人民法院责令妨碍其执行遗嘱活动的人承担由于其行为而给自己和其他继承人造成的损失。

5. 遗产管理人的报酬

《民法典》第1149条规定,遗产管理人可以依照法律规定或者按照约定获得报酬。增加该条的规定主要是从权利义务对等原则出发,遗产管理人在管理遗产的过程中付出了一定的劳动和时间,有权利获取报酬。故被继承人在遗嘱中可以约定给予遗产管理人报酬金额或由继承人与遗产管理人之间约定遗产管理人的报酬金额。

遗产管理人的报酬数额确定目前尚未有明确的法律或司法解释规定,但当事人可以参考企业破产管理人在确定管理人报酬时考虑的因素,来综合确定遗产管理人报酬数额。最高人民法院《关于审理企业破产案件确定管理人报酬的规定》第9条规定,人民法院确定或者调整管理人报酬方案时,应当考虑以下因素:(1)案件的复杂性;(2)管理人的勤勉程度;(3)管理人为整理、和解工作作出的实际贡献;(4)管理人承担的风险和责任;(5)债务人住所地居民可支配收入及物价水平;(6)其他影响管理人报酬的情况。

6. 遗产管理人制度落地后,给律师执业带来的新机会与新挑战

遗产管理人制度落地后,对于律师执业来说既是新的机会,同时又面临着更大的挑战。

(1)遗产管理人须由从事家事领域及财富传承领域的专业律师担任,除应具有丰富的诉讼实战经验外，还要善于灵活运用《民法典》的继承条款。在被继承人生前订立遗嘱阶段，律师就应介入，并做到“未雨绸缪”，对继承中出现的纠纷和矛盾设立有效的防范机制，指导当事人订立有效的遗嘱，并在遗嘱中明确遗嘱执行人和遗产管理人，这样既可以避免遗嘱“徒法不足以自行”，又可以避免在继承发生时，各继承人之间就遗产管理人不能协商一致而产生新的矛盾。

(2)遗嘱中未指定遗嘱执行人和遗产管理人，在继承人之间推选律师事务所或律师作为遗产管理人时，要求律师应当具有较高的专业水平并有良好的控制风险的能力，由于我国的遗产管理人制度落地较晚，在这一方面我国的律师与国外的专业律师存在较大的差距。

律师事务所或律师作为遗产管理人在英美法系国家成为常态，在我国法律体系中，由律师事务所担任遗产管理人是一种必然趋势，且在实务中已经出现律师事务所或律师担任遗嘱执行人或遗产管理人的成功案例。若被继承人财产类型种类繁多且生前存在复杂的债权债务关系，选择在继承和财富传承领域专业化程度较高的律师事务所及专业律师担任遗产管理人可实现有效管理、合法析产的核心目标。

(3)律师作为遗产管理人，必须熟悉并善于运用信托、保险等财富传承工具，才能切实有效地执行被继承人的生前意志、维护各继承人的合法权益。遗产管理人还可能涉及资产管理、资产的评估处置等诸多领域方面的知识，遗产的类型也是复杂多样，公司股权、上市公司股票、被继承人所享有的债权、虚拟账号、大额保单等财产作为遗产早已屡见不鲜。律师作为遗产管理人，需要与诸多专业领域的机构和人才进行合作，才能真正实现财富的传承目的。所以，律师要想做好一名遗产管理人，必须具有较高的专业水平和较强的统筹协调能力，这对于律师来说也是一个巨大的挑战。

(4)律师事务所或律师担任遗产管理人并非只有获取报酬的“权利”，与之相对应的是遗产管理人必须履行相应的义务。《民法典》第1148条明确规定了“遗产管理人应当依法履行职责，因故意或重大过失造成继承人、受遗赠人、债权人损害的，应当承担民事责任”，这就要求律师事务所或律师必须尽心尽责，“没有金刚钻，别揽瓷器活”，既要有专业的能力，还要尽到专业的心。否则作为遗产管理人的律师事务所也面临着未尽职而导致赔偿的业务风险。

九、您的财产到底想传给谁

[传承案例21]

王某和李某系夫妻,育有一子王某辉和一女王某慧。

王某和李某在婚姻关系存续期间购买有一套房产。两位老人因年岁已高,同时考虑到女儿已成家立业搬出去另住,而儿子王某辉一直未成家与父母同住的客观情况,于2014年1月分别立下公证遗嘱,遗嘱内容均为:"位于××小区的房产中属于本人的份额,于本人去世后,由儿子王某辉继承,与女儿王某慧无关"。

王某辉于2015年1月与袁某结婚,未生育子女。王某辉与袁某婚后2年内感情很好。因二老并未意识到儿子在婚姻期间继承房产的实际后果,故而并未对公证遗嘱进行变更。2017年,王某和李某先后去世,二老留下的房产,一直未予处理。

2018年开始,王某辉和袁某开始因生活琐事发生争执,其间王某辉还对袁某实施家庭暴力,导致袁某手骨骨折。袁某至此对王某辉彻底心灰意冷,感觉到再维系没有感情的婚姻对自己来说意味着更大的伤害,遂以离婚纠纷为由将王某辉诉至法院,主要事实和理由:因王某辉存在家庭暴力,导致夫妻感情确已破裂,请求法院判决准予其与王某辉离婚,因××小区的房产,是其与王某辉在婚姻关系存续期间,王某辉取得的继承财产,应当属于夫妻共同财产,在离婚时应当予以分割,要求取得××小区房产50%的份额。

王某辉则辩称:夫妻感情确已破裂,同意离婚。但是××小区的房产应当属于王某辉的个人财产,父母的遗嘱中,明确该房产由王某辉继承,且父母立遗嘱时,王某辉还是单身,尚未结婚,父母不可能有将房产传给袁某的意思或想法,父母的本意就是将房产传给王某辉。因此王某辉不同意袁某分割该房产的请求。

法院经过审理后认为:王某和李某的遗嘱中,并未确定××小区的房产为只归王某辉一人的财产,且在王某辉婚后,王某和李某二人并未对遗嘱进行修订,故而遗嘱并没有排除袁某的权利。该房产应作为夫妻共同财产予以分割。最终,法院判决准予王某辉和袁某离婚,并判决王某辉和袁某分别占有××小区房产的二分之一的产权份额。

[传承实务及法律分析]

1. 传承意愿应具体明确且须有前瞻性,否则可能会事与愿违

王某和李某传承意愿明确,就是将涉案房产传给儿子王某辉,而且选择了遗嘱传承方式,排除了女儿王某慧的继承权,并对遗嘱进行了公证。能够选择公证遗嘱的传承方式,说明王某和李某具有定向传承的法律意识,在王某辉未婚的情况下,该涉案房产应由王某辉个人继承,并作为其专有财产。

但是两位老人忽视了一点,遗嘱在遗嘱人死亡时,才发生法律效力。也就是说,遗嘱订立时,并未实际发生法律效力,而是在立遗嘱人死亡后,遗嘱才生效。本案中,遗嘱订立时间为 2014 年 1 月,但是遗嘱的生效时间为 2017 年,即王某和李某两位遗嘱人死亡后。而在遗嘱生效时或者说继承开始时,往往时过境迁。本案中,遗嘱生效时,王某辉已经与袁某结婚,遗嘱中应由王某辉继承的财产,可能会成为王某辉与袁某的夫妻共同财产。因两位老人未意识到这一点,未能在生前对遗嘱进行完善和变更,是导致涉案房产未能按照两位老人的意愿传承给王某辉一人所有的原因之一,最终事与愿违,不得不说是一种遗憾。

2. 定向传承要领

想要做到定向传承,防止子女夫妻关系恶化,继承财产旁落他人,需要掌握以下要领:

(1)及时订立遗嘱,排除法定继承

法律规定,遗嘱继承优先于法定继承,没有遗嘱的,按照法定继承处理。本案中,如果王某和李某没有订立遗嘱,则继承财产将传承给其法定继承人,即儿子王某辉和女儿王某慧,如果王某和李某的父母尚在,则王某和李

某的父母取得的份额,最终会旁落到王某和李某的兄弟姐妹。因此,在被继承人或遗嘱人有多个子女或者多个法定继承人的情况下,想要将财产定向传承给自己心目中的继承人,首选遗嘱方式,而且应当及时订立,否则一旦财产所有人患重病导致失去行为能力,则无法再通过遗嘱方式实现自己的传承意愿。

(2)遗嘱应依据客观情况的变化,适时修订

立遗嘱,可以是动态的,而非一成不变不能修改。

如前所述,遗嘱是在遗嘱人去世后才生效的民事法律行为,而遗嘱生效时,往往物是人非。因此,遗嘱订立后,需要适时检查,看是否发生影响遗嘱效力的新情况。一旦客观情况发生变化,立遗嘱人应当及时对之前所立的遗嘱进行变更或撤回,以保证财产的定向传承并避免旁落他人。

如本案中,王某和李某立遗嘱时,儿子王某辉尚未成婚,而立遗嘱后,继承开始前,儿子王某辉与袁某结婚,这是王某和李某在订立遗嘱时不存在的新情况。两位老人本应当及时发现遗嘱存在的漏洞,采取补救措施,对遗嘱进行适时修订,以实现自己的传承意愿。但遗憾的是,两位老人未能意识到这一点,导致子女婚姻状况发生变化的时候,继承财产作为夫妻共同财产进行分割,未能完全实现自己的传承意愿。

(3)传承意愿应当明确具体

由于中国人以和为贵的文化背景,传承人虽意识到某些不明确的表述存在传承财产外流之风险,但是为了不挑起事端,仍然在遗嘱中使用含糊不清的表述,最终不仅不能如愿避免争执,还未能实现自己的传承意愿。

遗嘱作为处理被继承人遗产的书面资料,内容必须明确具体,使财产能够按照遗嘱的内容进行分配、定向传承。传承意愿明确而具体的遗嘱一方面是对遗产明确有效的划分,有助于减少纠纷;另一方面即便进入诉讼程序,也可节约当事人的诉讼成本。

依据《民法典》第1063条的规定,只有在遗嘱或赠与合同中确定只归一方的财产,才属于夫妻一方的个人财产。因此,遗嘱人应当在遗嘱中,明确某项财产(一般为遗嘱中需要传承的财产)只归继承人一方所有,属于该继承人的个人财产,与其配偶无关。具体可以采用如下表述:“位于某市某区某小区的房屋(房产证号:×××)中我本人的全部份额,在我去世后,由我的儿子(或女儿)×××单独继承,属于只归儿子(或女儿)×××一方所有

的财产,与其配偶无关。”

(4)委托专业律师,量身定制

鉴于遗嘱需要具备严格的法定形式要件,不建议财富传承人自行订立遗嘱。对于家庭关系复杂、财富达到一定量级的富裕阶层,可以委托专业律师,量身定制遗嘱内容后,再进行公证,以全面实现财富所有人的传承意愿。

3. 熟悉法律内涵,做到精准传承

本案的争议焦点为××小区的房产是属于王某辉和袁某的夫妻共同财产还是王某辉的个人财产。这涉及《民法典》第1062条第1款第4项和第1063条第3项规定的运用。

依据《民法典》第1062条、第1063条的规定,夫妻在婚姻关系存续期间,继承或者受赠的财产为夫妻的共同财产,归夫妻共同所有,但遗嘱或者赠与合同中确定只归一方的财产,为夫妻一方的个人财产。

由上述规定可知,对于婚姻关系存续期间继承所得财产,除非夫妻双方另有明确约定或遗嘱、赠与合同中明确确定只归夫或妻一方专有的财产之外,一般认定为夫妻共同财产,目的在于保护家庭的稳定。

本案中,王某和李某在2014年1月订立遗嘱时并未明确排除王某辉配偶对于××小区房屋的继承权。王某辉与袁某结婚后客观情况已经发生了改变,而两位老人在王某辉与袁某婚姻关系存续期间仍未对之前所立的遗嘱进行撤回或变更,由此法院最终认定遗嘱中的××小区房屋属于夫妻共同财产,并在离婚时进行了分割。

十、从案例看有限责任公司的股东资格能否继承

[传承案例22]

2012年3月19日，广东某混凝土有限公司注册成立，公司类型为有限责任公司(自然人投资或控股)，注册资本3300万元整，其中朱某健投资1683万元，持股比例为51%。2014年7月13日，朱某健在化州市小区坠楼身亡。另查明：被继承人朱某健的父亲为朱某茂、母亲杨某；朱某健于2012年8月20日与李某登记结婚。

2017年1月2日，朱某茂、杨某起诉至法院，请求法院判决朱某茂、杨某及被告李某继承朱某健在广东某混凝土有限公司51%的股权。朱某健于2014年7月13日身亡，其合法继承人有父朱某茂、母杨某、妻李某。依据《公司法》第75条“自然人股东死亡后，其合法继承人可以继承股东资格；但是，公司章程另有规定的除外”，因另一继承人李某拒绝办理公证继承手续，故诉至法院。

法院经审理认为：本案为法定继承纠纷。被继承人朱某健于2014年7月13日死亡后，继承已经开始。因未有证据证实被继承人朱某健生前留有遗嘱或遗赠，其遗产应按法定继承处理。原告朱某茂、杨某是朱某健的父、母，被告李某是朱某健的妻子，朱某健与李某未生育子女。依据《继承法》第10条“遗产按照下列顺序继承：第一顺序：配偶、子女、父母……”的规定，原告朱某茂、杨某及被告李某是朱某健的法定继承人，对朱某健的遗产享有继承权。依据《公司法》第75条“自然人股东死亡后，其合法继承人可以继承股东资格；但是，公司章程另有规定的除外”的规定，朱某健生前持有广东某混凝土有限公司51%的股权，可作为遗产由原告朱某茂、杨某及被告李某继承。因此原告请求法院判令朱某茂、杨某及被告李某继承朱某健在广东某混凝土有限公司51%的股权有法律依据，本院予以支持。被告李某经本院

合法传唤无正当理由拒不到庭参加诉讼,本院依法缺席判决。依照《继承法》第2条、第3条、第5条、第10条,《公司法》第75条,《民事诉讼法》第64条第1款、第144条的规定,判决如下:原告朱某茂、杨某及被告李某继承被继承人朱某健在广东某混凝土有限公司全部的股份。

[传承实务及法律分析]

股东资格从某种意义上来说属于公民的合法财产权利,且只有合法继承人才可以直接继承有限责任公司的股东资格。同时,基于有限公司的人合性特点,法律授权公司可以在公司章程上就股东资格继承条件作限制规定。因此,在公司章程没有对股东资格作出排除性或特别限制条件的情况下,只要公司的其他股东没有相反证据证明继承人为非法继承人,死亡股东的合法继承人自该股东死亡之日起当然取得股东资格。

1. 有限责任公司的股东资格继承涉及的法律法规

依据《民法典》第1122条的规定,遗产是自然人死亡时遗留的个人合法财产。《公司法》第75条规定,自然人股东死亡后,其合法继承人可以继承股东资格;但是,公司章程另有规定的除外。《公司登记管理条例》第34条规定,有限责任公司变更股东的,应当自变更之日起30日内申请变更登记,并应当提交新股东的主体资格证明或者自然人身份证明。有限责任公司的自然人股东死亡后,其合法继承人继承股东资格的,公司应当依照前款规定申请变更登记。有限责任公司的股东或者股份有限公司的发起人改变姓名或者名称的,应当自改变姓名或者名称之日起30日内申请变更登记。《公司法》第32条第2款规定,记载于股东名册的股东,可以依股东名册主张行使股东权利。因此,继承人应在继承开始之日起30日内申请变更登记,在工商部门完成变更登记后方可行使股东权利。

本案中,广东某混凝土有限公司的公司章程中未对自然人股东死亡后,其合法继承人继承股东资格的条件作出限制性约定,且朱某健在生前也未订立遗嘱,故朱某茂、杨某及李某均是其合法继承人,有权继承朱某建在广东某混凝土有限公司的股东资格。

2. 在涉及有限责任公司的股东资格继承的权利上,应注意的问题

(1)公司章程对股东资格继承作出限制性规定时,应当综合考虑各方面的因素，特别需要注意的是完善股东退出机制，否则很可能会因退出机制不严密而难以得到法院的支持，最终不能实现限制股东资格继承的目的。自然人股东死亡后如公司恶意修改公司章程，限制股权继承，公司的主张也同样难以得到法院支持。

（2）如果股东的继承人中有未成年人等无民事行为能力或者限制民事行为能力人，遵循民商法“法无禁止即自由”的原则，这些主体可以继承股东身份，但只能由其法定代理人或者监护人代为行使股东权利。

（3）有限责任公司因为股权继承问题可能会造成股东人数超过《公司法》规定的人数上限。如果股东继承人加入公司并未超过《公司法》规定的股东人数上限，各股东继承人可以列为公司股东并进行工商登记变更，如果因股权继承导致股东人数超过《公司法》规定的股东人数上限，可以将所有继承人作为一个整体在所有继承人中推举一名继承人代表所有继承人整体行使股东权利；也可以在经过所有继承人同意的情况下，考虑公司回购死亡股东的股权或转让死亡股东的股权，由继承人之间对相应股权对价进行分配。

（4）有限责任公司中的股东如为自然人股东在涉及继承事宜时，继承人的股权继承的范围应为被继承人名下的公司股权。公司下属子公司的注册资本的增加和股权的增值，由母公司依法享有法人财产权，继承人无权在继承案件中对此直接予以分割。

（5）有限责任公司自然人股东去世后，在涉及继承事项时，应注意自然人股东所持有的股权（出资额）是否属于夫妻共同财产或家庭财产。如股权（出资额）属于夫妻共同财产的，按照《民法典》的规定，应先析产后继承。

（6）在《民法典》施行之前，依据最高人民法院《关于适用〈中华人民共和国公司法〉若干问题的规定（三）》第24条第1款和第3款的规定，有限责任公司的实际出资人与名义出资人订立合同，约定由实际出资人出资并享有投资权益，以名义出资人为名义股东，实际出资人与名义股东对该合同效力发生争议的，如无《合同法》第52条规定的情形，人民法院应当认定该合同有效。实际出资人未经公司其他股东半数以上同意，请求公司变更股东、签发出资证明书、记载于股东名册、记载于公司章程并办理公司登记机关登记的，人民法院不予支持。依据上述规定，隐名股东的继承人不能直接继承登记在代持股东名下的股权。

(7)如继承人属于在职公务人员的,如何继承？我国《公务员法》规定公务员不得从事或参与营利性活动,其继承股东资格的方式主要有:①辞去现有职务成为普通公民后继承股权。②不愿辞去现有职务的,则通过股权转让的方式,由其他股东购买或是第三人购买,获取股权转让的对价。

(8)股东资格继承的起算时间从何时开始计算？若公司章程没有对股东资格继承作出限制性或者禁止性规定的,则自被继承人死亡之日起,继承人就具备了继承的实质要件,当然继承股东资格而无须其他特殊程序进行确认。

十一、想继承遗产，外债谁来担

［传承案例23］

邓某华以天元公司的名义，于2017年3月24日、2017年6月30日分两次向周某借款。第一次借款40万元，约定同年9月24日一次性还清。第二次借款30万元，约定同年12月31日一次性还清。这两次借款均有邓某华作为保证人签名并盖有天元公司公章的借条为据。还款期限届满后，天元公司没有还款。2018年3月18日，邓某华返京途中发生交通事故，经抢救无效后死亡。

经查：邓某华与刘某荣于2010年6月20日办理结婚登记，婚后没有生育子女。邓某华之母付某花于2013年死亡，邓某华之父邓某尚在。邓某华生前留有公证遗嘱：其婚前所取得的一套房产由妻子刘某荣继承。另，邓某华名下银行账户存款共计20万元。天元公司系邓某华个人出资经营的有限责任公司。邓某华去世后，该公司已歇业一年多，现已无财产、人员、场地。

邓某华去世后，经交警部门调解，邓某华之妻刘某荣和其父邓某与肇事司机达成赔偿协议，由肇事司机一次性赔偿医疗费、丧葬费、死亡赔偿金等共计100万元。其中，刘某荣和邓某各取得50万元。其妻刘某荣依据其生前所立遗嘱继承了房产。邓某华银行账户存款20万元，由刘某荣取得15万元，邓某取得5万元。

周某向刘某荣和邓某催讨借款未果，遂于2019年1月向法院提起诉讼，请求刘某荣和邓某在继承的遗产范围内偿还邓某华的借款70万元及从借款期限届满之日起至还清时止的利息，合计80万元。理由：刘某荣和邓某作为邓某华的继承人，继承了邓某华的遗产，依法应当偿还邓某华所负债务。

庭审中，刘某荣辩称：邓某华所负债务，应当先由邓某偿还55万元，余款25万元由刘某荣承担。邓某则辩称：(1)本人所取得的50万元交通事故赔偿款,不属于邓某华的遗产,周某无权要求本人以此款项偿还邓某华的债务。(2)本人只继承了5万元存款。同意在5万元范围内承担还款责任。(3)邓某华如有其他遗产,本人放弃继承。因此,邓某华所负债务差额75万元,应当由刘某荣偿还。

判决结果:刘某荣和邓某所取得的邓某华交通事故死亡赔偿款,不属于遗产,且邓某已经明确表示放弃继承邓某华其他遗产,故邓某华所负债务应当由邓某在继承的5万元范围内承担偿还责任,剩余75万元由刘某荣在继承财产范围内承担偿还责任。

[传承实务及法律分析]

依据《民法典》第1159条的规定,分割遗产,应当清偿被继承人依法应当缴纳的税款和债务;但是,应当为缺乏劳动能力又没有生活来源的继承人保留必要的遗产。

在司法实践中,我们首先得清晰地理出哪些财产属于遗产,然后再来确定该类财产是否在清偿债务之列。

1. 先确定遗产,然后再确定债务如何清偿

在现实生活中,被继承人死亡时,属于被继承人的那部分财产,往往还处在家庭共有财产状态中,其遗产尚未确定,因此在清偿被继承人债务时,先要从共有财产中分割出属于被继承人的那份财产作为真正的遗产,以此作为清偿的依据。切忌把被继承人家庭的财产都作为遗产并以这个“遗产”负责对被继承人债务的清偿。另外,有些特定的财产如交通事故赔偿金、空难赔偿金等并不属于遗产的范畴,可以参照遗产的分割原则进行分配。以案例23为例,就遗产的范围及偿还债务问题作如下分析:

(1)交通事故死亡赔偿款不属于遗产,不能用以清偿被继承人的生前债务

依据《民法典》第1122条第1款的规定,遗产是自然人死亡时遗留的个人合法财产。而交通事故死亡赔偿属于人身损害赔偿,依据最高人民法院《关于审理人身损害赔偿案件适用法律若干问题的解释》第1条第1款、第2款的规定,因生命、健康、身体遭受侵害,赔偿权利人起诉请求赔偿义务人赔偿财产损失和精神损害的,人民法院应予受理。本条所称“赔偿权利人”,是

指因侵权行为或者其他致害原因直接遭受人身损害的受害人、依法由受害人承担扶养义务的被扶养人以及死亡受害人的近亲属。因此,交通事故死亡赔偿款不属于遗产。具体理由如下:

第一,从交通事故死亡赔偿款的权利主体来看,赔偿权利主体为受害人承担扶养义务的被扶养人以及近亲属。交通事故死亡赔偿金具有人身专属性,即专属于受害人的近亲属。本案中刘某荣在庭审时辩称,"邓某华所负债务,应当先由邓某偿还 55 万元",其主张并没有法律依据,所以最终法院并未予以支持。

第二,从交通事故死亡赔偿款的性质来看,死亡赔偿款是受害人死亡后,赔偿义务人对受害人近亲属的财产损失和精神损害的赔偿,死亡赔偿款的基本性质是对继承丧失和扶养丧失的补偿,没有对死者本身进行赔偿的因素和必要。而遗产是在公民死亡前就已经存在的属于公民的合法财产,死亡赔偿款在公民死亡前并不存在,其并不属于公民的个人财产。

第三,死亡赔偿款并不符合遗产的构成要件。虽然死亡赔偿款和遗产都是因为公民死亡才产生,但死亡赔偿款是在公民死亡后才产生的,受害人如果没有死亡,便没有死亡赔偿款的发生,而受害人一旦死亡,其民事主体资格也消亡,民事关系无从发生,只有在死亡法律事实出现时,才在加害人与受害人亲属之间形成民事关系,从而才有死亡赔偿款的发生。因此,死亡赔偿款并不属于公民的遗留财产。针对遗产,公民可以在生前订立遗嘱予以处理,但是公民在生前无法也不能立遗嘱处理自己的死亡赔偿款,因此,死亡赔偿款不属于遗产,不能用来偿还受害人生前所欠债务或者税款。只是由于死亡赔偿款的分割可以比照遗产的分配方式分割,故容易与遗产混淆。

本案中,肇事司机赔付给刘某荣和邓某的交通事故死亡赔偿款 100 万元,不属于遗产,不能用来偿还邓某华生前所欠债务或者税款。

(2)银行账户存款中的 10 万元属于遗产

本案中,邓某华生前虽立有公证遗嘱,但是公证遗嘱只处分了其名下的房产,未处分其他财产。邓某华银行存款 20 万元,是邓某华与刘某荣婚姻关系存续期间所取得的财产,应属于夫妻共同财产。其中的 10 万元,应当属于刘某荣个人所有,另外 10 万元属于邓某华的遗产,由刘某荣和邓某按照法定继承,分别继承 5 万元,即在邓某华去世后其银行账户存款 20 万元刘某荣分得 15 万元，邓某分得 5 万元。

2. 在处理遗产继承与债务清偿时的注意事项

（1）区分被继承人所负债务的性质

分清被继承人所负债务的性质，只有在严格按照前文定义确认是被继承人的个人债务，才必须依限定继承的原则办理清偿事务，即清偿以遗产的实际价值为限。反之，被继承人所欠下的债务，虽是以被继承人个人名义欠下，但是实际上是用于家庭共同生产、共同生活的，一般情况下不能认定为被继承人的个人债务，而应作为婚姻关系存续期间的夫妻共同债务，由夫妻双方共同承担清偿责任，夫或妻一方死亡的，生存一方仍需要对婚姻关系存续期间的共同债务承担连带清偿责任。被继承人所负债务的性质直接决定最终承担清偿责任的主体，因此区分被继承人所负债务的性质是十分必要的。

（2）明确清偿债务具体的程序

通常是继承开始以后，继承人应首先用属于被继承人遗留下来的财产来清偿被继承人的债务，清偿后剩余的财产，才作为实际存在的遗产再按照遗嘱或法定继承来进行分割。当被继承人的遗产主要是实物或不动产，不便清偿债务时，应按照有利于生产和生活需要的原则，可以先行折价或变现，然后再清偿债务。

（3）继承人的清偿责任分担问题

第一，当只有法定继承人继承遗产时，从原则上讲，应当依照继承人各自所得的遗产份额，按照比例清偿被继承人生前所负的债务。即多得者多还，少得者少还。当然这种清偿仍必须以遗产的实际价值为限，也就是说，继承人最高清偿数额不超过他的继承所得。

第二，如果几个遗产接受者中既有法定继承人，又有遗嘱继承人和受遗赠人，首先由法定继承人用继承到的遗产清偿债务，如其所得遗产数额不足以清偿债务时，剩余的债务由遗嘱继承人和受遗赠人按比例用所得遗产偿还。在本案中，既有法定继承，又有遗嘱继承。刘某荣所取得的银行存款中的 5 万元以及邓某所取得的银行存款中的 5 万元属于法定继承，刘某荣所取得的房产属于遗嘱继承。因此，本案中被继承人所欠周某 80 万元的债务，刘某荣和邓某应当先用法定继承取得的 10 万元清偿，剩余 70 万元，由刘某荣在遗嘱继承所取得的房屋价值范围内偿还。如房屋价值超过 70 万元，则由刘某荣足额偿还;如房屋价值低于 70 万元,则以房屋价值为限,不足部分,刘某荣无偿还义务。

如果只有遗嘱继承人和受遗赠人的,应当由遗嘱继承人和受遗赠人按比例用所得遗产偿还。

十二、遗产税是不是真的“狼来了”

[传承实务及法律分析]

(一)我国为何至今未征收遗产税

我国至今未征收遗产税的主要原因是目前还不具备开征条件,但是不排除某个时期,开征遗产税成为现实。当然,即便真的开征遗产税,也可能出现一段时间之后停征,开征与停征是由政府依据国家经济发展形势,结合现实需求而定的。

虽然中国境内仍未征收遗产税,但从大的方向看,遗产税的确能够“劫富济贫”,缩小贫富差距、完善税制结构、促进慈善事业、刺激消费投资。随着财产实名制的逐步深入,中国境内开征遗产税所需具备的客观条件会越来越齐备,征收难度也就越来越低。

中国境内的富人们,应该做的是未雨绸缪,通过人寿保险、家族信托等方式实现合理、合法地“避税”,因为一旦开征遗产税,可能会因为没有提前规划而缴纳巨额遗产税。

(二)2021 年 9 月 1 日《契税法》施行后,继承遗产是否需要缴纳契税

《民法典》继承编并未对继承人继承遗产是否需要缴纳遗产税进行规定。但 2021 年 9 月 1 日施行的《契税法》第 6 条第 5 项明确规定,法定继承人通过继承承受的土地、房屋权属免征契税。故如果法定继承人通过继承获得的遗产中包含土地、房屋权属的,则该部分财产免征契税。

1. 免征契税的主体为被继承人的法定继承人

依据《民法典》第 1127 条、第 1128 条、第 1129 条的规定，被继承人的法定继承人有配偶、子女、父母、兄弟姐妹、祖父母、外祖父母及对公婆尽了主要赡养义务的丧偶儿媳与对岳父母尽了主要赡养义务的丧偶女婿。只有上述法定继承人范围内的人员才有可能免征契税。

虽然《民法典》继承编规定法定继承人以外的国家、集体、组织或个人也可以获得被继承人的遗产，但因其不属于法定继承人的范围，故不能免征契税。

2. 免征契税的方式为继承

依据《民法典》第 1123 条、第 1133 条至第 1139 条的规定，继承分为法定继承与遗嘱继承，而遗嘱继承又包括自书遗嘱、代书遗嘱、打印遗嘱、录音录像遗嘱、口头遗嘱、公证遗嘱。故被继承人的法定继承人通过法定继承或者遗嘱继承的方式继承被继承人名下的土地、房屋权属，则免征契税。

除法定继承与遗嘱继承之外，通过遗赠也能够获得被继承人的遗产。遗赠既不是法定继承也不是遗嘱继承，故如果法定继承人以外的国家、集体、组织或个人通过遗赠获得被继承人名下的土地、房屋权属，不能免征契税。

3. 免征契税的遗产范围：土地、房屋权属

被继承人的遗产范围比较广泛，如土地、房屋权属、现金、股权、债权、有价金属等。但《契税法》第 6 条第 5 项明确规定法定继承人继承获得遗产中只有土地、房屋权属免征契税。因《民法典》继承编及《契税法》都并未规定继承人继承其他遗产是否需要缴纳税费。故目前来看，其他遗产暂时不需要缴纳税费。

十三、房产继承，是否需要公证

［传承案例24］

马某明与马某玲系同胞兄妹关系。两人的父亲在2013年7月25日去世，母亲于2014年1月31日因患肝癌医治无效去世。父母在去世前均未留有遗嘱。父母的继承人除两兄妹外，其他人都已不在人世。

父母的主要遗产为两套房屋及部分现金。现金存放于建设银行的卡内，母亲在去世前将银行卡的密码告知了马某玲，马某玲将款项通过ATM取款机取现后，与马某明进行了平分。两套房产的位置、面积、自估价格信息如下：A房屋，建筑面积：107.03平方米，总价大约在749.21万元；B房屋，建筑面积：54.27平方米，总价大约在407.025万元。

两兄妹就上述两套大、小房屋的具体归属及补偿等继承问题产生争议，后经某居委会工作人员调解，考虑到父母在生前与马某玲共同居住，马某玲尽了较多的赡养义务，双方达成如下继承协议：大面积的房屋归马某玲，小面积的房子归马某明，马某玲补偿马某明房屋折价款100万元。

现在两兄妹面临的继承问题：(1)房屋继承，是不是需要先到公证处办理公证手续？(2)如果不办理不动产继承公证，到房管局办理继承过户的话，需要哪些手续？

［传承实务及法律分析］

因继承办理相应不动产登记的，采取自愿公证原则，即既可以先行办理继承权相关公证，再向房地产登记机构提交申请；也可以不经公证，直接凭相应材料向房地产登记机构提出登记申请。

1. 房产继承强制公证的由来及废止

1991年8月31日，司法部、建设部出台《关于房产登记管理中加强公证的联合通知》(司公通字〔1991〕117 号,以下简称《通知》),现已失效,该《通知》于 1991 年 11 月 1 日起施行,依据《通知》的要求,不动产继承需要强制公证,以避免当事人隐瞒继承人、隐瞒遗嘱,从而保护当事人权益、预防产权纠纷。

2016 年 1 月 1 日,国土资源部公布并实施的《不动产登记暂行条例实施细则》规定,因继承、受遗赠取得不动产,当事人申请登记的,应当提交死亡证明材料、遗嘱或者全部法定继承人关于不动产分配的协议以及与被继承人的亲属关系材料等,也可以提交经公证的材料或者生效的法律文书。

2016 年 7 月 5 日,司法部发布《关于废止〈司法部、建设部关于房产登记管理中加强公证的联合通知〉的通知》,继承、赠与房产办理登记事项无须"强制公证"。至此,颁布于 1991 年适用了 25 年的"强制公证"规定正式废止。

依据上述介绍,下列事项不再需要强制公证:(1)继承房产。包括法定继承、遗嘱继承、协商继承和诉讼继承。(2)赠与房产。(3)涉外和涉港澳台的房产所有权转移事宜。

2. 废止房产继承强制公证后可节省哪些费用

(1)公证费

如果是赠与房产,当事人办理房产过户时,必须提交赠与公证书或接受赠与公证书。公证处会按照阶梯比例收取一定的公证费用,如果涉案房屋价值较高的话,这对于当事人来说是一笔不小的负担。

如果是因被继承人死亡继承房产,除遗嘱继承外,继承房产公证费为评估价或受益额的 2% 且不低于 200 元。

(2)房产评估费

法定继承房产的时候,得房者需要缴纳房产评估费,新政策实施后,这部分费用可以免交。

3. 不需公证后如何办理继承房产的过户手续

(1)自行提供材料去房产管理部门申请房屋过户登记(所需材料详见下文);

(2)凭借人民法院生效的法律文书,如判决书、调解书去房管部门申请房屋过户登记;

(3)如果当事人自愿前往公证机构办理相应的继承权公证,凭公证文书申请房屋过户登记。

依据上文分析，取消继承权强制公证，并非继承公证和通过法院裁判的继承方式已经不复存在，而是赋予了继承人更多的选择权。从司法实践看，很多有争议的继承案件是通过法院生效的法律文书办理的过户手续。另外，考虑到很多继承案件关系复杂，需要提供的证明材料较多，不动产事务登记中心审查的工作量大，建议当事人在能力所及的范围内尽量办理继承权公证，凭借《公证书》提出登记申请。

4. 未经公证的不动产继承转移登记，申请人需要提交哪些申请材料

(1)所有继承人或受遗赠人的身份证明，包括身份证、户口簿等；

(2)被继承人或遗赠人的死亡证明；

(3)所有继承人或受遗赠人与被继承人或遗赠人之间的亲属关系证明；

(4)放弃继承的，应当在不动产登记机构办公场所，在不动产登记机构人员的见证下，签署放弃继承权的声明；

(5)继承人已死亡的，代位继承人或转继承人可参照上述材料提供；

(6)被继承人或遗赠人享有不动产权利的材料；

(7)被继承人或遗赠人生前有遗嘱或者遗赠扶养协议的，提交其全部遗嘱或者遗赠扶养协议；

(8)被继承人或遗赠人生前与配偶有夫妻财产约定的，提交书面约定协议。

需要提醒读者注意的是，虽然依据《不动产登记暂行条例实施细则》规定，办理房屋继承过户不以办理公证为必要条件，但建议读者在实践中尽量提前咨询房地产登记机构的工作人员进行房产继承所需的材料，以避免不必要的往返奔波。

第二篇

02

财产协议

西汉·戴圣《礼记·中庸》中说:"凡事豫则立,不豫则废。"

财富的有效传承离不开"协议""契约"的保驾护航,善用法律工具者则传承无虞!

一份有效且实用的婚前协议,足以使您婚前财产及收益在婚后仍归属于您,可婚前协议如何签?

一份完美的赠与协议,可以使您的赠与意图不因子女的婚变而落空,可是您的赠与协议会不会因词不达意而传承无效?

如无敏锐的法律意识,一份《夫妻财产约定协议书》有可能使父辈辛苦打拼的江山让您在离婚时拱手让人,或财产上大幅缩水,那么,在签订协议时如何使自己不陷入被动的泥沼?

"饭要自己吃,生意要自己做",您交由他人代持的股权,背后是否存在暗流涌动?如代持协议无效,您投入公司的资产是否面临付诸东流的巨大风险?

夫妻财产被另一方赠与情人,财富外流固然令人痛心,但冷静之后如何维权?

特定人群的"意定监护"意义何在?需要履行什么手续?

知晓并灵活地运用法律赋予您的权利,可以使您的财富传承大业事半功倍,中产阶层的传承如此,亿万富翁也不例外。与其在痛失财产后"亡羊补牢",不如"未雨绸缪",用法律工具扎好"圈羊"的篱笆。而这一切,您只需要:

推开那扇虚掩的"法律之门",带您领会利用"契约""协议"传承工具传承财富之奥妙。

一、签订婚前财产协议，保护个人财产及收益

［传承案例25］

曹某新和李某于1998年9月登记结婚。

婚后在双方家庭的资助下，曹某新与案外人张某福共同投资设立新华影视公司。其中，曹某新持有新华影视公司80%股权并担任公司的法定代表人，张某福持有新华影视公司20%股权。

两人婚后购买了一栋独院别墅、一套140多平方米的商品房、一套200多平方米的商业用房。别墅用来自住，其他的两套房用于出租，每年的租金在40万元左右，由李某掌握。两人男主外、女主内，日子过的虽然平淡但也算顺心。

2011年两人感情出现重大转折，李某取得曹某新出轨的证据，曹某新也承认出轨，并明确表示想尽快离婚。

李某同意离婚，但与曹某新就子女抚养费和财产分割问题未能达成一致，李某决定委托律师到法院起诉。在起诉前，律师向曹某新发送了《律师函》，明确了李某要求离婚的意愿，并告知曹某新在婚姻关系存续期间不得转移、隐匿、变卖、毁损夫妻共同财产，尤其是对于公司的股权作了重点说明。

在开庭时，曹某新陈述了答辩意见，明确同意离婚，房产可以平分，但声称公司股权不在自己名下，不属于夫妻共同财产不应分割。后经法院给李某的代理律师颁发《调查令》，律师到工商局查询，发现在离婚诉讼期间，曹某新将自己名下的80%股权无偿转让到公司司机的名下，并办理了更名手续。面对这一突发情况，李某申请了中止案件审理。

为了防止公司司机再次将股权转让，李某在起诉前向曹某新户口所在地的法院申请了诉前财产保全，随后立即以曹某新侵犯夫妻共同财产为由，

要求确认曹某新和司机之间的股权转让无效。

面对如此复杂的局面，曹某新的代理律师在和法官沟通后，认为股权转让无效的案件面临巨大败诉风险，考虑到公司目前正处于融资阶段，眼前的“小不忍”必乱将来的“大谋”，于是在和曹某新商量后，主动和李某沟通，双方达成如下和解方案：(1)李某撤回要求确认股权转让无效的案件；(2)在离婚案件中，孩子的抚养费曹某新同意每年支付12万元；(3)财产分割上：别墅和商品房归李某，公司股权和商业用房归曹某新。法院按照双方制作好的《协议书》出具了《民事调解书》。

离婚后，曹某新自觉在财产上元气大伤，将公司80%的股权又转回到了自己的名下。因工作上的需要，曹某新在公司人力资源主管的推荐下到了某商学院学习企业管理。在读期间认识了同来求学进修的张某珠。在接触的过程中，张某珠也向曹某新透露出自己离过婚但没有孩子的事实。

考虑到现在所持有的股权在婚后的收益等财产权益，不同于房产等固定资产，不容易区分是婚前财产还是婚后财产，如何有效地维护自己的财产利益成了摆在曹某新面前的难题。

律师建议，双方可以通过签订《婚前协议》来达到保障财产权益的目的。曹某新请律师按照自己的意思起草了《婚前协议》，明确约定了商业用房、公司股权及上述财产在婚后的收益属于男方的个人财产。

张某珠在得知曹某新要与自己签订《婚前协议》后觉得曹某新把自己当成了一个物质的女人，便提出分手。曹某新反复与张某珠沟通，明确表示愿意将婚前的商业用房赠与给张某珠，在婚后愿意承担家庭的全部开销，并且企业的债务不需要张某珠承担，张某珠婚前的财产仍归张某珠。在此条件下，张某珠才勉强同意签订了《婚前协议》并到公证处进行了公证，之后两人办理了结婚登记手续。

至此，曹某新与张某珠的情感纠葛与阶段性的财产保全之路，暂时画上了一个委婉的句号。

[传承实务及法律分析]

1. 婚前协议的内涵

婚前协议，在我国并没有明确的概念，其内涵主要指的是准备结婚的男女双方，就婚前财产及相应的收益在将来的归属问题上提前作出约定，在有债务或将来可能产生债务的情况下，就债务问题的承担作出明确的书面约定。

签订《婚前协议》的主要目的是避免将来离婚或一方死亡，就财产、债务等问题产生争议。《婚前协议》对于财富传承具有重要的意义，尤其是在高离婚率的今天，一份有效的《婚前协议》对于婚前财产的保护能起到至关重要的作用，对于贫富悬殊的双方当事人而言，或许更有必要。

2. 未签订《婚前协议》，您的财产将何去何从

依据最高人民法院《关于适用〈中华人民共和国民法典〉婚姻家庭编的解释（一）》第26条的规定，夫妻一方个人财产在婚后产生的收益，除孳息和自然增值外，应认定为夫妻共同财产。

孳息是指根据法律规定，原物因法律关系而产生的收益，包括银行存款产生的利息等。使用无形资产而产生的收益，如专利权转让费、专利实施许可费、稿费、商标使用许可费、肖像使用许可费等应归入法定孳息。

自然增值，顾名思义，是指非人为地被动增值。即由于通货膨胀、供求关系变化等市场因素造成的物或权利价格的提升。如一方婚前取得完全所有权的房产，在婚后受供求关系变化影响而出现的大幅增值，则属于被动增值，该增值部分属于一方婚前个人财产。如果物或者权利价格的提升凝聚着夫或妻一方的劳动价值，则不属于自然增值，而是称为“主动增值”，该增值部分属于夫妻共同财产。

如果男方在婚前全款购买了一套房屋婚后用于出租，在司法实践中，婚后取得的租金将被认定为夫妻共同财产。这主要考虑到，房屋在婚后的出租事宜需要夫妻双方的协力，而夫妻间的协力，不仅包括直接性的财产投入和生产投入，也包括家务劳动和时间的投入。租赁行为本身也是一种经营活动，也需要付出时间、精力和劳动。租金与单纯的银行存款利息不同，出租方对房屋还有维修等义务，租金的获取与房屋本身的管理状况密切相连，需要投入一定的管理或劳务，故司法实践中一般将婚后获得的租金认定为经营性收益。尤其对那种夫妻一方依靠房租收益维持生计的情形，如果将一方所有的房屋婚后出租的租金收益认定为个人财产，而另一方的工资、奖金收入认定为夫妻共同财产，结果显然是极不公平的。

如果一方在婚前拥有一定的银行存款，按照《民法典》第1063条的规定，该部分存款属于一方的婚前个人财产。但由于银行存款具有特殊性，人民币属于种类物，婚前的存款如果与婚后新转入的存款混同在一起，再经过家庭的消费、赠与、投资等多种交易不断转入、转出后，根本无法区分哪些属于婚前存款哪些属于婚后存款。一旦夫妻双方离婚，由于银行存款已经发生了混同，法院一般都直接把存款余额作为婚后的夫妻共同财产进行分割。由此可见，在未签订《婚前协议》的情况下，一方的个人财产将面临着作为夫妻共同财产被依法分割的法律风险。

3. 签订《婚前协议》应加强沟通，避免伤害双方感情造成心理隔阂

在爱情的世界里，摆在首位的是感情，车、房、钱是世俗之物。只要两个人在一起，哪怕房子是租赁的、哪怕是“骑着单车带你去看夕阳”，要的是单纯的一份爱。但在婚姻的世界里，却充满了利益纠葛，婚前要有彩礼、要讲究门当户对，离婚时又要锱铢必较。人本身就是矛盾体，渴望情感世界的满足，又不得不活在现实世界里。富人及其子女们在考虑如何让婚姻无后顾之忧，保证在将来感情破裂时，保护自己的财产权益。于是，《婚前协议》应运而生。

在西方国家，签署《婚前协议》几乎是常见的事情。但在中国，由于受传统文化的影响和熏陶，还没有结婚一方就开始要求分清财产，在另一方看来对方是精于算计，在感情上是难以接受的。

如果夫妻双方财富差距不大，或者双方理念接近，签订《婚前协议》不至于影响到婚后的夫妻感情。但是，若男女双方财产差距较大，财产少的一方对签署《婚前协议》产生抗拒心理，可能会给今后的婚姻生活埋下潜在的隐患。为了避免这种情况的出现，从实务操作层面看，有财产的一方一般会作出其他方面的适度让步，包括但不限于：婚后每月支付固定费用给另一方、婚前赠与部分财产、婚后家务补偿、减少债务承担比例、特定财产的婚后收益归对方等。《婚前协议》虽然在财富传承中能起到重要的作用，但是这一工具的使用，须是“攻城为下，攻心为上”，在签订《婚前协议》之前务必征得对方的理解与同意才不至于为今后的婚姻埋“雷”。案例中，曹某新在开启第二段婚姻前请律师按照自己的意思起草了《婚前协议》，此版《婚前协议》内容并未与张某珠进行沟通，导致双方产生误会并险些分手。好在后来曹某新及时在财产分割中作出让步，最终挽回了与张某珠的感情并实现了阶段性的财产保全。

4. 与婚前协议相关的法律问题及注意事项

(1)《婚前协议》所参考的法律

《民法典》第1065条第1款明确规定，男女双方可以约定婚姻关系存续期间所得的财产以及婚前财产归各自所有、共同所有或者部分各自所有、部分共同所有。约定应当采用书面形式。没有约定或者约定不明确的，适用本法第1062条、第1063条的规定。《民法典》第1065条第1款对《婚姻法》第19条的相关表述进行了修改和完善，将原《婚姻法》第19条的"夫妻双方"更改为"男女双方"，充分考虑到了男女双方可能在婚前就进行夫妻财产制的约定的现实状况，为男女双方签订《婚前协议》提供了参考依据。

(2)婚前财产是否在婚后经过一定年限后自然转化为夫妻共同财产

根据《民法典》第1063条第1项的规定，一方的婚前财产为夫妻一方的个人财产。最高人民法院《关于适用〈中华人民共和国民法典〉婚姻家庭编的解释(一)》第31条明确规定，民法典第1063条规定为夫妻一方的个人财产，不因婚姻关系的延续而转化为夫妻共同财产。但当事人另有约定的除外。

"一方婚前个人所有的财产，婚后由双方共同使用、经营、管理的，房屋和其他价值较大的生产资料经过8年，贵重的生活资料经过4年，可视为夫妻共同财产"，这一条规定出自最高人民法院在1993年的司法解释，现在已经失去法律效力。

根据上述法律及司法解释规定，属于一方婚前的财产并不因为夫妻关系的延续而转化为共同财产。所以，夫妻双方是否签订《婚前协议》并不会导致一方的婚前个人财产在离婚时作为夫妻共同财产进行分割。

(3)如果涉及婚前财产数额不大，且现有的法律足以保障财产权益，没必要签订《婚前协议》

比如，男方在婚前就已经支付完全部房款并取得《房屋所有权证书》的房产，按照现有的法律规定，即便将来离婚，该房产也属于男方的个人财产，不会因为婚姻关系的延续而转化为夫妻共同财产。在这种情况下，没有必要再就该房产画蛇添足地去签订《婚前协议》。

(4)《婚前协议》应当采用书面形式，涉及巨额婚前财产的，在签订《婚前协议》的同时应尽量公证

需要提醒读者注意的是，婚前及婚后的财产状况并非静态的，而是动态

的，财产的种类、价值、数量等，不断地处于变化之中。如果涉及夫妻离婚，一方称有口头婚前协议，在另一方不予认可的情况下，根据“谁主张，谁举证”的举证原则，主张有口头协议的一方负有举证义务，在举证不能的情况下，法院会推定没有口头约定。

从严谨的角度考虑，《婚前协议》应采用书面形式，《民法典》对形式要件作了明确规定。另外，签订《婚前协议》的用意主要是预防纠纷，或者在纠纷实际发生时为定分止争起到证明或证据作用，因此，采用书面形式确有必要。

公证并非《婚前协议》的生效要件，但经过公证的《婚前协议》，其证明效力较强，如果涉及一方婚前巨额财产，考虑到现实中的高离婚率，从财富传承的角度考虑，应尽量公证。

(5)涉及巨额婚前财产，需要通过《婚前协议》来约定权利义务关系的，双方均应有律师出面

在条件允许的情况下，尤其是涉及巨额婚前财产的约定，尽量双方都聘请律师，就相关条款及含义作出详细的说明，以避免存在欺诈、胁迫或重大误解等使协议无效或可撤销的情形，这一点在涉外婚姻或当事人国籍发生变化需要到不同国家离婚时，直接涉及《婚前协议》的效力问题。

(6)《婚前协议》的内容须规范明确

《婚前协议》尤其需要说明财产的详细情况，要做到清晰明了，处分的婚前财产应具有确定性和唯一性，不能依据《婚前协议》得出两种或两种以上的解释。

(7)《婚前协议》的内容须合法

《婚前协议》的订立需符合我国民事法律法规，男女双方必须出于自己的真实意思表示，不能存在欺诈、胁迫、乘人之危的行为，内容必须合法，不能违反法律及公序良俗，否则《婚前协议》有可能会被法院认定为无效或可撤销。

实践中经常会出现一些条款“男女双方结婚后，任一方不得提出离婚，否则要向对方支付违约金”“男女双方结婚后，先提出离婚的一方将丧失孩子的抚养权”等，这类条款往往因违反婚姻自由原则而最终被认定为无效。

5. 妥善运用《婚前协议》守护婚前财产，避免因离婚导致财富的流失

对大多数传统的成功人士来说，事业发展与财富积累是从婚姻家庭开

始起步的，即“先成家后立业”。在双方没有就婚后财产作特别约定的情况下，婚后所创造的财富应视为夫妻双方共同所有。但近年来，离婚率逐年攀升，财产分割问题成了困扰富人的难题，尤其在企业为家族企业的情况下，离婚所涉及的财产分割更为复杂，离婚的剧情更为冷血与无情。

如果能够提前进行财富筹划管理，妥善运用《婚前协议》这一财富传承工具，即便将来产生婚变，对公司的经营及长远战略的实施，影响应该是甚微的。

本案例中，在曹某新的第一段婚姻关系解除时，因为无任何《夫妻财产协议》或《婚前协议》，夫妻双方对所有家庭财产享有相同的权利，在离婚分割夫妻共同财产时，根据《民法典》第 1087 条第 1 款的规定，在双方协商不成的情况下，法院还要根据财产的具体情况，对女方、无过错方进行保护和照顾。曹某新为了保持公司股权完整及公司的正常运营，除了商业用房，别墅和商品房都约定给了李某，曹某新虽心有不甘，但又不得不签订城下之盟。在曹某新准备开始第二段婚姻时，变得“吃一堑长一智”，在结婚前就咨询了律师。在实际操作中，曹某新面对张某珠的不配合，通过赠与张某珠商业用房的方式，才勉强做通了张某珠的思想工作并最终签订了《婚前协议》，有效地防止了感情破裂离婚时张某珠对婚前股权在婚后收益的分割。

案例提醒我们，妥善运用《婚前协议》进行适当的财富管理不仅可以维系婚姻长久存续、进行资产隔离，待出现危机时还能为自己保驾护航。

二、夫妻财产约定协议

(一)离婚后财产分割引发的案中案

[传承案例26]

孙某鹏与其妻子夏某莉离婚后,因房产分割补偿问题未能达成一致,被夏某莉以离婚后财产纠纷为由起诉到北京市西城区人民法院,但出人意料的是,在诉讼过程中,孙某鹏与夏某莉却又被孙某鹏的姑姑孙某蕊起诉到北京市石景山区人民法院,究竟是什么原因引发了这起蹊跷的案中案?

1. 婚前姑姑赠侄儿款项购房

孙某鹏大学毕业时已经24岁,因为家中比较贫困,买不起房子,也没有找到合适的工作,谈了几个女朋友也都分手了。作为姑姑的孙某蕊为了侄儿有个稳定的生活,经过慎重考虑,将在加拿大做生意时积攒的98万元汇给孙某鹏,并特别指明该款项只能用于购买房屋,若挪作他用,她将立即把款项收回。孙某鹏也明白姑姑的良苦用心,就用全部款项在石景山区购买了一套110多平方米的房子,房产证上登记的所有权人为孙某鹏。

2. 婚后将房产约定为夫妻按份共有

2009年8月初,孙某鹏在一次朋友聚会上认识了夏某莉,两人互有好感,经过3个多月的短暂接触,就办理了结婚登记手续,并在同年举行了婚礼。

婚后初期,孙某鹏的暴躁性格还有所收敛,两人相处得还算可以。在生活了1年左右,孙某鹏便暴露出大男子主义作风,家务基本上不做,稍不顺心,就在家辱骂夏某莉。刚开始,夏某莉对其好言相劝,但孙某鹏根本听不进去。后来夏某莉直接跟他提出,如果他不改改臭脾气,双方就离婚。孙某鹏在结婚前相了很多次亲,知道像夏某莉这样的妻子并不好找,便写《保证书》保证今后不再犯。为了表决心并讨妻子欢心,表示愿意将自己名下房产份额的60%约定为归夏某莉所有。双方于2011年2月26日签订了《房屋所有权按份共有协议》及《夫妻更名申请》,就位于北京市石景山区的某某小区×号楼×层×××号房产作出了进一步的约定,将诉争房产处分为双方的按份共有财产,并由北京市石景山区房屋管理局核准,颁发了相应的房屋产权证书,且在不动产登记簿中记载了诉争房产的所有权人为孙某鹏(占有房产40%的份额)和夏某莉(占有房产60%的份额)。

3. 离婚后财产分割引发房屋确权案

2013年12月,孙某鹏因嫖娼被公安机关行政拘留14天,释放后夏某莉坚决要求离婚,孙某鹏虽然为改善夫妻关系做了不少的工作,但最终就感情问题无力回天。孙某鹏考虑到自己被行政拘留终究不是什么光彩的事情,遂同意了与夏某莉协议离婚。

在《离婚协议书》第8条,双方明确约定:位于北京市石景山区的某某小区×号楼×层×××号房产男方占有40%的份额,女方占有60%的份额,将房屋出售后所得款项扣除孙某蕊的98万元后,剩余的款项按照均等的原则予以分割。

在离婚后,夏某莉另行租房居住。夏某莉及委托的律师与孙某鹏协商卖房事宜,孙某鹏表示自己只有这一套房用于居住,不同意出售,如想分割,只同意补偿夏某莉100万元,而该房的市值大概在460万元。在多次协商未果后,夏某莉以离婚后财产分割纠纷为案由将孙某鹏起诉至北京市西城区人民法院。

在夏某莉等待法院开庭的过程中,却接到了北京市石景山区人民法院的电话,让其到法院领取起诉书和开庭传票。夏某莉在拿到起诉书后才知晓,是孙某蕊作为原告将孙某鹏(第一被告)和夏某莉(第二被告)告上法庭,要求将诉争房屋归其所有,并责令二被告协助其办理过户手续。其理由是诉争房屋系其借孙某鹏名义购买,并与孙某鹏约定孙某鹏只享有房屋的居住权,不能出租、出售或进行其他处分。在开庭时,原告向法庭提交其与孙某鹏签订的《借名购买房屋协议书》、工商银行汇款凭证、房产证、二被告签订的《离婚协议书》、在北京市石景山区房屋管理局调取的房屋登记材料。孙某鹏对所有证据均予以认可,并同意将房屋所有权确认给孙某蕊所有,而夏某莉则对《借名购买房屋协议书》的真实性、合法性、关联性均不予认可,向法庭明确表示其与孙某鹏签订的《房屋所有权按份共有协议》及《夫妻更名申请》完全系双方真实意思表示，且经过房屋管理部门的登记备案并颁发了相应的房屋产权证书，房屋的所有权人应为第一被告和第二被告，并不存在产权争议，也不需要另行确权。原告提起诉讼的真实目的是侵占其应享有的60%的产权份额。

北京市石景山区人民法院根据案件的证据材料和已经查明的事实，依法认定第一被告孙某鹏于2007年参加工作，诉争房屋于2008年购买，结合原告孙某蕊的陈述及相关证据，证实该房屋系孙某蕊出资。但应指出，孙某鹏依法取得诉争房屋的所有权。后孙某鹏自愿将诉争房屋的所有权变更登记为孙某鹏、夏某莉共同所有。第二被告夏某莉也是房屋的权利人之一。现夏某莉不同意孙某蕊的诉讼请求，故原告以两被告在未经其允许的情况下将该房屋的所有权变更为两被告共同所有，要求确认诉争房屋归原告所有，依据不足，法院对此不予支持。综上，判决驳回原告的诉讼请求。

孙某蕊在接到判决书后并未上诉，现在该判决已发生法律效力。而在另一诉讼中，夏某莉已向法院申请委托评估机构对房屋价值进行评估，评估机构出具的鉴定报告显示，该房产的价值为4,684,565元。经过法院法官的耐心调解，夏某莉同意在孙某鹏一次性支付其190万元的前提条件下，房屋归孙某鹏所有。法院出具了《民事调解书》，这起离婚后财产纠纷案引发的房屋确权案至此画上圆满的句号。

（二）富家女的财产约定协议，是否葬送了她的婚姻

［传承案例27］

吴某系国内某房产家族企业老总的独生女，出国留学回来后就在自家公司上班。按照其父亲的安排，她得先从基层做起，最终的目标是让她接管这家企业。

2015年8月，吴某在参加业务交流会时认识了林某平。2016年两人登记结婚。

随着时间的推移，吴某在公司的地位稳步上升，并经常出国考察，接触的大都是成功人士，林某平与之相比，显得不求上进，两人之间的矛盾逐渐

多了起来。

吴某与林某平之间的矛盾,吴某的父母早有耳闻,为了避免家业外散,吴某的父母让公司的律师起草了《夫妻财产约定协议书》(以下简称《协议书》),《协议书》中明确了吴某名下的公司股权为吴某个人所有,与林某平无关。但婚后吴某父母为两人购买的房产按照价值大小,确定房屋面积大、价值高的归林某平所有,另一套归吴某所有。

林某平认为自己的收入并不低,当初恋爱时也未贪图吴某家的产业,他对吴某是拥有真感情的,但面对这份《协议书》,感觉特别伤自尊,签不签字内心都非常憋屈。经过几天的反复考虑,最终林某平还是在《协议书》上签下了自己的名字,同时也埋下了对吴某及其家人不满的种子。

随着吴某家族企业越做越大,吴某在家的时间越来越少,林某平与吴某之间的感情也越来越淡。林某平认为自己在婚姻生活中一直全力支持妻子,没有功劳也有苦劳,但这份《协议书》等于自己在给吴家作"嫁衣裳",再加上生育子女理念的分歧,最终,林某平下定决心要解除这段婚姻关系。

在提出离婚之前,林某平咨询了律师,询问能否以违背自己意愿为由,请求法院撤销该《协议书》。律师认为:在没有证据证明《协议书》是在欺诈、胁迫或重大误解等情形下所签订,仅以违背自己意愿为由要求确认《协议书》无效或请求撤销《协议书》,法院不会支持该项请求。双方依据我国《婚姻法》第19条签订的《协议书》,对婚姻关系存续期间所得的财产所作约定,符合法律规定,应按照协议内容履行。

最终,经律师调解,在尊重《协议书》约定的财产权利的前提条件下,考虑到林某平对家庭付出较多劳动,在房产的分割上对林某平进行了适当的照顾。

[传承实务及法律分析]

1. 明确约定财产制的内涵及主要法律依据

(1)约定财产制的内涵

夫妻约定财产制,是指法律允许夫妻用协议的方式,对夫妻在婚前和婚姻关系存续期间所得财产的所有权的归属、管理、使用、收益、处分以及对第三人债务的清偿、婚姻解除时财产的分割等事项作出约定,从而排除或部分排除夫妻法定财产制适用的制度。

约定财产制是相对于法定财产制而言的,它是夫妻以契约的方式依法选择适用的财产制,而法定财产制是依照法律直接规定而适用的财产制,约定财产制具有优先于法定财产制适用的效力。只有在当事人未就夫妻财产作出约定,或所作约定不明确,或所作约定无效时,才适用夫妻法定财产制。传承案例 27 中吴某与林某平的《协议书》约定吴某名下的公司股权为吴某个人所有,与林某平无关。《协议书》内容并未违反法律、法规的强制规定,且是在双方真实意思表示下进行签订的,不存在欺诈、胁迫或重大误解等情形,属于合法有效的协议。正是这份《协议书》直接导致了林某平在离婚时并未分得公司的股权。

(2)约定财产制的法律依据

在《民法典》施行之前,约定财产制的主要法律依据是《婚姻法》第 19 条,《民法典》施行之后,主要法律依据为《民法典》第 1065 条。

《民法典》第 1065 条明确规定,男女双方可以约定婚姻关系存续期间所得的财产以及婚前财产归各自所有、共同所有或者部分各自所有、部分共同所有。约定应当采用书面形式。没有约定或者约定不明确的,适用本法第 1062 条、第 1063 条的规定。夫妻对婚姻关系存续期间所得的财产以及婚前财产的约定,对双方具有法律约束力。夫妻对婚姻关系存续期间所得的财产约定归各自所有,夫或者妻一方对外所负的债务,相对人知道该约定的,以夫或者妻一方的个人财产清偿。

(3)夫妻财产约定与以离婚为目的签订的财产分割协议的区别

夫妻约定财产制应与以离婚为目的签订的财产分割协议相区别。当事人达成的以协议离婚或者到人民法院调解离婚为条件的财产分割协议,如果双方协议离婚未成,一方在离婚诉讼中反悔的,人民法院应当认定该财产分割协议没有生效,并根据实际情况依法对夫妻共同财产进行分割。

夫妻财产约定与以离婚为目的签订的财产分割协议都会涉及夫妻共同财产的处理问题。但不同的是,以离婚为目的签订的财产分割协议是夫妻双方因解除婚姻身份关系,就未成年子女抚养问题以及夫妻共同财产分割问题达成的“一揽子”协议,协议条款内容具有整体性、不可分割。以离婚为目的财产分割协议涉及身份关系问题,只有夫妻双方的婚姻身份关系解除了,相应的财产分割条款才会生效,只签订离婚协议书但不办理协议离婚手续的，财产分割协议不会生效，任何一方均有权反悔。而夫妻财产约定除非设定了附加条件，一般情况下双方签字即对双方产生法律约束力。

(4)夫妻财产约定与夫妻之间赠与的区别

夫妻财产约定只要是双方的真实意思表示，不违背法律的禁止性规定即对夫妻产生法律拘束力，双方均需要按照协议约定履行相应的义务，任何一方均不得随意撤销，否则将有悖于诚实信用原则。最高人民法院《关于适用〈中华人民共和国民法典〉婚姻家庭编的解释(一)》第32条规定：婚前或婚姻关系存续期间当事人约定将一方所有的房产赠与另一方或者共有，赠与方在赠与房产变更登记之前撤销赠与，另一方请求判令继续履行的，人民法院可以按照《民法典》第658条的规定处理。

夫妻财产约定协议书不同于普通的经济合同，由于夫妻之间具有特殊的身份关系，夫妻双方在达成财产约定时往往考虑了很多道德伦理因素，如夫妻感情、一方是否存在过错等。为了尊重当事人的真实意思表示、平衡各方的利益，在双方无明确赠与意思表示的情况下，应当将此类约定认定为夫妻财产约定。例如，婚姻关系存续期间夫妻二人购买了一套房屋，但由于某种原因该房屋只登记在男方名下。后夫妻双方签订协议书约定，房屋的所有权归女方所有，但协议书签订后双方并未办理过户登记手续。那么，当夫妻二人因房屋的所有权产生纠纷时，男方不能以未完成房屋过户登记手续为由撤销赠与，因为夫妻二人对房屋所有权的约定并无明确的赠与意思表示，该协议书本质上应属于夫妻财产约定，男方不能行使任意撤销权，而是应当按照协议书的约定配合女方办理房屋过户登记手续。

2. 夫妻财产约定须符合的法律要件

(1)主体方面，要求缔约双方必须具有合法的夫妻身份，婚前同居的男女对财产关系的约定，不属于夫妻财产约定。

(2)缔约双方必须具有完全民事行为能力，无民事行为能力或限制民事行为能力人签订的《夫妻财产约定协议书》，面临着无效或被撤销的风险。

(3)约定必须双方自愿。夫妻对财产的约定必须出于真实的意思表示，以欺诈、胁迫手段或乘人之危使对方在违背真实意思的情况下作出的约定，一方有权请求人民法院撤销。

(4)约定的内容必须合法，不得违反法律的强制性规定，不能违背公序良俗。约定的财产必须是双方有权处分的财产，如处分了其他家庭成员的共有财产,则相应的约定不具有法律效力。

(5)约定必须采用书面形式。《民法典》第 1065 条第 1 款明确规定,夫妻财产协议必须采用书面形式。

现实案例中,有一对夫妻在结婚初期,男方口头承诺婚后所得的财产全部归女方所有,为了防止男方反悔女方特意进行了录音。后双方感情破裂离婚时女方拿出上述录音证明双方存在夫妻财产约定的事实,但因男方在庭审时矢口否认,最终法院认为女方主张的上述夫妻财产约定因不具备书面形式而无效,并最终按照法定财产制分割了夫妻共同财产。

3. 夫妻财产约定的范围及内容

夫妻财产约定的范围非常广泛,既可以是婚姻关系存续期间的财产,也可以是婚前财产;夫妻之间既可以将上述财产约定归夫妻双方各自所有、共同共有,也可以约定部分归各自所有、部分共同共有。下面以夫妻双方将婚姻关系存续期间的房产约定归女方个人所有举例,"二、男、女双方明确约定:本协议自双方签字生效之日起,××院×号楼×单元×室(建筑面积:70.54 平方米,房产证号:×京房权证朝字第××号)归女方个人所有,与男方无关。本协议自双方签字生效之日起,男方不再享有该房产的占有、使用、收益、处分等所有权能"。

4. 理性地思考:为什么要签署《协议书》

对于大多数作了财产约定的夫妻而言,签订夫妻财产约定协议的目的是使婚姻关系存续期间所得的财产或婚前财产的"产权清晰"。对于高净值家庭人士而言,主要是为了保有自身财富,以在发生"婚变"时财产不至于大幅缩水,在传承案例 27 中,吴某与林某平所签订《协议书》的目的就在于此。

在传承案例 26 中,双方将男方婚前的房产约定为按份共有的本意是婚姻关系能够存续,虽然孙某鹏略有"心不甘、情不愿"的成分,但终究是自己一方真实的意思表示,且最终致使感情破裂的导火索是孙某鹏违背了夫妻间的忠实义务,房产的最终分配方案权当是对无过错方的一种照顾吧。

在中国人的传统观念中,男女双方走进婚姻殿堂,就意味着要共组一个小家庭,感情上双方要互相信任,财产上应不分彼此,均应为小家庭无私奉献。但是,随着我国改革开放后国民经济的飞速发展及个人财富的快速增长,人民思想观念的转变加之现今社会离婚率不断攀升,对感情的高质量追求及在婚姻发生变故时对自身财富的保护与传承,受到越来越多人的关注。

与婚姻相关联的财产问题已不再是人们羞于启齿的事项。

现如今,大众普遍接受教育水平较高,且受西方文化影响,加之现在很多夫妻之间财富差距悬殊导致财富比例失衡。为了能够让夫妻双方在婚姻生活中保持平等的地位,并拥有相对纯洁的感情,很多人接受签订夫妻财产协议。

也有一些人思想观念比较传统,认为既然谁的财产谁来保管,那么谁挣的钱谁花,错误地认为这就是事实上的夫妻财产约定。还有一些夫妻在结婚之初根本未想到夫妻财产协议这回事,等到出现严重家庭问题时才想到亡羊补牢,这种情况下反而不好处理。

总之,不管什么情况下,婚姻是以感情为基础的,而签订夫妻财产协议不仅不会淡化夫妻感情,反而会因为对婚姻双方财产的归属有了明确的约定,能够从某种程度避免出现更多的纠纷,让婚姻中双方的感情更加亲密,夫妻各方权利义务更加明确。另外,现代社会的离婚率居高不下,未雨绸缪地事先作出约定,一旦离婚可以避免双方对财产产生纷争,进而达到好聚好散的目的。

5. 婚内财产约定协议绝非必须,应因人而异

婚内财产约定并不适用于大多数中国家庭,若操作不当有可能会伤害到夫妻感情。

在传承案例27中,吴某是某家族企业家的独生女,又接受了西方的教育和思想文化,在观念上能够接受对夫妻共同财产进行约定,但我们也应注意到,在财产上吴某占有优势,对签订夫妻婚内财产约定起了主导作用。而林某平虽然经过反复考虑最终也同意签订婚内财产约定协议,但给其内心带来了巨大的阴影,这也是其选择离婚的重要原因之一。一份《协议书》反倒成了"压垮骆驼的最后一根稻草"。

另外,本案中的股权在吴某父母名下时,如通过设立家族信托,并约定受益人为吴某个人,所得收益为吴某个人财产,也可以避免使用《协议书》伤害夫妻感情。灵活地使用相应的传承工具,有时候也可以达到"两全其美"的传承效果。

（三）夫妻关于房产归属的约定是否可以单方撤销

［传承案例28］

王某林与马某春于2013年8月28日登记结婚，2017年王某林在马某春怀孕待产期间出轨第三者，后被马某春发现，王某林表示彻底悔改并回归家庭，并将现在双方共同所有的房产都归马某春个人所有。2017年9月26日王某林与马某春签订《夫妻财产约定书》，内容为：“甲方：王某林；乙方：马某春；协议内容：甲方王某林与乙方马某春于2013年8月28日办理了结婚登记手续，双方自愿就下列财产归属做出约定：位于××路×××号（房产证号：×京房权证朝字第×××号，建筑面积：57.21平方米）登记在马某春名下的房产，系王某林与马某春婚后购买且共同共有。现经过甲、乙双方自愿约定，上述房产全部归为乙方个人所有。上述约定内容系双方真实意思表示。”后上述《夫妻财产约定书》经北京市长安公证处公证。

2018年7月27日，王某林向法院提起诉讼，要求撤销双方于2017年9月26日签订的《夫妻财产约定书》。理由是2017年9月王某林是在马某春的逼迫下签订的《夫妻财产约定书》，协议书的内容违背了王某林的真实意愿，且签订这个协议是以双方共同生活为前提。现在双方正在闹离婚，双方共同生活的前提条件不存在，房产还应是双方共有，所以请求法院撤销。

法院判决：驳回王某林的诉讼请求。

［传承实务及法律分析］

在不具有法定撤销情形的前提下，夫妻财产约定中关于房产归属的约定不可以单方撤销。

1. 王某林与马某春于2017年9月26日签订《夫妻财产约定书》是否有效

《民法典》第1065条第1款规定，男女双方可以约定婚姻关系存续期间所得的财产以及婚前财产归各自所有、共同所有或者部分各自所有、部分共同所有。约定应当采用书面形式。没有约定或者约定不明确的，适用本法第1062条、第1063条的规定。

王某林于婚姻关系存续期间出轨，为表示彻底悔改并回归家庭，承诺将现在双方所有的共同房产都归马某春个人所有，故双方签订《夫妻财产约定书》。该《夫妻财产约定书》是王某林于夫妻关系存续期间出轨后自愿签订的，是王某林的真实意思表示，内容不违反法律、行政法规的强制性规定，合法有效。

2. 双方签订的《夫妻财产约定书》是否存在可撤销的法定情形

依据《民法典》第147条、第148条、第149条、第150条、第151条的规定，一方在重大误解、欺诈、胁迫、显失公平的情况下实施的民事法律行为，行为人或受损害方有权请求人民法院或者仲裁机构予以撤销。

王某林起诉称，在马某春胁迫下王某林作出违背自身真实意愿的意思表示。但法律规定的胁迫行为须具备一定要件：(1)有胁迫行为；(2)有胁迫故意；(3)胁迫须为非法；(4)被胁迫人因胁迫而陷入恐惧并因恐惧而作出意思表示；(5)被胁迫人所作意思表示违背其真实意思。结合王某林的起诉理由，庭审中王某林和马某春陈述签订《夫妻财产约定书》的事实经过，并无任何事实与证据证明王某林处于被胁迫状态，但可以认定王某林为表示真心悔改并从此回归家庭而与马某春签订了《夫妻财产约定书》。

根据法律规定，附条件的法律行为可分为附条件生效的法律行为和附条件解除的法律行为。本案中王某林认为《夫妻财产约定书》的签订附有条件，撤销权属形成权，通过受损害方的单方撤销行为即可使在意思表示不自由的情况下作出的法律行为效力归于消灭。为了减少相对方权利义务长时间陷入不确定状态而处于不利地位，法律规定撤销权的行使应在除斥期间内进行，也因形成权的这一特性，法律规定形成权上不得再附加行使条件。故即使如王某林所说签订《夫妻财产约定书》是附有条件的，也是无效的。

本案中，王某林申请撤销《夫妻财产约定书》既无事实证据支持也不具备法定条件，缺乏法律依据，故不具有法定撤销情形，王某林无权单方撤销双方签订的《夫妻财产约定书》。

(四)无效的夫妻财产约定

[传承案例29]

高某与赵某系夫妻，婚后生育一子高某然。

2013年1月，因高某发展了婚外情被赵某发现，两人以感情不和为由到民政局办理了协议离婚手续。

2017年3月，高某与第三者断绝了往来，考虑到孩子需要一个完整的家，且认为与赵某之间的感情还有修复的可能性，遂与赵某商量复婚事宜。赵某想到自己带孩子的种种不易，就同意了高某的复婚想法。“一朝被蛇咬，十年怕井绳”，赵某考虑到在上一段婚姻中因高某出轨才导致的离婚，要求高某在两人复婚后签订夫妻财产约定协议，高某也答应了。

选了一个双方都方便的日子，两人办理了复婚手续。赵某从网上下载了一份《夫妻财产约定协议书》，并对内容进行了修改，高某看完后也没有提出反对意见，就在协议书上签了字。在协议书的第1条第2款，双方明确约定：“如果男方提出离婚，男方名下位于××路1号的房产（房产证号：×京房权证朝字第1364××号）、车牌号为京JP××××轿车归儿子高某然所有，更名过户发生的相关费用由男方负担。如男方违反协议私自处理（包括但不限于买卖、赠与、抵押、质押等）房产、车辆，须按照市价的1.5倍赔偿，婚姻期间夫妻共有财产归女方和儿子高某然共同共有，双方共同承诺夫妻财产协议书关于夫妻财产的约定为双方婚姻关系终止财产分割的依据。”协议签订后，两人因子女抚养问题产生严重分歧，并导致感情处于破裂的边缘，高某想到以后两人的生活可能会难以维系，于2018年9月4日，起诉至法院，要求确认《夫妻财产约定协议书》无效。

法院经审理认为：我国实行婚姻自由制度。《夫妻财产约定协议书》虽系高某与赵某所签，但其实质系以财产分割为条件作出的限制离婚自由的约定，因其违反了法律的强制性规定，故法院认定《夫妻财产约定协议书》第1条第2款无效，该条款约定的内容不发生法律效力。

[传承实务及法律分析]

1. 限制离婚自由的条款无效

现实中经常会有夫妻为表达对爱情或婚姻的忠诚，约定先提出离婚的一方，净身出户或丧失孩子抚养权，这样的约定明显地限制了离婚自由。也有夫妻中的一方，在婚姻关系比较紧张时，想挽救濒危的家庭，约定一方提离婚时，夫妻共同财产归另一方所有。

《民法典》第153条第1款规定，违反法律、行政法规的强制性规定的民事法律行为无效。第 1041 条第 2 款规定,我国实行婚姻自由、一夫一妻、男女平等的婚姻制度。夫妻间的上述这种限制离婚自由的约定明显与《民法典》婚姻自由的精神相悖,故上述约定法院往往以限制离婚自由为由直接认定为无效。在传承案例 29 中,高某为了尽快与赵某办理复婚手续,同时让赵某相信自己能改过自新,双方签订了《夫妻财产约定协议书》,但是《夫妻财产约定协议书》第 1 条第 2 款的内容因限制了婚姻自由,违反了《民法典》第 1041 条的强制性规定最终被法院认定为无效。

2. 约定夫妻共同债务全部由一方承担的,对第三人无效

夫妻财产约定对夫妻双方具有法律约束力。《夫妻财产约定协议书》是夫妻双方就约定财产的归属、管理、使用、收益、处分等所有权能的约定,基于诚实信用原则,夫妻双方均应遵守并按照约定履行相应的义务,如一方拒不履行相应的义务的,另一方可以主张相应的权利。

夫妻财产约定对第三人并不必然产生法律约束力。一般情况下夫妻财产约定不会对外公示,为了避免夫或妻以有夫妻财产约定为由逃避债务,损害债权人利益的情况出现,《民法典》第 1065 条规定,夫妻对婚姻关系存续期间所得的财产以及婚前财产的约定,对双方具有法律约束力。夫妻对婚姻关系存续期间所得的财产约定归各自所有,夫或者妻一方对外所负的债务,相对人知道该约定的,以夫或者妻一方的个人财产清偿。也就是说,夫妻财产约定对第三人生效的前提是第三人知道该约定。司法实践中,对于"第三人知道该约定"的理解应当掌握以下几点:(1)"第三人知道该约定"事实的举证责任为主张知道的夫妻一方而并非债权人;(2)这里的"知道"不仅包括知道夫妻之间约定的存在,还包括知道约定的内容;(3)第三人应当在债务产生前或产生时知道该约定。如果债权人是在债务产生后才知道夫妻之间实行财产分别所有制的,夫妻双方仍然要对一人所负的债务承担连带清偿责任。试举例,肖某与陈某夫妻二人签订了《夫妻财产约定协议书》,约定"婚姻关系存续期间的财产全部归女方所有,债务全部由男方承担"。赵某在不知道肖某、陈某存在夫妻财产约定的情况下向肖某出借了 20 万元用于家庭生活,当赵某向肖某、陈某夫妻二人主张权利时,陈某以夫妻二人已经约定债务全部由肖某个人承担的抗辩理由不能成立,陈某仍应当对 20 万元的债务承担连带责任。

3. 夫妻财产约定协议书中处分他人财产,该部分内容无效

夫妻双方可以在夫妻财产约定协议书中处分一方的婚前财产、夫妻共同财产,通常只要协议双方意思表示真实,不存在违反法律、行政法规的强制性规定等都是合法有效的。公民的合法财产受法律保护,夫妻双方在协议书中不能处分他人的财产,夫妻双方处分他人财产的行为侵害了其他当事人的合法权益,所以此类内容不具有法律效力。

三、赠与工具在子女婚前的有效使用

[传承案例30]

想出资给子女买房，可又担心子女的婚姻出现问题，自己的钱被“外人”分走，这时父母该如何未雨绸缪呢？

1. 儿子购房，父母出资

董某城和妻子张某早年经营了一家装修公司，几年前，大儿子董某力结婚，那时刚巧装修公司生意下滑，夫妇俩便没张罗给大儿子买婚房。之后，董某城拿出300万元替大儿子付了70%的首付。

2016年年初，对房屋进行简单装修后，董某力夫妇高高兴兴地搬进新房。可好景不长，搬进新房不久董某力的婚姻就出现了危机，随着争吵的不断升级，董某城觉得儿子的婚姻可能长不了。此时，他的心里隐隐担忧，假如儿子和媳妇离婚，那套新房就要被儿媳分走一半，但买房子的钱大部分都是他出的。经过慎重考虑，董某城决定起诉儿子和儿媳，如果法院判小夫妻还钱，自己可以把这笔钱再偷偷地给儿子。起诉之前，董某城把想法一五一十告诉了儿子。得知父亲的良苦用心，董某力很配合地给父亲补了一张借条。

董某城以为，有了儿子出具的借条，他就能拿回300万元。可他没想到，儿媳在法庭上坚持认为这笔钱是当初买房时，公公自愿赠与的，这张借条是后补的。为了证明这一点，她还要求法院对借条进行笔迹鉴定。

法院最终没有认定这笔钱是董某力夫妇的共同债务，而是董某城对小两口的赠与。2018年4月，董某力离婚，房产被儿媳分走了一半。

大儿子的这段婚姻，让董某城夫妇买了教训，今后再给儿子买房子，出资一定要谨慎。

2. 寻求帮助，守住出资

就在大儿子离婚的同一年，董某城的小儿子董某强大学毕业，并在一家通信公司找到工作。经介绍,董某强认识了王某鑫。两人感情迅速升温,交往半年就决定结婚。

董某城最终看中了一套二居室作为小儿子的婚房,总价为635万元。董某城手里的现金只有350万元,还要留50万元以备公司和家中急用。经过咨询房产中介公司,像他这样的年龄,如果以自己作为购买人贷款,银行肯定不会批贷。如果以儿子名义购买房产,贷款没有问题。但董某城又担心将来董某强婚姻不稳定,万一离婚,房产和王某鑫又有扯不清的关系。

有没有一种方法,能把这套房产单独传承给儿子呢?即便在儿子遭遇婚姻危机的时候,也能说得清房产的归属,不至于变成一笔糊涂账。

带着这些疑问,董某城夫妇求助律师。两人讲明了自己的情况和传承需求:(1)首付款300万元由董某城夫妇全额支付;(2)贷款由董某城夫妇按月归还;(3)购房所产生的税款及装修款由董某城夫妇负担。而他们唯一的要求,就是万一董某强婚姻出现问题,儿媳不能分得房产份额及与房产相关的补偿款项。

[传承实务及法律分析]

《民法典》婚姻家庭编的修改以及相关司法解释的多次出台,已经表明了一种趋势:法律并不鼓励任何一方通过婚姻来换取财物。董某城夫妇辛苦一辈子给儿子买套房产,不想在儿子离婚时被儿媳分走,其实是大多数出资买房父母的想法。

有些父母想当然地认为,在婚前给儿子出首付款,房子写在儿子名下,离婚时房产就会归儿子单独所有。可儿子真离婚时,却事与愿违。这些父母忽略了,婚后还房贷,女方也为房子付出了,法院自然要判女方享有部分房产份额。那么,如何满足董某城夫妇的需求,让房子完全属于董某强一人所有,与儿媳无关呢?善用赠与工具,由董某城、张某夫妇作为赠与人,董某强个人作为受赠人签订赠与协议,董某城夫妇的需求就能够得到全部满足,下文从实务的角度进行论述:

1. 父母出资的款项构成

在本传承案例中,父母的出资包括四部分,其一,儿子婚前购房所需的首付款300万元;其二,房屋的装修款项;其三,购买房屋所支付的各项税款;

其四，按月归还的银行贷款。

2. 赠与工具的应用

（1）董某城和张某作为赠与人，应与受赠人董某强签订书面的赠与协议，协议中应明确的主要事项：

第一，首付款及购房税款为赠与人赠与给董某强个人所有；

第二，每月归还的银行贷款也为赠与人赠与给董某强个人所有，不属于夫妻共同财产，与董某强的配偶无关；

第三，如中间出现还贷金额调整，受赠人应及时书面告知赠与人（书面形式包括但不限于短信、微信、电子邮件）；

第四，如果董某强在婚后欲一次性还贷并办理抵押手续，必须经过赠与人的书面同意，且款项由赠与人支付；

第五，未经赠与人书面同意，受赠人不得将房产进行处置（包括但不限于买卖、抵押、加名共有、出租等）。

（2）赠与协议的公证

在司法实践中，出现过大量的子女与父母倒签赠与协议的现象，给法官认定案件事实设置了障碍，同时也不利于父母一方传承目的的实现。赠与协议经过公证后，容易被法院采信，结合汇款凭证，双方的微信聊天记录、短信、电子邮件往来等内容，共同印证赠与人赠与给受赠人个人的证明目的。

3. 传承时应注意的细节

依据《民法典》第1063条及最高人民法院《关于适用〈中华人民共和国民法典〉婚姻家庭编的解释（一）》第29条的相关法律规定可以推导出：婚前父母付首付款，为子女购买房屋，房屋登记在自己子女名下的，该房屋首付款属于父母对自己子女的赠与，应视为自己子女的婚前个人财产。婚后父母继续为上述购买的房屋归还贷款的，归还贷款的数额如在赠与协议中明确表示是对自己子女的单方赠与，与配偶无关，在此条件下归还的贷款应属于赠与方子女的个人财产。对于夫妻一方的婚前财产和婚后赠与协议中明确赠与本人的财产，均属于一方的个人财产，不是夫妻共同财产，离婚时配偶无权要求分割。细节决定成败，故在实务操作中，必须注意以下细节：

（1）购房合同需要董某强个人作为买受人签署，如果购房合同上买受人为董某强和王某鑫，则老两口的传承目的不能实现。老两口的出资在法律上可能会被视为对双方的赠与。

(2)《房屋所有权证》上显示的所有权人应为董某强，显示的共有情况应为单独所有。应绝对避免董某强未经董某城和张某书面同意，一次性将剩余贷款还清，然后在房产证上加上配偶名字的行为。

(3)贷款合同由董某强个人与银行签署，所提供的工作及收入证明应为董某强所在公司出具。避免董某强和王某鑫共同签署贷款合同，且无须王某鑫提供与贷款相应的资质。

(4)在还贷过程中，应避免董某强用自己的收入或用女朋友、配偶的收入归还贷款。

(5)须保持贷款账户的清晰，勿与其他银行账户混用，避免还贷账户与其他账户（父母资金账户以外的账户）资金的转入、汇出。目的在于保持账目的明晰，印证父母出资给自己子女的意图。

(6)董某城和张某按月归还的贷款应通过转账或汇款的方式，支付至董某强的还贷账户，且在汇款附言或留言栏注明"赠与董某强个人所有，用于归还房贷"。注意不要使用现金，以避免出现纠纷后举证困难。

(7)董某城和张某每月转账的金额，应与董某强应还贷的金额相同或大于还贷金额。

(8)婚后董某强与王某鑫小两口可以购置家具家电等与房屋价值无关的物品，但涉及装修方面的出资，仍须由董某城和张某负责。

四、赠与工具对子女财产的保全

[传承案例31]

李某是某公司职员，工作数年后手头有一部分积蓄，想到北京房价日后肯定会上涨，于是在2007年6月用这些年攒的钱交了1,332,140元首付；又在银行贷款130万元，贷款期限为20年，利息总额741,865.43元，购买了位于北京市海淀区×××小区××号房产一套，面积为146.23平方米，单价为18,000元/平方米，登记在自己名下。

2009年年初，李某经人介绍结识了同样在北京工作的赵某，两人登记结婚。婚后，夫妻俩居住在李某之前购买的位于海淀区的这套房子里，两人的收入由李某统一支取，共同偿还剩余的贷款及其他生活必要开支。一年后，两人生育一子，取名李小亮，本以为孩子的出生会使这个家庭更加幸福美满，没想到事情的发展并非如人所愿，孩子出生后，双方争吵不断。

2012年4月赵某终于对这段婚姻心灰意冷，与父母商议准备同李某离婚。赵某的父母咨询律师后告诉赵某，离婚可以，但这套房子的一部分贷款是婚后用夫妻共同财产偿还的，而且随着房价的走高，现在这套房产的价值已经远超当初李某购买时的价值。根据最高人民法院《关于适用〈中华人民共和国婚姻法〉若干问题的解释(三)》第10条的规定，虽然这套房子属于李某的个人财产，但婚后共同还贷的款项和其相对应的财产增值部分，李某是要补偿赵某的。也就是说，在夫妻二人正式离婚之前，这套房子的贷款还得越多，赵某可以获得的补偿就越多。赵某觉得自己婚后为家庭付出了许多，所有的收入都交给李某统一支配，现在要是离婚的话要求李某给自己一些补偿也是合情合理的。

李某也寻求律师的帮助，希望能够减少婚后夫妻共同财产还贷所占的比例，以及减少这部分对应的增值部分数额，如果迫不得已走到离婚的地步，能够尽量保全自己房产的价值。律师分析了李某的具体情况后，提出使用赠与工具来达到其目的。

根据律师的建议，2012年6月15日，李某与父亲李某林、母亲赵某兰签订了一份赠与合同。合同的主要内容为：(1)李某林、赵某兰赠与李某人民币1,539,906.68元用以解除李某名下位于北京市海淀区×××小区××号房产的抵押；(2)李某林、赵某兰将人民币1,539,906.68元赠与李某个人，与其妻子和家庭无关；(3)赠与采用转账的形式，转至李某名下卡号为××××的交通银行借记卡中。

签订合同后第三天，李某林从其账户上向李某账户上转账1,539,906.68元。李某用此笔款项清偿了其名下这套位于海淀区的房产的全部贷款，解除了其上负担的抵押。而对于这一切赵某及其父母毫不知情。

同年10月，赵某向北京市海淀区人民法院起诉李某，请求法院判令解除二人婚姻关系，并对二人婚内财产进行分割。庭审过程中，赵某发现这套房产在数月前就已还清全部贷款，于是主张用于婚后还贷支付的款项为夫妻共同财产，要求数额为这部分款项及其所增值部分的二分之一的补偿金。但李某拿出与李某林、赵某兰签订的赠与合同，并认为婚后还贷部分其中有1,539,906.68元是来自李某林、赵某兰对李某个人的赠与，不属于夫妻共同财产，这部分款项及其增值部分不应算入补偿金。

最终法院支持了李某的诉求，将用于还贷的1,539,906.68元认定为李某林、赵某兰对李某个人的赠与，这1,539,906.68元及其增值部分不计入对赵某补偿的范围。

[传承实务及法律分析]

如何善用赠与工具维护出资方(赠与方)的合法权益，又同时避免赠与不当导致的赠与无效风险，是本案财富传承的关键。

1. 在精准理解法律条款的基础上，灵活运用法律工具

(1)婚后共同还贷及对应增值

夫妻一方婚前签订不动产买卖合同，以个人财产支付首付款并在银行贷款，婚后用夫妻共同财产还贷，不动产登记于首付款支付方名下的，离婚时该不动产由双方协议处理。依前款规定不能达成协议的，人民法院可以判决该不动产归产权登记一方，尚未归还的贷款为产权登记一方的个人债务。双方婚后共同还贷支付的款项及其相对应财产增值部分，离婚时应根据保护照顾女方和子女的原则，由产权登记一方对另一方进行补偿。

需要注意的是，在前提条件不变的情况下，上述规定强调的是“婚后共同还贷支付的款项及相对应的增值部分”，婚后一方的工资、奖金、住房公积金等，在夫妻之间没有特殊约定（如未约定各自所有、部分各自所有、部分共同所有等）的情况下，应属于夫妻共同财产。如果用这部分款项去偿还银行贷款，即便是个人挣的钱也属于共同还贷，如涉及夫妻离婚，这部分款项及对应增值仍要分割。

产权一方需要补偿另一方的款项及对应增值有一个简单的计算公式：

$$房屋现值\times\frac{婚后共同还贷金额}{首付款+银行贷款+银行贷款利息}\times100\%\div2$$

依据上述公式我们可以计算一下，李某应给赵某的补偿款金额：

李某所购房屋的单价是18,000元/平方米，面积为146.23平方米，首付款是1,332,140元，贷款130万元，贷款期限20年，利息总额741,865.43元，银行贷款本息合计2,041,865.43元。如果采用等额还款方式，月均还款8507.77元。婚前已还贷款27个月共计229,709.79元，婚后共同还贷32个月后诉讼离婚，离婚时房屋经评估，价值为800万元。计算可知，该房屋总共需支付3,374,005.43元（1,332,140元+1,300,000元+741,865.43元）的价款，其中，首付款在房价（房款+利息）中所占比例为39.48%（1,332,140元÷3,374,005.43元×100%），夫妻共同还贷272,248.64元（8507.77元×32），占房价款的8.07%（272,248.64元÷3,374,005.43元×100%）。如果不考虑其他因素，则可以判决房屋归婚前购房者即李某所有，由其对赵某补偿322,800元（800万元×8.07%×1/2）。

2007年6月房产总值3,374,005.43元，而2012年10月房产评估价值为800万元，在房产价值翻倍的情况下，如果产权登记方想少分对方款项，只能是减少婚后夫妻共同还贷款项，如何合法的减少？详见下文。

（2）用个人财产去解除房屋抵押贷款，不属于共同还贷

在婚姻关系存续期间，哪一部分财产属于个人财产？这是我们必须要弄清楚的，也是案例中财富传承的关键。

依据《民法典》第1063条的规定，下列财产为夫妻一方的个人财产：

①一方的婚前财产；②一方因受到人身损害获得的赔偿或者补偿；③遗嘱或者赠与合同中确定只归一方的财产；④一方专用的生活用品；⑤其他应当归一方的财产。用个人财产偿还贷款，可以有效地减少“婚后共同还贷”。婚后共同还贷的款项少了，相对应的增值必然降低。上述法律条款中，第 3 款明确规定了赠与合同中确定只归夫或妻一方的财产不作为夫妻共同财产。赠与人（一般为父母）如在书面的赠与合同中明确表示赠与的款项归子女个人所有，与子女的配偶无关，在排除赠与合同无效的情况下，应属于一方的个人财产。用一方的个人财产去归还剩余的银行贷款，可以有效地减少婚后共同还贷款项，从而也相应地减少还贷款项对应的增值。本案中，李某与父亲李某林、母亲赵某兰签订的赠与合同明确约定了李某林、赵某兰将 1,539,906.68 元赠与李某个人，与其妻子和家庭无关。此内容符合《民法典》第 1063 条第 3 款的规定，此部分款项应属于李某的个人财产，用此个人财产去解除房屋抵押贷款，不属于夫妻共同还贷。最终李某与赵某离婚时，赵某并未分得此部分款项及对应的增值部分。

2. 赠与合同的成立与效力

（1）赠与合同的内涵及效力

赠与合同是指赠与人将自己的财产无偿给予受赠人，受赠人表示接受赠与的合同。

赠与合同是诺成性合同，赠与人将自己的财产无偿给予受赠人，受赠人表示接受赠与时，赠与合同即成立。赠与合同是双方行为，并非只有赠与方的意思表示就可以成立，通俗地说，你赠与我金钱或其他财产，我作为受赠人同意接受，赠与合同才能成立。这一点与单方的馈赠行为有所区别。

（2）赠与合同无效的情形

依据《民法典》第 146 条、第 153 条、第 154 条的相关规定，当事人实施的民事法律行为无效情形主要包括以下几种：行为人与相对人以虚假的意思表示实施的民事法律行为无效；违反法律、行政法规的强制性规定的民事法律行为无效；违背公序良俗的民事法律行为无效；行为人与相对人恶意串通，损害他人合法权益的民事法律行为无效。

赠与合同属于民事法律行为的一种，在签订时如有上述情形的，则赠与合同无效。

(3)如何有效避免赠与合同无效

如当事人恶意串通签订赠与合同，或者子女将自己财产通过取现或转账汇入父母账户，父母再汇款给子女，以造成父母赠与子女财产且归其个人的假象，都会导致赠与合同无效。

律师建议签订赠与合同时找专业的律师见证或经过公证机关公证。

3. 赠与合同是否需要公证

赠与合同的生效并不以公证为要件，只要双方意思表示一致即可。依据《民事诉讼法》第69条的规定，经过法定程序公证证明的法律事实和文书，人民法院应当作为认定事实的根据，但有相反证据足以推翻公证证明的除外。由此可见，公证的效力主要体现在产生纠纷时证据的证明力，即经过公证的赠与合同能够作为法院认定赠与人与受赠人之间存在赠与合意事实的证据。

律师建议当事人在签订赠与合同时尽量到公证处公证。经过公证的赠与合同，如作为证据使用，一般可以认定为双方当事人的真实意思表示，且可以有效地避免现实生活中当事人恶意串通倒签赠与合同的情形。

4. 赠与合同的签订及履行应注意的事项

细节决定成败，采用《赠与合同》的形式避免家庭财产流失，应注意以下细节：

(1)赠与合同采用书面形式

现实中，为了使赠与方与受赠方的权利义务得以保障，赠与合同应采用书面形式，对赠与内容进行明确约定，以防出现后续纠纷。

(2)受赠与对象应具体

如赠与财产是给予自己子女，不包括配偶或其家庭，或与其配偶及家庭无关。

(3)赠与款项的用途须明确

如用以解除李某名下位于北京市海淀区×××小区××号房产(房产证号：×××××)的房屋贷款抵押。

(4)赠与款项汇入专用账号

赠与财产应存入指定专用账户，如通过银行转账形式存入李某还贷专用账户，留存证据以备后续使用。

(5)汇款时注意留言

在汇款备注栏标记类似“赠与某某个人专有,用于房屋解抵押”字样,以证明是赠与自己子女个人,并防止挪作他用。

五、家庭财产外流的维权

［传承案例32］

薛某伟与张某芳于2000年8月26日登记结婚，婚后育有一子一女，张某芳在家里做全职太太，照顾子女。薛某伟在外面全力经营房地产公司。二人男主外、女主内，在婚姻初期夫妻感情融洽，家庭幸福。

2008年2月，薛某伟因工作应酬在酒桌上认识吴某仪，两人相谈甚欢，大有相见恨晚之势，后两人逐渐发展成为情人关系。

张某芳根据薛某伟经常使用的银行密码，登录网银查询薛某伟微信关联的银行卡账户信息，发现自2008年3月起，薛某伟的银行账户频繁向账户名为吴某仪的银行账户转账，同时也有多笔大额款项转账，金额达到上百万元。

2010年3月12日，张某芳彻底向薛某伟摊牌。薛某伟悔恨交加，承认自己跟吴某仪发展了婚外情，陆续给吴某仪购置了房子和车子，转账支付炒股款项，购买衣服、名牌包、项链、化妆品等奢饰品，合计金额达到1000多万元。

张某芳同薛某伟一同来到公证处，将薛某伟与吴某仪的微信聊天记录做了公证之后，张某芳将薛某伟和吴某仪告上法庭，要求确认薛某伟的赠与行为无效，判令吴某仪返还夫妻共同财产合计金额1100多万元。

庭审当天，张某芳提交了薛某伟与吴某仪的微信聊天记录及公证书，予以证明薛某伟与吴某仪之间存在不正当两性关系，且薛某伟多次向吴某仪提及自己已婚、吴某仪曾有逼迫薛某伟尽快离婚的言行；提交了薛某伟与吴某仪交往期间的所有银行转账记录、微信转账及网上购物支付记录，用以证明薛某伟赠与吴某仪的总金额。面对上述证据，吴某仪承认受赠的事实，但认为自己是在受欺骗的情况下与薛某伟交往的，自己是善意的受赠人，故不存在赠与无效、返还赠与款项的问题。

法院经过审理后认为，依据原告张某芳提供的经过公证的聊天记录，能够证明吴某仪明知薛某伟的家庭状况，薛某伟与吴某仪之间的赠与行为违背了公序良俗，该赠与行为应属无效。另外，恶意串通，损害第三人利益的合同无效，原告张某芳与薛某伟于2000年8月26日登记结婚至今，薛某伟在此期间擅自处分夫妻共同财产的赠与行为，同属无效。因合同无效，吴某仪因此取得的财产应予返还。判令吴某仪在本判决生效后7日内返还原告张某芳1107万元，驳回张某芳的其他诉讼请求。

吴某仪不服判决提出上诉，二审法院判决驳回上诉，维持原判。

[传承实务及法律分析]

在电视剧《三十而已》里，有一段顾佳与第三者林有有的交锋，其中让观众记忆深刻的一段话是："你们俩吃过多少次晚餐，开过多少次房，酒店的钱，你的房租，都是我们夫妻共同财产，一笔一笔给我算清楚，我有权利让你还回来。"

顾佳的遭遇与本案张某芳的经历几乎如出一辙，面对丈夫的背叛，该如何通过法律武器拿回原本属于自己的财产？

1. 丈夫赠与情人款项，妻子维权的正确途径

每个家庭状况不同，在财产的掌控上存在巨大差别。很多家庭中，在外打拼事业的是男方，女方则在家相夫教子，男方只是每月给固定的生活费，而对于其他重要财产女方知之甚少。在丈夫发生婚外情的情况下，丈夫将夫妻共有财产赠与婚外第三者，严重损害妻子的合法权益。妻子一方想拿回丈夫所赠与的财产，该如何主张权利？

（1）妻子一方要求确认赠与合同无效，只有合同无效，才能够依法要求返还赠与财产

依据《民法典》第153条、第154条的规定，违背公序良俗的民事法律行为无效，行为人与相对人恶意串通，损害他人合法权益的民事法律行为无效。本案中，吴某仪明知薛某伟的家庭状况仍与薛某伟保持不正当情人关系并多次索要财物，薛某伟与吴某仪的赠与行为违背了公序良俗，且损害了张某芳的合法权益，该赠与行为应属无效。

(2)夫妻一方未经另一方同意而赠与他人大额财产的，则赠与行为无效

依据《民法典》第1062条及最高人民法院民一庭倾向性意见可知：在婚姻关系存续期间，夫妻双方对共同财产共同享有所有权，夫或妻非因日常生活需要处分夫妻共同财产时，应当协商一致，任何一方无权单独处分夫妻共同财产；如果夫妻一方超出日常生活需要擅自将共同财产赠与他人，这种赠与行为应认定为无效。

对于夫妻一方私自赠送第三者房产、车辆、大额款项、奢饰品等，另一方可以主张无效，但对于夫妻一方与第三者共同的小额现金支出，配偶一方具有一定的处分权，在无证据证明的情况下，在司法实践中，一般不认定构成侵犯另一方的财产权利，所以，《三十而已》里顾佳所主张的餐费不一定会得到法院的支持。

《三十而已》里许幻山为林有有到底支付了多少酒店的钱和房租？笔者粗略的估算：在上海住了一星期的酒店，按照7000~10,000元计算。许幻山为林有有支付的一年房租按照10万~15万元计算。两项费用加起来已经超过10万元，这些费用如顾佳在有充分证据的情况下起诉林有有要求其返还，有可能会被法院认定为大额支出，林有有败诉的可能性较大。

在上述案例中，薛某伟在婚姻关系存续期间，未经妻子张某芳的同意擅自将大额款项赠与吴某仪，且事后也未得到张某芳的追认或同意，所以该赠与行为无效。

(3)赠与无效的法律后果

赠与合同确认无效后，依据《民法典》第155条、第157条的规定，无效的民事法律行为自始没有法律约束力。民事法律行为无效后，行为人因该行为取得的财产，应当予以返还；不能返还或者没有必要返还的，应当折价补偿。有过错的一方应当赔偿对方由此所受到的损失；各方都有过错的，应当各自承担相应的责任。法律另有规定的，依照其规定。根据以上规定可知，在赠与行为被确认无效后，吴某仪应当返还赠与款项。

2. 妻子能要回赠与款项的全部还是一半

在婚姻关系存续期间，夫或妻非因日常生活需要处分夫妻共同财产时，应当协商一致，任何一方无权单独处分夫妻共同财产；如果夫妻一方超出日常生活需要擅自将共同财产赠与他人，这种赠与行为应认定为无效，而且是全部无效，第三者应返还全部财产。另外，《民法典》第1062条第2款明确

规定了“夫妻对共同财产,有平等的处理权”,此处的平等的处理权并不能简单地理解为夫妻一方对于共同财产各自有一半份额的处理权,因为婚姻关系存续期间的财产处于夫妻共同共有的状态,此处的共有是指不分份额的共同享有,只有在双方离婚时共有状态才会终止,才能确定夫妻双方各自的财产份额。因此,夫妻一方擅自将共同财产赠与他人的,妻子可以要回赠与款项的全部。

薛某伟在与张某芳的婚姻关系存续期间,擅自处分夫妻共同共有财产,侵犯了张某芳的合法财产权利。张某芳有权起诉主张赠与行为无效,并按照赠与内容要求返还全部赠与财产。

3. 如何准备证据

(1)平时尽量多留意家中的财产状况,尤其是对方的银行账户信息,包括开户行、户名、具体账号。

(2)如查询微信转账的话,应查绑定的银行账户。如果知道银行账户,也可请求人民法院调查取证。

(3)须想办法固定出轨一方的婚外情证据,如转账中的附言、微信转账后的留言、暧昧的短信、微信聊天记录等。如果有可能,尽量做通出轨一方的思想工作,将婚外情的证据固定,然后让其自行公证。

(4)发现出轨一方的婚外情后,可以先稳住不动,通过录音或其他方式固定其自认的出轨事实,并查询相关信息,尽量保存证据。证据如第三者的身份信息、照片信息、邮件往来、银行转账记录或网上购物信息等。

4. 维权成功后,如何保障今后的财产利益

(1)在婚姻家庭生活当中,因夫妻双方生活理念、性格、处事态度等各方面的差异,导致日常生活中出现各种摩擦、误解属于正常现象。夫妻之间应经常沟通协调妥善解决,互相包容,珍惜得来不易的夫妻感情。绝不能搁置不理,长期积累造成隔阂直至导致夫妻感情破裂,给第三者可乘之机。

(2)在婚姻中,任何一方都不能完全地当甩手掌柜,对家中财务状况尤其是一些重大财产信息要有足够的了解。夫妻共同财产处置应由夫妻双方共同商量决定,既能有夫妻双方的共同参与感,又能增进夫妻感情。

(3)依据《民法典》第1066条、第1092条的规定,婚姻关系存续期间,一方有隐藏、转移、变卖、毁损、挥霍夫妻共同财产或者伪造夫妻共同债务等严重损害夫妻共同财产利益的行为的,夫妻一方可以向人民法院请求分割共同财产;在离婚时发现另一方有上述行为的,可以请求法院对该方少分或不分。此外,夫妻一方发现另一方有上述行为的,还可以要求签订婚内财产约定,以维护自身的合法财产权利。

5. 财产外流的警示意义

在家族财富传承中,财富传承的起点尤为重要,如果在起点这里就没有做到守护好自己的财产,那么还何谈财富传承惠及子孙后代?

如撇开财富传承,单独谈如何在婚姻关系中保护自身合法的财产权利,也应在日常生活中妥善经营夫妻感情,关注家庭财产动态,尤其是全职太太一方,应通过多种渠道了解对方的财产状况,不要像传承案例32中的张某芳一样只顾“内”而无暇兼“外”,在丈夫将巨额款项赠与情人,导致家庭财富外流。

六、财富传承过程中不可忽视的共同债务

[传承案例33]

2011年3月22日，A公司及其实际控制人李1、李2、李3，与B公司签署一份协议，约定B公司以受让A公司股权和直接增资两种方式成为A公司的股东，入资额4.5亿元，成为A公司的第二大股东。同日，A公司及李1、李2、李3与B公司签署《投资补充协议》，该《投资补充协议》约定：若A公司未能在2013年12月31日之前实现合格上市，则B公司有权在2013年12月31日后的任何时间，在符合当时法律法规要求的情况下，要求A公司以及实际控制人李1、李2、李3等任何一方以4.5亿元一次性收购B公司持有的A公司的股权，并支付10%的利息。2011年12月A公司改制并更名为C公司。后C公司未能如期实现上市，就在约定上市日期后的第三天，李1因突发心肌梗塞去世。

2016年12月，李1的遗孀金某收到法院传票，得知B公司以夫妻共同债务为由，提起诉讼，要求金某在2亿元的范围内承担李1生前的个人经营债务，即股权回购款。B公司认为，股权回购义务是李1和金某的夫妻共同债务，李1去世后，应当由金某负责偿还。

2017年年底，法院作出一审判决，判决金某连带承担《投资补充协议》所约定的支付2亿元股权回购款的义务。金某不服该判决，提起上诉。

二审法院查明并认定了下列事实：(1)金某是A公司设立时登记的法定代表人和股东，后经过数次变更，法定代表人变更为李1。李1作为实际控制人承担股权回购责任。(2)C公司及其附属公司与C公司间接控制的D公司之间签署了一系列控制协议，金某作为C公司、D公司董事，签署了相关决议，参与了公司经营；金某签署相关公司的解除VIE架构的各种决议，应当知悉李1与B公司关于股份回购的协议安排。(3)李1去世后金某的

一系列行动证实李1、金某夫妻共同经营公司。①2014年1月27日,C公司的法定代表人变更为金某,C公司2014年第一次临时股东大会决议所附金某简历显示:"1995年开始,作为A公司和C公司创始人之一,早期参与公司的创建和经营,后作为李1董事长的智囊,为决策献计献策。"C公司的官方微博亦如此介绍其董事长金某。金某现仍然为C公司的董事。②针对李1名下C公司等公司股份,金某提起了股东资格确认诉讼。其认为李1在上述公司的股权系金某与李1婚姻关系存续期间所得的共同所有的财产,要求将该股份中的一半分出归自己所有,要求法院确认金某为李1名下持有的公司股份的股东,法院已支持其请求。

二审法院根据案件证据及查明的事实,认为金某作为配偶一方实际享有了B公司投资C公司所带来的股权溢价收益,李1因经营公司所承诺的回购责任亦属夫妻共同债务,符合权利义务一致原则。金某现在经营的公司仍然享用B公司投资C公司所产生的溢出效应。一审判决认定事实基本清楚,适用法律正确,应予维持。金某的上诉请求不能成立,应予驳回。2019年10月22日,二审法院作出终审判决:驳回上诉,维持原判。

[传承实务及法律分析]

对于私人财富传承,我们应重点关注两个方面的问题:(1)有哪些具体的财产(含有形资产和无形资产)可供传承;(2)夫妻一方或双方所负的共同债务有多少。此处重点讲述共同债务。

1. 夫妻共同债务的司法认定原则

依据《民法典》第1064条的规定,夫妻双方共同签名或者夫妻一方事后追认等共同意思表示所负的债务,以及夫妻一方在婚姻关系存续期间以个人名义为家庭日常生活需要所负的债务,属于夫妻共同债务。夫妻一方在婚姻关系存续期间以个人名义超出家庭日常生活需要所负的债务,不属于夫妻共同债务;但是,债权人能够证明该债务用于夫妻共同生活、共同生产经营或者基于夫妻双方共同意思表示的除外。

对于夫妻共同债务的司法认定原则,在不同的社会背景下,经历了数次调整和变化。在《民法典》施行之前,依据最高人民法院《关于适用〈中华人民共和国婚姻法〉若干问题的解释(二)》第24条(以下简称24条)第1款规定，债权人就婚姻关系存续期间夫妻一方以个人名义所负债务主张权利的，应当按夫妻共同债务处理。但夫妻一方能够证明债权人与债务人明确约定为个人债务，或者能够证明属于《婚姻法》第19条第3款规定情形的除外。2018年1月18日生效的最高人民法院《关于审理涉及夫妻债务纠纷案件适用法律有关问题的解释》（以下简称法释〔2018〕2号）修改了24条夫妻共同债务的认定原则，《民法典》第1064条吸纳了法释〔2018〕2号的规定，对夫妻共同债务的认定作出了明确的规定，有效地平衡了各方当事人的权益。

（1）24条及之前的司法解释确定的夫妻共同债务司法认定原则

根据24条及之前的司法解释的规定，债权人就婚姻关系存续期间夫妻一方以个人名义所负债务主张权利的，应当按夫妻共同债务处理。同时规定了几种例外情形：①夫妻一方能够证明债权人与债务人明确约定为个人债务的，为个人债务。②夫妻一方能够证明债权人知道夫妻财产约定归各自所有的，为个人债务。③夫妻一方能够举证证明所借债务并非用于夫妻共同生活的，为个人债务。④夫妻一方在从事赌博、吸毒等违法犯罪活动中所负债务，为个人债务。

24条的立法本意是针对“假离婚、真逃债”的问题，防止夫妻合谋以离婚方式转移财产来规避债务，侵害债权人的利益，以弥补民间借贷中的漏洞。但是因为24条及之前的司法解释，将举证责任归于主张债务为个人债务的夫妻一方，往往是未以自己名义举债的夫妻一方，而未举债一方又很难取得相关证据，因而往往被动负债。24条忽视了对不知情的配偶一方权益的保护，导致生活中出现大量不公平现象，增加了婚姻风险，在一定程度上，结婚证真的变成了卖身契，即便夫妻离婚，仍然要偿还另一方对外所负债务，即离婚不离债。俗话说“不怕负心汉，就怕负心债”。在司法实践中，也产生了大量因24条而被负债的案件。在互联网上，部分人士还成立了“反24条联盟”，并一直努力向立法机关反映情况。

24条也是金某夫妻共债案的一审判决依据。金某夫妻共债案一审判决，让金某成了24条有史以来金额最大的“被负债人”。金某被负债案一审判决中，法院认定：案涉债务属于李1在经营公司时产生的债务……其（指李1）负担股权收购义务的前提，显然是为了期望C公司上市带来的经济等多方面的利益，毫无疑问，该利益亦将属于金某，故案涉债务的产生指向家庭经营活动，属于夫妻共同生活的一部分。一审法院据此判决金某对该回购债务承担连带责任。显然,一审法院除了认定所借债务“用于夫妻共同生活”,亦认定所借债务“为了家庭共同利益”。而金某则明确质疑:“当年的‘对赌协议’,我没有签字,巨额的投资款项,也没有用于夫妻共同生活,我甚至都没有持有过C公司的股权,这一切为什么要我来承担?”在我国婚姻关系存续期间内夫妻财产共同所有是大部分家庭的状态,约定财产分别所有制是例外。24条所体现出来的侧重保护债权人利益的理念,导致婚姻生活的不稳定和不安全,并且严重损害了未举债一方的合法权益,经常会出现未举债一方成为无辜的受害人,已经不符合现实社会生活的需要。

(2)《民法典》第1064条确定的夫妻共同债务司法认定原则

根据《民法典》第1064条确定的夫妻共同债务司法认定原则,以下情形的债务可以认定为夫妻共同债务:①夫妻共同签字的债务(共债共签);②一方名义举债、另一方事后追认(事后签字、电话、邮件、微信等方式追认);③一方名义举债、数额符合家庭日常生活所需;④一方名义举债、数额超出家庭日常生活所需,用于夫妻共同生活;⑤一方名义举债、数额超出家庭日常生活所需,用于夫妻共同经营;⑥一方名义举债、数额超出家庭日常生活所需,基于夫妻双方共同意思表示。

何为“家庭日常生活所需”?据有关统计资料显示,我国城镇居民家庭消费种类主要分为八大类,分别是食品、衣着、家庭设备用品及维修服务、医疗保健、交通通信、文娱教育及服务、居住、其他商品和服务。在审判实践中,法官一般会综合考虑负债金额大小、家庭富裕程度、夫妻收入情况、夫妻感情关系、当地经济水平及交易习惯、借款名义、资金流向等因素,认定债务是否为家庭日常生活需要所负。《江苏省高级人民法院家事纠纷案件审理指南(婚姻家庭部分)》第47条对“家庭日常生活需要”作出了相关的规定可供读者参考,47、如何界定夫妻一方在婚姻关系存续期间以个人名义为“家庭日常生活需要”所负的债务?“家庭日常生活需要”是指家庭日常生活中的必要支出,包括衣食住行、医疗保健、交通通信、文娱教育及服务等。认定是否为“家庭日常生活需要”所负的债务,应当结合债务金额、举债次数、债务用途、家庭收入状况、消费水平、当地经济水平和一般社会生活习惯等予以综合判断。以下情形可以作为认定超出“家庭日常生活需要”所负债务的考量因素:①债务金额明显超出债务人或者当地普通居民家庭日常消费水平的;②债权人明知或者应知债务人从事赌博、吸毒等违法犯罪活动仍出借款项的；③债权人明知或者应知债务人已大额负债无法偿还，仍继续出借款项的。

何为“夫妻共同经营”？主要是指由夫妻双方共同决定生产、经营事项，或者虽由一方决定但得到另一方授权的情形。判断生产经营活动是否属于夫妻共同生产经营，要根据经营活动的性质以及夫妻双方在其中的地位作用等综合认定。夫妻从事商业活动，视情况适用《公司法》《合伙企业法》等法律及其司法解释的规定。夫妻共同生产经营所负的债务一般包括双方共同从事工商业所负的债务，购买生产资料所负的债务，以及共同从事投资或者其他金融活动所负的债务等。

何为“夫妻双方共同意思表示”？即夫妻双方对于借款事宜达成合意。

需要注意的是，以上六种情形中，第三种情形，原则上推定为夫妻共同债务，债权人一般无须举证，夫妻一方如果主张不属于夫妻共同债务，则需要举证证明举债人并非用于家庭日常生活。而对于以上第四、五、六种情形，原则上不作为共同债务，债权人主张为夫妻共同债务的，需要举证证明所负的债务用于夫妻共同生活、夫妻共同经营或者夫妻共同意思表示；否则，就不能认定为夫妻共同债务，而只能认定为举债人一方的个人债务。

通俗地讲，如果有一天你发现你的爱人背着你借了一大笔钱，如果债权人要求你一起还，他必须举证这笔钱用在了你们夫妻家庭生活里或者共同的生产经营里或者证明借款是夫妻共同的意思表示，如果债权人拿不出证据，你就不用共同偿还。通过上述分析可以看出，《民法典》第 1064 条在既有法律框架内和现行司法解释的基础上，通过合理分配举证责任，对夫妻共同债务的认定、排除以及举证证明责任分配等问题进行细化和完善。既保障了未举债配偶一方的知情权、同意权，避免了未举债一方“被负债”情况的出现，同时也强调了夫妻共同债务形成时的共债共签原则，可以有效地让债权人在出借大额款项时，加强事前风险防范意识，要求夫妻双方共同签字确认，以免事后引发不必要的纠纷。

客观地说，《民法典》第 1064 条为提高债权人借款风险意识与保护夫妻一方合法权益提供了保障，有效地解决了债权人权益保护和未举债夫妻一方权益保护的两难问题，实现了对债权人和未举债一方的双向保护。

2. 有关夫妻共同债务的思考

在传承案例 33 中，一审法院认为，“夫妻共同生活并不限定于夫妻日常家庭生活，还包括了家庭的生产经营活动，案涉债务即属于李1在经营公司时产生的债务……李1负担股权收购义务的前提，显然是为了期望C公司上市带来的经济等多方面的利益，毫无疑问，该利益亦将属于金某，故案涉债务的产生指向家庭经营活动，属于夫妻共同生活的一部分”。在一审法院的判决观点中，主要从案涉债务用于夫妻共同生活的角度（从利益共享角度）论述共同债务，夫妻共同生活包括夫妻日常家庭生活和家庭的生产经营活动，案涉债务属于李1在经营公司时产生的债务。李1系C公司的实际控制人，B公司购买股权和增资，李1承诺股权回购义务可看作对增资的对价和条件。其负担该义务时为了获得更多的经济等利益，该利益将及于金某，故案涉债务的产生指向家庭经营活动，属于夫妻共同生活的一部分，应属于夫妻共同债务。

而在二审中，被上诉人一方用各项工商登记及项目交割相关法律文件中的信息来证明上诉人金某一方的参与共同经营的事实。二审判决综合适用“共同行为标准”和“利益共享标准”进行认定。共同行为标准主要考量的是夫妻双方是否存在经营合意，包括夫妻双方共同决定生产经营事项、一方授权另一方决定生产经营事项两种情形。在本案二审庭审过程中，B公司提交了大量的证据证明C公司搭设了VIE架构。而在VIE架构下，李1通过架构实际控制C公司。虽然金某并非C公司的股东，也未担任职务，但有证据证明其在架构上游的两个公司中担任董事并签署相关协议。二审法院将其作为关键证据认定金某对对赌协议是知情且默认的，认定B公司举证责任已经完成。另外，二审判决还适用了“利益共同标准”，其以金某在李1去世后提起股权资格确认纠纷、继承纠纷，且法院最终支持其主张为依据，认定金某实际享有了投资收益，按照权利义务相一致原则，认定其应当承担债务。C公司对赌失败，金某夫妻共债案的一审、二审备受社会关注。

二审期间正值法释〔2018〕2号生效，金某本以为法释〔2018〕2号生效对自己来说是个转机，毕竟正如其在一审所言“当年的‘对赌协议’，我没有签字，巨额的投资款项，也没有用于夫妻共同生活”。但二审法院综合适用“共同行为标准”和“利益共享标准”进行了认定，最终维持一审判决。他人的案例总是可以为我们敲响警钟，C公司对赌失败，公司陷入内乱，金某为此负有巨额债务，李1的去世对于金某乃至C公司的影响是巨大的。现在我们回过头来设想一下，如果李1在签订《投资补充协议》之前提前做好风险的准备与筹划，如设立家族信托进行资产隔离等，那么以上问题是不是可以得到一定程度的缓解？

3. 夫妻共同债务认定的举证责任

夫妻共同债务的认定需要区分内部关系与外部关系。内部关系主要是指在离婚诉讼中，如何认定某一债务是否属于夫妻共同债务。外部关系主要是指在债权人与夫妻之间的诉讼中，如何认定某一债务是否属于夫妻共同债务。

在内部关系中，根据“谁主张，谁举证”的原则，由主张债务存在的一方承担所负债务属于夫妻共同债务的举证责任，但一方以个人名义为家庭日常生活需要所负的债务，原则上主张债务存在的一方无须举证证明，如果未举债的配偶一方否认该债务属于夫妻共同债务的，则由未举债的配偶一方举证证明所负债务并非用于家庭日常生活。

在外部关系中，根据“谁主张，谁举证”的原则，债权人一方应当举证证明该债务属于夫妻共同债务，例如，提供双方共同签字的欠条、未举债的配偶一方已经通过电话、微信等方式进行了事后追认的证据、提供债务人出借的款项虽然超出日常家庭需要但已经被用于夫妻双方的共同生活、共同生产经营或基于夫妻双方的共同意思表示的证据。

七、个人债务与共同债务，为何如此难解难分

［传承案例34］

王某和李某系夫妻，2017年3月20日，王某向张先生借款40万元，并为张先生出具本人签字的借条1张，承诺1个月还清。2017年3月21日，张先生向王某个人账户转账40万元。当日，王某向李某转账2.5万元，用于偿还外债。后王某未能如期向张先生偿还该笔借款。

2017年12月，因多次催讨未果，张先生诉至法院，要求王某、李某共同偿还借款及逾期还款利息。

诉讼中，李某主张其未在借条上签字，且未予以追认，且该借款金额明显超出日常生活所需，张先生亦不能证明该借款用于夫妻共同生活或共同生产经营，或者借款是基于王某和李某的共同意思表示，且王某转给李某的款项亦用于偿还外债，而非用于夫妻共同生活。因此，该债务应当属于王某的个人债务，而非夫妻共同债务。王某认可李某的主张，认为该借款不属于夫妻共同债务。

张先生对李某的说法不予认可，该借款系王某和李某夫妻关系存续期间发生的，且王某收到款项当日向李某转款2.5万元的事实亦可以推定李某知晓借款事实，同时可以证明借款是由夫妻共同使用的。因此该借款应当属于夫妻共同债务，李某应当承担连带还款责任。

法院经审理后认为，王某在与李某的婚姻关系存续期间向张先生借款40万元，该数额显然已超出了家庭日常生活所需，且张先生也未能举证证明该笔借款用于夫妻共同生活、共同生产经营或是夫妻双方共同意思表示。因此原则上该债务不属于夫妻共同债务。同时，王某在借款当日即向李某转账2.5万元，故2.5万元款项应当视为李某以自己的行为追认该部分债务为夫妻共同债务。最终法院判决王某、李某对2.5万元的借款及逾期利息共

同承担偿还责任，剩余37.5万元的借款及逾期利息由王某一人偿还。

［**传承实务及法律分析**］

在电视剧《三十而已》里，有一个场景：顾佳和许幻山签订了书面离婚协议，约定财产分割条款为：茶厂归女方，豪宅出售后各得一半款项，烟花厂归男方。协议签订后烟花厂却爆炸了，就后续的赔偿和损失是否需要顾佳来承担？剧中未交代烟花厂的注册类型，如果是个体工商户或者个人独资企业，按照民事法律规定，则应由经营者的全部资产对外承担责任。在顾佳和许幻山正式离婚之前，如果是夫妻共同经营，且收入也用于家庭共同生活，则赔偿及损失应构成共同债务；如果是离婚后烟花厂所产生的债务，则为许幻山的个人债务，但如果烟花厂是有限责任公司，许幻山承担的则是有限责任。

现实生活中，夫妻共同债务和个人债务也并非泾渭分明，如在传承案例34中的借款既有用于家庭共同生活的部分，也有其他用途的，本书前文详细讲述了夫妻共同债务，此处重点探讨个人债务。

1. 个人债务的内涵

个人债务是指夫妻约定为个人负担的债务或者一方从事无关家庭共同生活时所产生的债务。与个人债务相对应的是夫妻共同债务。

在现实生活中，有时候个人债务与夫妻共同债务“你中有我、我中有你”，纠缠和争斗的难解难分。两者判断的主要依据在于所借款项：①是否用于家庭共同生活；②是否存在“共债共签”；③在未共签的情况下，未举债一方是否“事后追认”；④家庭是否享受了该债务带来的利益。

2. 婚姻关系存续期间，个人债务的认定

在司法实践中，以下债务一般会被认定为一方的个人债务：

（1）一方以个人名义所负且未用于家庭共同生活的债务。例如，婚姻关系存续期间男方以个人名义向第三人借款20万元，该20万元到账后，男方便将20万元转给了其父母用于购买房屋，由于该笔债务并未用于夫妻双方的家庭日常生活，在女方拒绝承认的情况下，该20万元的债务属于男方的个人债务。

（2）一方以个人名义超出日常家庭生活需要所负的债务，且债权人也未能提供证据证明用于夫妻共同生活、共同生产经营或基于夫妻双方共同意思表示的债务。案例中，张先生向王某出借的 40 万元，由于张先生未能提供证据证明其中的 37.5 万元用于王某、李某夫妻的共同生活、共同生产经营或基于双方的共同意思表示，最终法院将该部分债务认定为王某的个人债务。

(3)一方从事赌博、吸毒等违法犯罪活动所负的债务。如果夫或妻一方向第三人借款后将款项用于赌博、吸毒、嫖娼等违法犯罪活动的，那么该债务属于举债方的个人债务。如果第三人明知夫或妻一方是为了进行上述违法犯罪活动而借款的，则法律也不保护该借贷关系。如北京某知名电器公司的男性经理，对外借款用于澳门赌博，铩羽而归后妻子起诉离婚，男方主张共同债务，法院未支持男方的该项请求。

(4)遗嘱或赠与合同中确定只归夫或妻一方的财产，该遗嘱或赠与合同所附随的债务。依据《民法典》第 1063 条的规定可知，遗嘱或者赠与合同中确定只归一方的财产属于一方的个人财产。根据权利义务相统一的原则，因继承或赠与而附随发生的债务，也应当认定为夫或妻一方的个人债务。

(5)一方未经对方同意，擅自资助与其没有抚养义务的亲朋所负的债务。例如，在婚姻关系存续期间，丈夫为给自己的侄儿缴纳大学的费用而向第三人借款 10 万元，由于夫或妻一方与侄儿并无法律上的抚养、扶助义务，如果妻子一方不愿意承担该笔债务的话，那么该 10 万元属于丈夫的个人债务。

(6)一方未经对方同意，独自筹资从事经营活动，其收入确未用于共同生活所负的债务。“利益共享标准”是认定夫妻共同债务的标准之一，如果夫或妻一方未经对方同意擅自举债从事经营活动，且未举债的一方也未享受到该经营活动带来的利益的，该债务应当属于夫妻一方的个人债务。

(7)夫或妻一方明确与债权人约定为个人债务的属于一方的个人债务。

(8)夫妻之间实行财产分别所有制，且第三人知道该约定的，夫或妻一方对外所负的债务属于一方的个人债务。

(9)在分居期间，一方独自借款所产生的债务，且该借款未用于子女教育或家庭共同生活的属于一方的个人债务。现实中，很多夫妻因感情不和在法院判决离婚前会分居，基本上是你过你的、我过我的，互相之间并无交集。在分居期间，一方对外举债后如该债务并未用于家庭或夫妻的共同生活的，该债务原则上应由举债方个人承担。

（10）夫妻一方因侵权行为致人损害产生的债务，一般认定为侵权人的个人债务，但该侵权行为系因家庭劳动、经营等家事活动产生或其收益归家庭使用的除外。例如，张某因交通事故将行人甲撞伤，经法院判决后需要赔偿行人甲各项损失10万余元，如行人甲不能证明该侵权之债是因张某夫妻共同生产经营等家事活动而产生的话，那么本次交通事故产生的10万余元的债务就属于侵权人张某的个人债务，张某的妻子无须对此承担连带清偿责任。

3. 权利与义务对等原则的回归

从案例中的判决结果和判决理由看，法院既遵从了“共债共签”的精神，在债务金额超过家庭日常生活所需，且债权人张先生不能举证证明该债务用于夫妻共同生活、共同生产经营或是夫妻双方共同意思表示的情况下，原则上认定该债务属于借款人王某的个人债务。同时，客观上李某存在接受王某转款2.5万元的事实，该行为构成对夫妻共同债务的部分追认，进而法院判决李某对该款项承担连带偿还责任。也就是法院区分钱款去向，判决40万元中的37.5万元属于个人债务，2.5万元属于夫妻共同债务。

本案的判决没有教条地适用有关法律及司法解释的规定，而是灵活性地适用“共债共签”的原则，也充分体现了权利与义务对等的法律原则，是对夫妻利益与债权人利益的适当平衡，也可以有效引导债权人在出借大额款项时，加强事前防范，要求夫妻共债共签。

八、股权代持面临的风险

[**传承案例 35**]

2009 年 11 月 13 日，张某辉与苏某莉登记结婚。在婚姻关系存续期间，两人注册了北京瀚恺房地产开发有限公司（以下简称瀚恺公司），张某辉系瀚恺公司负责人。在两人的共同经营下，瀚恺公司的业绩蒸蒸日上。

为了满足瀚恺公司的商务需求，便于开展招投标等业务，夫妻俩经过商量决定，出资 50 万元设立北京瑞阳商贸有限公司（以下简称瑞阳公司），由苏某莉表弟吴某熙和表姐王某霞代持瑞阳公司股份，比例为：吴某熙持股 80%（出资 40 万元），王某霞持股 20%（出资 10 万元），瑞阳公司的法定代表人由王某霞担任。因为都是亲戚，平常也有生意上的往来，相互之间都比较信任，双方达成口头约定后，并未签订书面的股权代持协议。50 万元出资款由张某辉转给吴某熙，然后由吴某熙转账给王某霞再转账到公司出资账户。瑞阳公司既未设置公司股东名册，也未出具股东出资证明。2011 年 1 月瑞阳公司正式开始运营。

随着瀚恺公司和瑞阳公司的逐渐发展壮大，张某辉交际应酬日益增多，与苏某莉之间聚少离多，感情也逐渐转淡，后双方因感情不合，苏某莉决定起诉离婚。苏某莉私下聘请了调查公司开始搜集张某辉婚外情的证据，以便在离婚时多争取财产。后张某辉知悉苏某莉调查自己的事情，决定“先下手为强”，向吴某熙和王某霞要回自己的股权。但是，事情并没有他想象的那么容易，因吴某熙和王某霞知道张某辉与苏某莉有家庭矛盾，且苏某莉提前告知两人，她与张某辉很有可能走到离婚这一步，要两人密切监控张某辉，在股权的问题上张某辉一有风吹草动就立即通知她。现在面对张某辉归还股权的要求，吴某熙和王某霞基于亲情考虑，全盘否定了张某辉对瑞阳公司的出资和股东地位，拒绝交出股权，更不承认有股权代持这回事儿。

2016年11月28日，张某辉与苏某莉协议离婚。《离婚协议书》约定，位于北京市顺义区的房产归苏某莉，瀚恺公司的股权按照工商机关登记的比例分割，而对于瑞阳公司的股权，双方在离婚协议中未提及。

2016年12月12日，张某辉向法院起诉，请求确认吴某熙与王某霞名下的瑞阳公司100%股权为其所有，同时请求法院判令瑞阳公司向工商部门申请将吴某熙与王某霞名下的股权变更至自己名下，吴某熙与王某霞予以配合。一审法院通过对案件的审理归纳，认为本案有如下争议焦点：第一，张某辉是否具有成为瑞阳公司股东的意思表示；第二，瑞阳公司的实际出资人是谁；第三，张某辉在瑞阳公司行使的是股东权利还是经营管理权利；第四，工商登记在股东资格认定中的法律效力。结合张某辉提交的瑞阳公司设立时间与设立时的相关证据材料，一审法院认为，王某霞、吴某熙与张某辉存有事实上的股权代持法律关系，张某辉已经向瑞阳公司履行了出资义务，且不违反法律法规的强制性规定，张某辉是瑞阳公司的实际股东，故对于张某辉的诉讼请求一审法院予以支持。一审判决：确认王某霞、吴某熙持有的瑞阳公司的股权为张某辉所有。吴某熙不服一审判决，提起上诉。

二审法院认为：张某辉请求确认其为瑞阳公司的股东并享有瑞阳公司100%的股权，其诉讼请求包含两项内容：一是瑞阳公司100%的股权归其所有；二是请求确认其为瑞阳公司的股东。根据张某辉关于股权归属、股东资格、实际出资、成立代持关系等一系列主张，本案的争议焦点：(1)一般情形下张某辉的股东资格问题；(2)股权代持情形下张某辉的股东资格问题。第一，关于一般情形下张某辉的股东资格问题，当事人请求人民法院确认其为有限责任公司股东的，应当证明其已满足法律及司法解释规定的获得公司股东资格的实质要件及形式要件。根据现有证据不能认定张某辉已依法向瑞阳公司出资或者认缴出资，同时张某辉也不存在通过受让或者其他方式继受瑞阳公司股权的情形，张某辉不满足法律及相关司法解释规定的获得瑞阳公司股权的条件，故张某辉关于瑞阳公司100%股权为其所有的主张不能成立，其关于为瑞阳公司股东的主张亦不能成立。第二，关于股权代持情形下张某辉的股东资格问题，其焦点问题为张某辉与王某霞、吴某熙之间是否存在合法有效的股权代持关系。张某辉并未提供其与王某霞、吴某熙之间成立股权代持合意的证据，且王某霞、吴某熙亦否认与张某辉有代持合意，因此，张某辉关于股权代持关系的主张，法院不予采信。

综合以上意见，二审法院认为，本案中无论是一般情形下还是股权代持情形下，张某辉主张的关于其为瑞阳公司持股比例为100%股东的诉讼请求均无事实和法律依据，法院依法不予支持。一审法院认定王某霞、吴某熙持有的瑞阳公司的股权为张某辉所有属于法律适用错误，应予纠正。另，王某霞、吴某熙投入瑞阳公司相关款项来自张某辉的银行账户，对此，各方如有争议可以其他法律关系另行解决。依据《公司法》《合同法》及最高人民法院《关于适用〈中华人民共和国公司法〉若干问题的规定(三)》的规定，二审法院判决如下：撤销一审判决，驳回张某辉的全部诉讼请求。

[传承实务及法律分析]

现实中有很多企业家或其他高净值人士，同本案张某辉一样，或出于对自身隐私保护的考虑，或为了突破身份上的限制，或为了隔离企业经营与家庭财富之间的债务风险，选择了股权代持这种隐秘而灵活的方式，原以为很稳妥，却不知潜藏着巨大的风险。股权代持中，一般会涉及三个法律关系：实际出资人与名义股东之间的法律关系；实际出资人、名义股东与公司之间的法律关系；实际出资人、名义股东与公司之外第三方之间的法律关系。因每个法律关系中法律侧重保护的法益是不同的，所以股权代持绝不是普通大众所理解的那么简单。

实际出资人与名义股东之间的法律关系。在《民法典》施行之前，依据最高人民法院《关于适用〈中华人民共和国公司法〉若干问题的规定(三)》第24条第1款的规定，有限责任公司的实际出资人与名义出资人订立合同，约定由实际出资人出资并享有投资权益，以名义出资人为名义股东，实际出资人与名义股东对该合同效力发生争议的，如无《合同法》第52条规定的情形，人民法院应当认定该合同有效。股权代持法律关系比较简单，仅涉及实际出资人与名义股东两个主体，在无其他导致合同无效的情形下，这种代持股权法律关系是被法律所认可的。

实际出资人、名义股东与公司之间的法律关系。根据最高人民法院《关于适用〈中华人民共和国公司法〉若干问题的规定(三)》第24条第3款的规定，实际出资人未经公司其他股东半数以上同意，请求公司变更股东、签发出资证明书、记载于股东名册、记载于公司章程并办理公司登记机关登记的,人民法院不予支持。结合最高人民法院《关于适用〈中华人民共和国公司法〉若干问题的规定(三)》第 24 条第 1 款的规定,我们可以知道,虽然法律上承认实际出资人与名义股东之间的股权代持法律关系,但是并不意味着实际出资人就可以随时直接成为公司的股东。实际出资人想要成为公司的股东,程序上必须经过其他股东过半数以上同意,如其他股东过半数以上不同意的,那么实际出资人只能依据股权代持协议享有相应的权利并承担相应的义务。

实际出资人、名义股东与公司之外第三方之间的法律关系。依据最高人民法院《关于适用〈中华人民共和国公司法〉若干问题的规定(三)》第 25 条的规定,名义股东将登记于其名下的股权转让、质押或者以其他方式处分,实际出资人以其对于股权享有实际权利为由,请求认定处分股权行为无效的,人民法院可以参照《物权法》第 106 条的规定处理。名义股东处分股权造成实际出资人损失,实际出资人请求名义股东承担赔偿责任的,人民法院应予支持。通过上述规定我们可以得知,法律上虽然认可股权代持法律关系,但是当保护股权代持法律关系与保护第三人善意取得的法益发生冲突时,基于物权的公示效力,法律保护的是善意的第三人,也就是说,当代持股权被名义股东擅自转让或设立质押时,实际出资人以未征得其同意为由进行抗辩是无效的,实际出资人只能依据股权代持协议要求名义股东承担赔偿责任。

股权代持到底还有哪些您不可不知的风险?

1. 股权代持协议无效的风险

如果股权代持协议存在违反国家监管规定、损害公共利益、规避身份限制、违反竞业禁止规定等情形,即使是当事人的真实意思表示,仍然面临着被认定为无效的风险。

依据《民法典》第 153 条、第 154 条的规定,违反法律、行政法规的强制性规定的民事法律行为无效,违背公序良俗的民事法律行为无效。行为人与相对人恶意串通,损害他人合法权益的民事法律行为无效。依据我国《证券公司监督管理条例》第 14 条第 2 款的规定,未经国务院证券监督管理机构批准,任何单位或者个人不得委托他人或者接受他人委托持有或者管理证券公司的股权。此外,我国《公务员法》明令禁止公务员从事或参与营利性活动,不得在企业或其他营利性组织中兼任职务。《劳动合同法》中关于竞业限制的约定以及外籍人士或外资企业在我国某些投资领域和范围、投资比例和相关审批程序受到一定限制。如股权代持协议因存在上述违法情形而被认定为无效，实际出资人地位与显名资格都无法得到保障。

为防止股权代持可能出现无效的情形，在安排股权代持时应当慎重选择代持对象，了解代持人的家庭情况及可能出现的风险。尽量在专业律师的协助下，统筹策划代持方案并签订严谨的代持协议，同时增强证据意识，万一涉诉，在举证上不至于手足无措。

2. 代持人自身健康与道德、婚姻、债务、继承引发的风险

现实中有很多因代持人自身的原因引起的代持股权的风险，如处理不慎，导致股权丧失、亲友反目。

(1)在选择股权代持人的时候应特别关注到代持人的身体健康状况，在强大的自然灾害和疾病面前，人脆弱的生命仍显得不堪一击。如果代持人突然死亡，其配偶或者继承人在清理遗产时，很有可能否认股权代持关系的存在，代持的股权就会面临被继承或分割的风险。

(2)在签订股权代持协议时，被代持人所选定的代持人在品德方面一定是其信得过的，可是随着时间的推移，变数随时都会出现，面对唾手可得的巨额财富，人性是最禁不起考验的。一旦外界环境发生变化，或者代持人发生债务危机，代持股权被侵吞或抵债的情况也屡见不鲜。

依据物权公示效力，名义股东与实际出资人之间的股权代持协议不能对抗合同之外的善意第三人，善意第三人完全可以要求处分代持股权。被代持人即使能够证明代持关系的存在，也不能阻止债权人申请强制执行代持股权来偿债。法院也可能对代持股权进行司法保全或拍卖，实际出资人后续只能通过旷日持久的诉讼来追讨实际出资额与相应损失。

(3)依据《民法典》第1062条的明确规定，夫妻在婚姻关系存续期间继承或受赠所得的财产(除非遗嘱或赠与合同中确定只归夫或妻一方的财产)，归夫妻共同所有，夫妻对共同所有的财产有平等的处理权。夫妻一方财产在婚后产生的收益，除孳息和自然增值外，应认定为夫妻共同财产。如果代持人的婚姻出现问题最终离婚，代持人家属或利害关系人拒绝承认股权代持协议的真实性，代持人所持有的股权很有可能被认定为夫妻共有财产。

3. 代持人故意损害实际出资人权益的风险及无法显名的风险

股权代持协议是实际出资人与名义股东约定，由实际出资人直接享有公司的股东权利，名义股东代为持有股权，双方之间实际是一种委托代理关系。在实际应用中，面对金钱的诱惑，经常会出现名义股东不支付投资收益，或者滥用股东权利，如滥用公司重大决策事项的讨论和表决权、选举权和被选举权、红利分配权、股东（大）会临时会议召集请求权和提案权等，或者怠于行使股东权利，或者擅自处分股权等，进而损害实际出资人的合法权益。

依据《公司法》的规定，隐名股东要求显名需要同时满足三个条件：一是存在股权代持协议，二是隐名股东认缴或实际出资，三是经公司其他股东半数以上同意。多数情况下隐名股东要求显名是发生在双方产生纠纷的情况下，从举证的角度来说，隐名股东既需要证明双方签署有合法有效的股权代持协议，还要提供证据证明已经履行完出资义务及公司其他股东半数以上同意显名。

本案中，张某辉请求确认其为瑞阳公司的股东并享有瑞阳公司 100% 的股权。但张某辉在庭审中并未提交与王某霞、吴某熙达成股权代持合意的证据（如股权代持协议等）且王某霞、吴某熙亦否认与张某辉有股权代持的合意。虽然张某辉存在向吴某熙支付 50 万元的事实，但是这笔款项的性质是属于借款还是出资款，这是很难分清的，根据“谁主张，谁举证”的举证原则，在张某辉未有足够的证据证明自己与王某霞、吴某熙之间存在股权代持法律关系的情形下，二审法院只能驳回张某辉的全部诉讼请求。

4. 代持股权被质押、转让的风险

代持人作为显名股东，依法在工商管理部门登记后，其作为权利人，依据物权公示效力，代持股权属于代持人名下财产，代持人有权作出质押、转让等处分行为。未经被代持人同意且第三人不知情的情况下，如果代持人有了上述处分行为，善意第三人依法取得代持财产，被代持人只能依据代持协议向代持人主张债权及违约责任。

5. 因股权代持给代持人带来的风险

股权代持协议期限一般较长，这个期限内发生什么变故，代持人与被代持人都无法预料。在股权代持协议到期时，如果实际出资人发现公司运营并不好且有外债，那么实际出资人很可能为了躲避外债而拒绝受让代持股权，则名义股东就要承担全部的风险。依据最高人民法院《关于适用〈中华人民共和国公司法〉若干问题的规定（三）》第 13 条、第 14 条、第 26 条的规定，公司债权人有权请求未履行或未全面履行出资义务的股东在未出资本息范围内对公司债务不能清偿部分承担补充赔偿责任；公司债权人有权请求抽逃出资的股东在抽逃出资本息范围内对公司债务不能清偿的部分承担补充赔偿责任。如名义股东为发起人，债权人可以要求发起人承担连带责任，且名义股东不能对抗发起人的连带责任。尤其现在开始实施 CRS 与税收新政策，如实际出资人在转让股权中作为纳税义务人不主动申报并依法纳税，则面临违反税法规定需要承担法律责任的风险。同时名义股东若要退出公司，让隐名股东显名，需经过公司其他股东过半数通过，如其他股东不愿意实际出资人显名，则代持人只能继续维持名义股东的身份而无法退出。

股权代持协议中若约定实际出资人参与公司的实际管理，名义股东根据实际出资人的指示参加股东会、董事会并进行表决等类似内容，而名义股东对于公司的经营情况等一无所知但出于对实际出资人的信任直接在股东会决议或董事会决议中签字，如实际出资人利用公司从事违法活动，那么名义股东很有可能会承担刑事责任。

九、失去财产控制权的财富传承，面临巨大风险

［传承案例36］

王某年与王某国为父子关系，王某国毕业后留京工作，王某年与老伴儿在老家生活。

2005年6月，王某年考虑到王某国已达到适婚年龄，与老伴儿商量后，计划用两人毕生积蓄220万元，全款在北京购买502号房产，用作儿子的婚房。

因王某国在北京生活，办理502号房产的相关手续比较方便，购房合同由王某国签署，房屋所有权也相应地登记到王某国名下。王某年为保障自身对502号房产的权利，特与王某国口头约定：王某国可以居住使用502号房产，但该房产的实际所有权归王某年及其老伴儿所有。未经老两口同意，王某国不得转移该房产所有权，如擅自转移该房产所有权，该行为无效，老两口有权随时要求办理产权过户手续且王某国应无条件予以配合。

王某国与赵某玲于2009年登记结婚，婚后共同居住在502号房产中。

因单位要求，夫妻双方不能同处于同一个科室，赵某玲为了王某国的事业有更好的发展，主动放弃了原有的工作。王某国为补偿赵某玲在事业上所作出的牺牲，与赵某玲协商后将502号房产的所有权变更为夫妻按份共有，双方签订了《房屋所有权按份共有协议》及《夫妻更名申请》，并依法向房产管理部门进行了变更登记，不动产登记簿中所有权人由王某国变更为王某国和赵某玲，各享有50%的份额，但二人都没有将此事告知王某年及其老伴儿，更谈不上征得老两口的同意。

2010年2月，赵某玲生育一女孩，随后赵某玲与王某国之间逐渐出现矛盾并愈演愈烈，因两人之间的矛盾实在难以调和，双方开始协议离婚，终因房产分割问题，双方未能达成一致。2011年8月赵某玲向法院起诉离婚，并

要求对502号房产进行分割。

2011年9月，王某年无意中得知，王某国在未得到其与老伴儿同意的情况下，擅自变更了502号房产的所有权人。王某年认为502号房产由其实际出资，但其并没有将该房产赠与王某国的意思，只是借王某国名字购买，因此王某国擅自加名的行为应属无效。故于2011年11月向法院起诉王某国与赵某玲，请求法院判令二被告变更502号房产所有权的行为无效，并依据其与王某国之间的约定，确认该房产所有权归王某年及其老伴儿所有。

法院经审理认为，购买该房产时，王某国还在读书，不具有经济能力，王某年是购买该房产的实际出资人。但王某年的行为是将502号房产赠与王某国，因此王某国有权将该房产的所有权性质变更为夫妻双方按份共有，此时赵某玲也是该房产的权利人之一。现赵某玲不同意王某年的请求，故王某年以王某国和赵某玲在未经其允许的情况下将该房屋的所有权变更为两人按份共有，要求确认502号房产归自己所有，依据不足，最终判决驳回王某年的诉讼请求。

王某年不服，提起上诉，二审法院依法维持原判。

[传承实务及法律分析]

1. 一方的婚前房产，加上另一方名字后是否为夫妻共同财产

本案中，儿子王某国结婚后将婚前的个人房产上加上妻子赵某玲的名字，并约定了份额比例，从法律上讲，502号房产的性质已由婚前个人财产转化为夫妻按份共有的财产，在离婚时妻子赵某玲完全可以主张权利。依据《民法典》第1087条的规定，离婚时，夫妻的共同财产由双方协议处理；协议不成的，由人民法院根据财产的具体情况，按照照顾子女、女方和无过错方权益的原则判决。

依据《民法典》第1065条第1款的规定，男女双方可以约定婚姻关系存续期间所得的财产以及婚前财产归各自所有、共同所有或部分各自所有、部分共同所有。约定应当采用书面形式。本案中王某国和赵某玲于2009年签订《房屋所有权按份共有协议》及《夫妻更名申请》，并同时办理了房屋权属登记，王某国在实质上对婚前个人财产进行了处分，在这种情况下，该房产应为王某国和赵某玲夫妻的按份共有财产。

2. 父母子女之间的口头或书面约定能否约束第三方

合同是订约双方当事人意思表示一致的结果，依据合同的相对性原理，合同只在订约的双方当事人之间有效，对订约双方具有约束力，合同内容不能给合同以外的第三方强加相应义务，因此父母与子女之间的口头或书面约定对第三方并不具备法律约束力。

父母与子女之间口头或书面约定房屋所有权归父母所有，子女不具有房屋所有权，房产却登记在子女名下，依据《民法典》第 209 条第 1 款的规定，不动产物权的设立、变更、转让和消灭，经依法登记，发生效力；未经登记，不发生效力，但是法律另有规定的除外。所以对于房屋这类不动产来讲，《房屋所有权证书》才是认定该房屋所有权的依据。因《房屋所有权证书》具有对外的物权公示效力，子女有权不经过父母同意在《房屋所有权证书》上添加配偶名字。一旦子女婚姻破裂，作为父母的想要以借名买房作为理由要回自己的房产，基本无法实现。

现实生活中经常出现一些父母在子女婚姻出现问题时，为保护子女财产，与子女倒签赠与协议或房产约定，试图将房产解释为借名买房，这种操作是很难得到法院支持的。而且这种行为有可能被认定为双方当事人恶意串通，企图通过诉讼、调解等方式侵害他人合法权益。一旦认定当事人之间有虚假诉讼行为的，法院不仅会驳回当事人的诉讼请求，还会根据情节轻重进行罚款、拘留或因涉嫌《刑法》第 307 条规定的虚假诉讼罪而被直接移送公安机关处理。

3. 父母在子女婚前出全资为子女购房，房产证上登记为子女个人，面临哪些传承风险

婚前个人财产是指在结婚前夫妻一方就已经取得的财产。夫妻一方的婚前财产，不管是动产还是不动产，是有形财产还是无形财产，只要合法取得，就依法受到法律保护。

父母在子女婚前出全资为自己子女购买房产，房产证登记在自己子女名下，应视为父母对自己子女的单方赠与。房产证登记在子女名下同时也就意味着父母失去了房产的控制权，子女单独享有房产的占有、使用、收益、处分等所有权能。在现实生活中，经常会出现在父母完全不知情的情况下，子女就对房产进行了处分，如出售、抵押、出租等，而出售、抵押、出租所得款项的具体用途，完全不受父母等实际出资人所控制。尤其是在子女结婚后，子女一方为了表达对爱情的忠贞或对家庭的负责，或在配偶方的要求下，有可能将房产与配偶约定为按份共有、共同共有或直接将房产赠与配偶一方个人所有。一旦子女婚姻出现危机，子女的配偶就会要求对房产进行分割，完全违背了父母当初全资为子女购房的初衷，也无法实现父母对财产的有效传承。

4. 父母为子女全资购房如何避免传承失败

本案中，之所以导致传承失败，一是借名买房的证据不充分，王某年与王某国之间只是口头协议，且王某年的起诉是在赵某玲起诉离婚之后，在赵某玲否认有借名买房的口头协议时，法官很难采信王某年的主张。二是在购房后王某年老两口疏于对儿子名下的房产进行管理，尤其是王某国处理房屋所有权时故意不告知王某年，王某年毫无制约之策，这也是导致传承失败的重要原因之一。

从案例中我们可以吸取教训并得出破解之道：父母在儿子婚前为其全资购买房产时，尽量体现父母子女共有的状态。即房产证上应体现出资者的姓名，并明确所占房产的相应比例，以限制子女对房产的处分。

试举例：王某强在大学毕业后很长时间没有找到工作，自然也没有收入。王某强父母前些年做生意积攒了一部分钱，再加上银行理财的收益，一共有 500 万元左右的积蓄。两位老人看到王某强的现状，知道单靠儿子的能力肯定是买不起房子了。不如趁现在手里有钱，给儿子买套房，将来他也好找女朋友。王某强父亲经过联系多家中介并实地看房，最后付全款在北京市海淀区清河附近购买了一处塔楼，因担心王某强社会阅历少而被骗，就在房屋买卖合同上写了王父与王某强的名字，并约定了双方所占的份额，最终办理房产证时，《房屋所有权证书》上显示的是王父与王某强两个人按份共有。因《房屋所有权证书》的对外公示效力，任何一方对该房产进行处置都必须得到房产共有权人的同意。无论王某强是想把房产出租、出售、抵押、加名，都必须要王父到场签字同意，有效地限制了王某强的处分权。因此父母与子女共有房产（按份共有或共同共有）是财富传承的一个很好的方式。

十、意定监护

[传承案例37]

张某年年过七旬，中年丧妻，最近因身体不适住院，他的5个子女因治疗和陪护意见不一致而产生矛盾。张某年心里又着急又无奈，特别是担心自己将来因病头脑意识不清或者昏迷，子女会因医疗和照顾问题再起纷争，于是决定趁自己现在还没有糊涂的时候和平时对自己关心最多、自己也最信任的小儿子张某七商量，由他来做自己丧失或者部分丧失民事行为能力时的监护人。张某七听说公证机构能够提供这方面的法律服务，便陪同张某年到附近的某公证处咨询。

2016年10月12日，某公证处公证员李某接待了他们，通过与张某年谈话聊天，确认了张某年神志清醒，希望通过签订协议指定小儿子张某七作为自己的监护人。公证机构受理了该公证申请后，承办公证员李某引导张某年、张某七到专门的录音录像办证室，对办理公证的全过程进行录音录像。

公证员首先将意定监护的法律概念、法律意义和法律效果告诉双方，张某年明确表示愿意在自己身体健康的情况下指定小儿子张某七作为监护人，待自己丧失或者部分丧失民事行为能力时，由张某七履行监护职责。公证员又向张某七告知监护人应当承担的责任，张某七明确表示愿意负责父亲将来的生活照管、医疗救治、财产管理、维权诉讼和死亡丧葬等事务。

随后，公证员向张某年、张某七告知了意定监护的生效条件、监护人的职责范围、监护的具体事项、意定监护的撤销等内容。公证员进一步告诉张某年，他可以在神志清醒的情况下以公证形式单方撤销监护协议，并由公证机构负责送达给张某七，此后就依法恢复成法定监护。公证员还告诉张某年，公证机构将为张某年、张某七双方设立的意定监护协议保密，待协议约定的条件成就时，张某年的其他法定监护人可以向公证机构申请查询，以维护张某年、张某七及其他法定监护人的合法权益。

张某年和张某七对意定监护协议内容达成一致，公证员李某对协议内容进行了审查，张某年、张某七现场签字捺印。公证书出具后，张某年、张某七双方各持一份。公证员李某于公证书出具当日，将意定监护协议上传至全国公证管理系统进行备案。

[传承实务及法律分析]

1. 监护的种类

《民法典》规定的监护种类共有六种：法定监护、遗嘱监护、协议监护、指定监护、意定监护、公职监护。

(1)法定监护

依据《民法典》第27条的规定可知，父母是未成年人的法定监护人，在父母双方均已经死亡或没有监护能力的情况下，由下列有监护能力的人按顺序担任监护人：①祖父母、外祖父母；②兄、姐；③其他愿意担任监护人的个人或者组织，但是须经未成年人住所地的居民委员会、村民委员会或者民政部门同意。

依据《民法典》第28条的规定可知，无民事行为能力或限制民事行为能力的成年人的法定监护人，由下列具有监护能力的人按顺序担任：①配偶；②父母、子女；③其他近亲属；④其他愿意担任监护人的个人或者组织，但是须经被监护人住所地的居民委员会、村民委员会或者民政部门同意。

需要注意的是，监护人既可以是一个人也可以是同一顺位的数人。法定监护是有顺序的，只有在前一顺位的人选丧失监护资格的情况下，后一顺位的人选才能担任监护人。

(2)遗嘱监护

《民法典》第29条规定，被监护人的父母担任监护人的，可以通过遗嘱指定监护人。遗嘱监护是指未成年人、无民事行为能力或限制民事行为能力的成年人的父母担任监护人时，通过遗嘱的形式选择值得信任的人作为自己子女监护人的制度。遗嘱监护具有优先于法定监护的效力，通过遗嘱指定监护后，如客观情况发生变化导致监护人无法行使监护职责的，可以另行确定监护人。

(3)协议监护

《民法典》第30条规定,依法具有监护资格的人之间可以协议确定监护人。协议确定监护人应当尊重被监护人的真实意愿。需要注意的是,通过协议的方式确定监护人必须是在具有监护资格的人之间去确定,且只有同一顺位的人之间可以通过协议确定。例如,无民事行为能力成年人的监护人,其第一顺位的监护人是配偶,该成年人的父母、子女不能与其配偶通过协议的方式确定该成年人的监护人,只有在离婚或者配偶一方去世的情况下,第二顺位的父母、子女之间可以达成监护协议确定该成年人的监护人。

(4)指定监护

依据《民法典》第31条的规定可知,只有对监护人的确定有争议的情况下,才能适用指定监护。有权为被监护人指定监护的主体为被监护人住所地的居民委员会、村民委员会、民政部门、人民法院。在指定监护前,如被监护人的人身权利、财产权利以及其他合法权益处于无人保护状态的,由被监护人住所地的居民委员会、村民委员会、法律规定的有关组织或者民政部门担任临时监护人。

(5)意定监护

《民法典》第33条规定,具有完全民事行为能力的成年人,可以与其近亲属、其他愿意担任监护人的个人或者组织事先协商,以书面形式确定自己的监护人,在自己丧失或者部分丧失民事行为能力时,由该监护人履行监护职责。意定监护是指具有完全民事行为能力的成年人,根据自己的意愿以书面形式确定自己的监护人,由意定监护人在自己丧失或者部分丧失民事行为能力时,履行监护职责。

意定监护具有优先于法定监护的效力。案例中,张某年有5个儿女,为了避免儿女们在自己患病头脑意识不清或者昏迷时,因医疗和照顾问题再起纷争,张某年指定了小儿子张某七作为自己的意定监护人,约定当张某年丧失或部分丧失行为能力时,由张某七行使监护权。"养儿防老"一直都是中国人的传统观念,对孤老、留守老人、失独家庭来说,他们没有儿女或者儿女常年在外地,他们的晚年生活该由谁来照顾?2020年鼠年伊始,新型冠状病毒大面积爆发,大部分地区实行交通管制,紧急情况下老人需要入院手术治疗而子女远在外地或国外,谁可以为老人签字?意定监护制度的设立使得具有完全民事行为能力的成年人在自己精神状态良好的时候,可以按照自己的意愿选择自己的监护人，正可以解决以上难题。

（6）公职监护

《民法典》第32条规定，没有依法具有监护资格的人的，监护人由民政部门担任，也可以由具备履行监护职责条件的被监护人住所地的居民委员会、村民委员会担任。现实中孤儿、孤寡老人大量存在，这些人可能根本没有具有监护资格的人作为他们的监护人，为避免出现监护真空地带，保护这些人的合法权益正当行使，将由民政部门或被监护人住所地的居民委员会、村民委员会担任监护人。

2. 意定监护的监护人范围、监护人职责

（1）监护人范围

依据《民法典》第33条的规定，被监护人的亲属、其他愿意担任监护人的个人或者组织均可以担任意定监护人。即意定监护人完全由被监护人自主决定，既可以是自己的亲朋好友也可以是其他个人或组织，法律上对监护人无范围限制，经监护人与被监护人书面协商一致即可。

（2）监护人职责

《民法典》第34条第1款规定，监护人的职责是代理被监护人实施民事法律行为，保护被监护人的人身权利、财产权利以及其他合法权益等。具体可包括：保护被监护人的身体健康，照顾被监护人的生活，管理和保护被监护人的财产，代理被监护人进行民事活动，对被监护人进行管理和教育，在被监护人合法权益受到侵害或者与人发生争议时，代理其进行诉讼。即监护人依据意定监护协议的书面约定，履行照顾被监护人的生活，保护被监护人的人身权利、财产权利以及其他合法权益等。

3. 意定监护的终止

依据《民法典》第39条第1款的规定，以下情况出现时，监护关系终止：

（1）被监护人取得或者恢复完全民事行为能力。如果被监护人已经恢复了完全民事行为能力的，其就不再需要监护人，监护关系即终止。

（2）监护人丧失监护能力。如果监护人本人由于某种原因也变成了无民事行为能力人或者限制民事行为能力人的，监护人就不能再履行监护职责，在此种情况下监护关系即终止。

（3）被监护人或者监护人死亡。无论是被监护人死亡还是监护人死亡，监护均无法继续进行，监护关系自然终止。

(4)人民法院认定监护关系终止的其他情形。“最有利于被监护人原则”是监护制度中的最基本原则,无论何种情况下,都要确保被监护人利益最大化,如果监护人在监护期间实施了殴打、虐待、遗弃、伤害等严重侵害被监护人身心健康的行为,法院依法有权终止监护人的监护资格,监护关系终止。

4. 意定监护设立的流程

(1)被监护人在具备完全民事行为能力时选定自己的意定监护人

办理意定监护前,被监护人首先要做的就是为自己选定合适的意定监护人。在选定意定监护人之前,被监护人一定要考察其行为能力、道德水平、身体健康状况以及与自己的关系等,防止自己丧失或部分丧失行为能力时,因“遇人不淑”引起不必要的麻烦,监护人的选定是意定监护制度能否按照被监护人的意愿履行的关键。另外,被监护人选定相应的人选后,需要及时与其进行沟通,询问其是否愿意作为自己的监护人,在自己丧失或部分丧失行为能力时履行监护职责。如果该人选根本不愿意接受被监护人的委托,那么意定监护也就丧失了设立的基础。

(2)签订意定监护协议

监护人同意接受被监护人的委托后,双方便可以签署相应的意定监护协议书。一般来讲,意定监护协议书主要包括以下几个内容:

第一,确定监护人的人选及顺位。意定监护协议的当事人为委托人与受托人,当意定监护协议生效之后,委托人转变为被监护人,受托人转变为意定监护人。意定监护人可以由一人担任,也可以由多人担任,监护人为多人的,多人可以共同履行监护职责,也可以分别履行不同的监护责任,此外,委托人还可以设置多个监护人的顺位,约定在出现某种条件的情况下直接由下一顺位的人履行监护职责。

第二,确定监护的起始条件。委托人需要在意定监护协议中约定从何时起由监护人履行监护责任。如约定在被监护人丧失或部分丧失行为能力时由监护人履行监护责任。另外,为避免因被监护人是否具有相应的民事行为能力产生争议,委托人可以在协议中约定由特定的医疗机构或司法鉴定机构作为自己是否丧失或部分丧失行为能力的鉴定机构。

第三,明确监护人的代理事项。一般情况下,监护人的职责包含三个方面的内容:人身事务管理、财产事务管理、诉讼事务管理。人身事务管理一般包括:对被监护人生活进行照料;代理签订、解除各类民事合同;为其办理入住养老院、福利院手续;当被监护人入院治疗时,为其签署手术同意书、医疗及检查同意书等有关文件;保管被监护人的身份证件等资料;每月定期上门探望、关心被监护人的身心健康等内容。财产事务管理一般包括:保管被监护人的银行存款、债券、股票、车辆、房屋等资产;代为收取相应的劳动报酬或退休金、房租等费用;代为支付日常生活开销、医疗费用等内容。另外,为防止监护人侵占被监护人的财产等道德风险,当事人可以在协议中约定监护人的上述开销都需要提供相应的票据。部分公证处还开展了提存业务,被监护人可以将财产提存在公证处,在监护人实际支出相应款项后由其向公证处提取相应的资金。诉讼事务管理一般包括:代理被监护人参与诉讼、仲裁、为被监护人选定相应的诉讼代理人等内容。

第四,意定监护报酬及支付方式。由于监护人需要履行相应的监护职责,需要代理被监护人进行人身事务管理、财产事务管理、诉讼事务管理,因此监护人有权收取一定的报酬。但目前来看,大部分监护人同意担任监护责任多是出于人情角度,而并非经济利益,所以相应的报酬并不是很高。

第五,监护人资格的撤销。监护人监护资格的撤销可以分为两个阶段。第一阶段为,意定监护协议签订后,被监护人丧失或部分丧失行为能力前。在此阶段,意定监护协议书虽然已经订立但是并未生效,任何一方均可以作出撤销意定监护的意思表示并通知对方。第二阶段为,意定监护协议生效后即被监护人丧失或部分丧失行为能力时。在此阶段,为保障被监护人的合法权益,监护人不能随意撤销意定监护协议。但如果监护人实施严重侵害被监护人身心健康的行为或怠于履行监护职责等侵犯被监护人合法权益的行为的,人民法院可以根据有关当事人或组织的申请,撤销监护人资格。

第六,违约责任。为督促监护人履行监护职责,双方可以在意定监护协议中约定监护人未按照协议约定履行监护责任或履行监护责任不当给被监护人造成损失的,监护人应当承担何种违约责任。

第七,其他。双方当事人可以在协议中约定意定监护协议书的终止条件。例如,当被监护人或监护人死亡时本协议自动终止,当监护人实施侵害被监护人合法利益行为时,本协议终止。其也可以约定因履行本协议书产生纠纷,相应的争议解决条款等内容。

(3)将意定监护协议书进行公证

虽然法律并没有明确要求当事人需要将意定监护协议书进行公证,但为增强协议的证明效力,律师建议当事人将意定监护协议书进行公证,避免后期产生不必要的纠纷。此外,公证处还可以充当监管人的角色,监督意定监护协议的履行、在被监护人丧失或部分丧失行为能力时,由监护人签发监护资格证书等。

5. 意定监护的意义与作用

(1)老有所养,老有所依

尊重老年人自身的意愿让其自由地选择自己信任的人担任监护人,意定监护人依照被监护人的真实意愿履行监护职责,有力地保障了成年人,特别是孤寡老人在丧失或者部分丧失民事行为能力时能够有所养、有所依。

(2)通过意定监护实现"用人不疑,疑人不用"

夫妻关系不睦、长期分居、处于离婚诉讼中的夫妻已丧失了基本的信任,如果自己在离婚诉讼中突发意外丧失行为能力,那么配偶将作为自己的监护人,但这可能并不符合自己的真实意愿。因此,这类人也可以通过设定意定监护,排除配偶作为自己的监护人并创设法定监护人之外的监护权,聘请自己信任的朋友或社会组织担任监护人,在自己丧失或部分丧失行为能力时为自己行使监护权。

(3)适用范围广泛

具有完全民事行为能力人的成年人都可以设立意定监护,意定监护制度适用群体非常广泛,包括但不限于孤寡老人、独居老人、丁克人群、不孕不育者;夫妻关系不睦、分居或处于婚姻危机的夫妻;处于离婚、继承诉讼中的当事人;同居人士、再婚人士;投资创业者、公司经营者、商业合作伙伴;有可能被限制人身自由的人;高危职业人群等其他认为在自己丧失或部分丧失行为能力时需要对自己的医疗、人身和财产托付给自己信任的人管理,等等。可以说,可能面临没有适合的法定监护人,或者希望有能够优先于法律规定的人成为自己的监护人的完全民事行为能力人都可以设置意定监护。

此外,意定监护不仅可以适用于普通大众满足其养老就医等方面的需求,也适用于高薪阶层及富有人士,还可以与遗嘱、信托等工具结合,将管事权和管钱权分开,可以更好地实现财富传承等目的,规避道德风险。

(4)设立简单且可单方解除

意定监护设立简单灵活且可随时单方面解除,合法保障监护双方的合法权益。在签订意定监护协议时,双方可以约定,在某种条件下,意定监护人开始行使监护人权利或履行监护人义务;在某种条件下,被监护人或者监护人可以单方面解除监护关系。以上内容只要不违反法律、行政法规的强制性规定,都是合法有效的。

(5)有效实现财富传承并可定分止争

随着社会经济发展,很多人积累了一定财富,意定监护不仅仅意味着对被监护人的人身进行照顾,监护人很有可能拥有管理被监护人财产的权利。通过意定监护自主选择自己的监护人,未雨绸缪,在被监护人生前按照被监护人的意愿安排晚年生活,财富传承架构,依据被监护人的意愿进行财产管理,为自身的人身和财产保驾护航,让财产不至于被不良人士侵占,实现自己的财富传承目的,施惠于更多的人。

6. 意定监护在财富传承中的应用

意定监护可以与其他财富传承工具如遗嘱、赠与、保险、信托等综合运用,当意外风险发生时监护人按照自身意愿进行监护照顾,同时能够按照自己真实意愿进行财富管理和传承。防止自身在意识不清或生活不能自理的时候无人监护,甚至财产被窃取。

意外和明天,你永远不会知道哪个先来。无论是意定监护还是遗嘱、赠与、保险、信托等财富传承工具,都需要未雨绸缪,在自己生前意识清醒时对自己、家庭、财产做好规划,就可以把未来的不确定性降到最低,最终达到防范风险、规划财富、传承未来的目的。

03

第三篇

保险传承

《史记·货殖列传》中有云:“富无经业,则货无常主,能者辐凑,不肖者瓦解。”

大多数高净值人士想使现有的财富更安全、更持久并使财富惠及家人。“工欲善其事,必先利其器”,如何巧妙、灵活利用传承工具去进行良好的资产配置,成了财富传承的关键,而“理财金字塔”就是用结构观念告知我们:把财富按照需求匹配好。

提到保险,对于大众而言,可以说是又爱又恨,也可以说是最熟悉的“陌生人”。说熟悉,是因为您可能已经买了很多份保险,或者您即便是没有买保险,朋友圈里也少不了从事保险的业务人员。说是“陌生人”,主要针对其近年来保险作为财富的传承工具,尚未“飞入寻常百姓家”,至今有些投保人还被灌输买保险可以“欠债不还、离婚不分、诉讼不给”的错误理念。很多高净值人士甚至也认为保险是用来防病的,而对保险工具在财富传承领域的重要作用认识不足。

本篇将用翔实的案例体系,解答您心中的疑惑:

保险有哪些种类?适合您的是哪一种?

保险真能起到隔离债务的作用吗?

婚前购买保险,离婚时法院会作为共同财产进行分割吗?

为子女购买的人寿保险,夫妻离婚时分割吗?

给未出嫁的女儿买保单,能达到“防婚变”的传承本意吗?

人寿保单能起到节税和融资作用吗?

人寿保单中受益人的指定有那么重要吗?

投保时投保人隐瞒重要事实,会导致保险合同被解除或被确认无效吗?

婚姻期间购买的人寿保险,离婚时法院如何分割?

保险金和信托的结合,是相得益彰还是相生相克?

一、人身保险的分类及其在财富传承中的功能

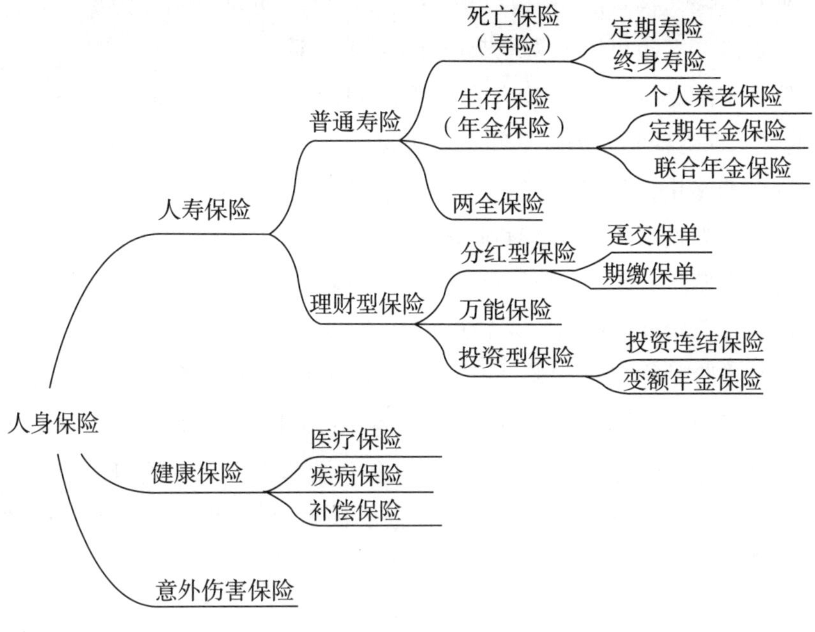

图1　人身保险划分图

[传承实务及法律分析]

依据《保险法》的规定，人身保险是以人的寿命和身体为保险标的的保险。在保险期内，当被保险人死亡、伤残、疾病或者达到合同约定的年龄、期限等条件时由保险人承担给付保险金责任的商业保险行为。

依据《保险法》第95条的规定，人身保险业务包括人寿保险、健康保险、意外伤害保险等保险业务。本章重点介绍在财富传承中应用较多的人寿保险。

人寿保险是以被保险人的寿命为保险标的，以被保险人在保险期间内的生存或死亡为给付保险金条件的一种人身保险。人寿保险承保的风险是人的生存、死亡或同时承保生存与死亡。传统的人寿保险分为生存保险、死亡保险与生死两全保险。顺应时代趋势及经济发展需求，保险公司在原有人寿保险的基础上增加了投资理财功能并推出了理财型人寿保险，其主要分为分红型保险、万能保险和投资型保险三种。

1. 死亡保险

死亡保险又称寿险，是指以被保险人在保险期间内死亡为给付保险金条件的保险。寿险可以分为定期寿险和终身寿险。

定期寿险是指以被保险人在保险期间内死亡为保险金赔付条件的保险，此处的保险期间为固定期间。若被保险人在保险期间内仍然生存，则保险合同到期终止，保险公司无给付保险金义务，也无须退还投保人已经缴纳的保险费。如投保人在保险期间内退保，则保险单无现金价值可退。定期寿险的保险期限有 5 年、10 年、15 年、20 年或约定年龄到 50 岁、60 岁、70 岁等不同选择。定期寿险具有保费投入低、保障收益高的优点。

终身寿险是指以被保险人在保险期间内死亡为保险金赔付条件的保险，此处的保险期间为终身，即被保险人生存期间直至死亡都可以得到永久保障。终身寿险也是定制财富传承规划的重要理财工具。终身寿险保费投入较高，且保单具有现金价值，具有较强的储蓄性，投保人可以利用保单贷款进行资金融通，被保险人可以终身享有寿险保障。

2. 生存保险

生存保险是以被保险人在保险期间内或期满时，被保险人仍然生存为给付保险金条件的保险，若被保险人在保险期间内死亡的，则保险公司无须给付保险金。生存保险通常按年支付，因此又称年金保险。年金保险多用于养老保障或为家庭、子女提供长期现金流。年金保险可以有确定的保险期限，也可以没有确定的保险期限，但均以被保险人的生存为给付条件。年金保险又分为个人养老保险、定期年金保险和联合年金保险。个人养老保险已被纳入我国社会保障体系之内，定期年金保险和联合年金保险则可列入商业保险范围内。因生存保险具有较强的储蓄性，保单具有现金价值，能够利用保单贷款，适合晚年养老、医疗保障、为子女提供日常生活保障。

3. 两全保险

两全保险是指保险期间内或期满时，若被保险人生存则领取生存保险金；若被保险人在保险期间内死亡则领取死亡保险金，故两全保险是生存保险与死亡保险的组合产品。两全保险既保障被保险人生存期间利益，也保障被保险人死亡后的受益人的利益。

两全保险的保障范围广，其保费与死亡保险及生存保险相比较高。

4. 分红型保险

分红型保险是指被保险人在获得人寿保险金的同时，保险公司将其保险收益按照一定比例定期向投保人或保单持有人支付分红的保险。分红型保险的保险费比较高，具有确定的收益保证和获得红利机会，但红利的多少与保险公司的收益相挂钩。根据原保监会 2015 版《分红保险精算规定》，保险公司为各分红保险账户确定每一年度的可分配盈余时应当遵循普遍接受的精算原理，并符合可支撑性、可持续性原则，其中分配给保单持有人的比例不低于可分配盈余的 70%。以上规定充分保障了分红型保险客户的利益。

保险分红既可以现金领取也可以累积生息。现金领取是指投保人以领取现金的方式领取分红；累积生息是指将分红留存在保险公司，由保险公司支付相应的利息。实践操作中，也有保险公司将保险分红以增加保险金形式替代。

5. 万能保险

万能保险是一种既具有人寿保险的保障功能又具有投资理财功能的新型保险，保险公司保障投保人的最低收益，且收益上不封顶。投保人根据自身需求与资金情况设定万能保险的保障和投资比例，并全权交付保险公司进行投资理财管理，投保人的收益与保险公司的投资收益相挂钩。受益人在被保险人身故或全残时能够按照保险合同约定得到保险金，同时，投保人购买万能保险后，能够按照自身需求设计购买保险公司的投资理财产品。万能保险的最大特点是投保人可以在人生的不同阶段根据自身需求和资金状况，随时调整保额、保费及缴费期，以确定最适合自己的保障与投资组合。

基于对高风险产品及保险公司进行有效监管，2016 年 9 月，原保监会针对万能险产品的精算规定作出了调整。2017 年 5 月 11 日，《关于规范人身保险公司产品开发设计行为的通知》(保监人身险〔2017〕134 号)出台,业内简称“134 号文”,核心内容:一是禁止年金保险、两全保险等险种快速返还,首次返还必须在产品满 5 年后,且每次返还不能超过年交保费的 20%;二是万能险不能以附加险形式存在。随着原保监会对部分保险公司万能险业务采取了暂停、禁止申报新产品的措施后,国内大多数保险公司基本不再推出万能保险,有的保险公司则直接将万能保险变成一款短期理财产品。

6. 投资型保险

投资型保险,是指保险与投资挂钩,保险单在提供保险保障的同时也进行风险投资,但投资收益没有最低保障,保单的价值随投资账户的变化而变化,收益不确定,投保人承担风险较大,但可能获得很高额的投资收益。

投资型保险又分为投资连结保险和变额年金保险两种。

投资连结保险(以下简称投连险),顾名思义,是指保险与投资相结合的保险。投保人购买保险的同时可以购买保险公司的其他投资产品,如投资固定利率产品、投资债券、股票、基金等,以达到享受期望的高额回报的目的。投连险通常设有保证收益账户、债券账户、基金账户、股票账户等不同投资账户,根据保险与投资产品组合的不同,各个账户投资收益率与投资风险也各不相同。投连险不承诺投资回报也没有保底收益,但保险公司提供专家理财团队且投资利益与保险公司的投资收益挂钩,投连险的投资账户透明度要求较高,投保人可以随时掌握投资情况,保护投保人的利益。

变额年金保险,是指保险与投资账户相结合,但投资账户最高亏损额确定的投资保险。变额年金保险在提供最低保障收益的情况下,同时限制投资的最高亏损额,但投资收益上不封顶。

7. 人寿保险在财富传承中的功能

(1)人寿保单的债务隔离功能

人寿保单能否隔离投保人的债务,人寿保单的现金价值能否被强制执行,在本书后文有详细介绍,此处不再赘述。

人寿保单能否隔离被保险人生前的债务?在司法实践中,主要考虑保险公司所支付的保险金是否属于遗产。如果在人寿保单中投保人或者被保险人指定了受益人,受益人取得的保险金不属于遗产,无须承担被保险人生前的债务。如果指定受益人无效或者未指定受益人,在保险金认定为被保险人的遗产时,则须按照《民法典》的规定清偿被保险人生前的债务。

保险赔偿金的专属性能否对抗代位权？代位权是指当债务人怠于行使其对第三人的债权而危及债权人的债权时，债权人可以向人民法院请求以自己的名义行使债务人的权利。人寿保险的指定受益人对保险公司享有的保险赔偿金请求权作为其专属债权，受益人的债权人不能对其行使代位权。但，如果作为债务人的受益人已经实际取得了保险金，能否被法院强制执行，则不属于代位权讨论的范畴。

(2)婚姻财富规划功能

人寿保单保全婚前财产，防止财产混同。使用婚前财产投保人寿保单，依据《民法典》及与婚姻相关的司法解释的规定，一方婚前取得的财产以及孳息和自然增值都属于婚前财产归个人所有。如婚后申请保单贷款用于家庭共同生活支出，属于夫妻共同债务，不会影响个人财产。

受益人婚后取得人寿保险死亡保险金为夫妻一方个人财产，不能作为夫妻共同财产分割。在司法实践中，如果投保人或被保险人在人身保险合同中指定了受益人的，被保险人死亡后，其人身保险金应给付受益人。而依据最高人民法院《第八次全国法院民事商事审判工作会议(民事部分)纪要》的规定，婚姻关系存续期间，夫妻一方作为受益人依据以死亡为给付条件的人寿保险合同获得的保险金，宜认定为个人财产。

(3)人寿保单的财富传承功能

依据《保险法》的规定，投保人和被保险人指定受益人，可以确定受益人顺序及受益比例。同时在保险金赔付之前，可以随时更改受益人及受益人比例，保证保险金按照自己的意愿传承到指定的受益人手中。

(4)人寿保单的避税功能

依据《个人所得税法》第4条第5项的规定，保险赔款免交个人所得税。

遗产税方面，我国目前尚未开始征收，但通过人寿保单的提前安排，可以降低大额税务风险。依据《保险法》的规定，被保险人死亡后，在指定受益人的情况下人寿保险金归身故受益人所有，不属于被保险人遗产，受益人无须清偿被保险人生前所欠的税款和债务。所以，当被保险人死亡后，投保人或被保险人在保险合同中指定受益人的，其身故受益人就能直接获得保险金，保险金不作为遗产处理，不会因为“继承遗产”而交纳高额遗产税。

(5)人寿保险的资金融通功能

人寿保单一般都具有现金价值，投保人随时可以通过行使解除权取得保单的现金价值。同时,依据《保险法》第 34 条、中国人民银行《关于人寿保险中保单质押贷款问题的批复》(银复〔1998〕194 号)的规定,投保人也可以利用保单向保险公司申请质押贷款,实现资金融通功能。

依据最高人民法院《关于适用〈中华人民共和国保险法〉若干问题的解释(三)》第 13 条的规定,保险事故发生后,受益人可以将保险金请求权转让给第三人。但根据合同性质、当事人约定或者法律规定不得转让的除外。

无论是利用保单进行质押贷款还是将保险金请求权转让给第三人,都能在一定程度上缓解投保人或受益人的资金压力,实现人寿保险的资金融通功能。

(6)隐私保护功能

人寿保单的受益人由投保人和被保险人指定,不需要经过其他任何人的同意。发生保险金赔付时,由保险公司直接将保险金赔付给受益人,也不需要任何人的同意或认可,隐私保密性高。

(7)收益锁定功能

基于人寿保险的周期性比较长,一旦签订人寿保险合同,预定的保险利率和固定收益是不能变化的,因此才有了人寿保单的收益锁定功能。虽然保险的预定利率远低于银行存款利率,但在银行存款利率上下波动或走低的情况下,人寿保险的收益锁定功能将更加突出。

(8)投资理财功能

因保险资金相对于其他投资资金具有独特优势,如保险合同的周期长,投保人支付保费到保险人赔付时间间隔较长,投保人投入的资金一直比较稳定;保险金的赔付需保险事故发生,不会出现集中赔付或退保,尤其还有保险保障机制做后盾,保险资金实力雄厚。加上保险公司有专业的投资团队,保障投资收益,现在大多数人寿保险兼具保险与投资理财功能。

二、人寿保单能否隔离债务

[传承案例38]

2012年曾羿与罗庄区农村信用合作联社签订《金融借款合同》，借款145万元，刘旭东为曾羿按约定还本付息提供连带责任担保，并签署了《保证合同》。

2013年，因曾羿未履行到期偿还贷款义务，罗庄区农村信用合作联社将曾羿与刘旭东共同起诉到山东省临沂市罗庄区人民法院（以下简称罗庄区人民法院），罗庄区人民法院经审理后作出（2013）临罗商初字第1072号民事判决，主要内容有两项：(1)判决曾羿返还罗庄区农村信用合作联社借款人民币145万元及利息，于本判决生效后5日内履行；(2)被告刘旭东对被告曾羿的上述还款义务承担连带清偿责任，刘旭东承担保证责任后，有权向曾羿追偿。

判决生效后，曾羿与刘旭东均未履行生效法律文书所确定的义务，2014年2月10日，罗庄区农村信用合作联社依法向罗庄区人民法院申请强制执行，罗庄区人民法院裁定冻结曾羿的银行存款121万元或查封被执行人所有同等价值的财产。因曾羿与刘旭东名下无可供执行财产，2015年6月，罗庄区人民法院终结本次执行。

2018年12月，罗庄区农村信用合作联社提供刘旭东在中国人寿保险公司的四条财产线索：(1)2005年11月12日刘旭东（投保人）与中国人寿保险股份有限公司（保险人）签订人寿保险投保单，约定投保国寿鸿鑫两全保险（分红型）保险一份，被保险人为刘文涛，身故受益人为刘旭东，保单号2005××，交费方式为年交，每年保费为64,055元；(2)2008年1月1日，刘旭东（投保人）与中国人寿保险股份有限公司（保险人）签订人寿保险投保单，约定投保国寿金彩明天两全保险（分红型）保险一份，被保险人为刘旭东，身故受益人为徐守华，保单号为2008××，交费方式为年交，保险费为30,000元；(3)2011年4月25日，刘旭东（投保人）与中国人寿保险股份有限公司（保险人）签订人寿保险投保单，约定投保国寿福满一生两全保险（分红型）保险一份，被保险人为刘文涛，身故受益人为刘旭东，保单号为2011××，交费方式为年交，保险费为109,673.5元；(4)2011年12月27日，刘旭东（投保人）与中国人寿保险股份有限公司（保险人）签订人寿保险投保单，约定投保国寿福禄鑫尊两全保险（分红型）保险一份，被保险人为徐守华，身故受益人为刘旭东，保单号为2012××，交费方式为年交，保费为120,000元。

2018年12月17日，罗庄区人民法院作出(2014)临罗执字第353号执行裁定书，裁定：划拨被执行人刘旭东的中国人寿保险公司保险单号为:2005××、2008××、2011××、2012××的现金价值124万元。后于2019年1月8日向中国人寿保险股份有限公司临沂分公司送达执行裁定书及协助执行通知书。

中国人寿保险股份有限公司临沂分公司对罗庄区人民法院作出的(2014)临罗执字第353号协助执行通知书提出书面异议。理由如下：(1)刘旭东在异议人处的相关保单不具有逃避债务的目的，且保单尚在保险期间，异议人无权解除合同。(2)根据法律规定，目前保险合同所产生的现金价值不属于可执行的财产性权益的范畴。①涉案的保险金或保单现金价值是被执行人投保人寿保险所产生的权益，显然属于保险合同债权的范畴。因此，裁定书将被执行人退保所产生的现金价值作为被执行人的投资性收益直接提取，执行程序和执行措施均有不当。②保险法规定的人寿保险属于商业保险范畴，即由投保人支付保险费，保险公司承担给付保险金责任的商业行为。缴纳保险费是投保人的基本义务，而给付保险金是保险公司承担的义务，保险费一旦交纳，其所有权就归保险公司所有，属于保险公司的财产，在投保人没有提出保险合同解除申请前当然不应再作为投保人的财产被强制执行。③在人身保险合同中，投保人所享有的财产性权益表现在两个方面：一是当投保人解除保险合同时，投保人可以获取保单的现金价值；二是当保险合同约定的保险期间届满或保险事故发生时，受益人可获得保险金。因此，投保人的财产性权益不在于保费本身，且权益的实现需附有条件和期限，现期限尚未届满、条件尚未成就，投保人无权享受相应的权益。综上所述，涉案保险合同尚在保险期间，该合同尚未到期，被执行人的保险合同目前处于有效状态,我公司解除与被执行人签订的保险合同无法律依据。投保人为刘旭东的上述四份保险合同项下的相应财产权益不能作为人民法院的执行标的,所以我公司无法成为本案协助执行主体。为此请求法院撤销(2014)临罗执字第353号协助执行通知书,裁定不予执行刘旭东在异议人处四份保单的未到期保险权益。

申请执行人罗庄区农村信用合作联社称,(1)罗庄区人民法院(2014)临罗执字第353号执行裁定书是法院执行行为的合法体现,没有违反法律规定。(2)异议人请求法院终止对刘旭东保险金执行的主张,缺乏事实和法律依据。保险单的现金价值属于投保人的收入,故人身保险合同具有财产权益,可以作为执行标的。根据最高人民法院《关于限制被执行人高消费的若干规定》第3条第1款第8项的规定,被执行人为自然人的,不得支付高额保费。据此法院可以限制被执行人刘旭东支付保费,即罗庄区人民法院在执行(2014)临罗执字第353号案件过程中送达执行裁定时,被执行人与保险公司的保险合同解除,保险单的现金价值固定,罗庄区人民法院有权提取被执行人财产权益。在投保人刘旭东拒不履行生效法律文书确定的义务并怠于行使保险合同解除权时,法院有权代为行使解除权。法院强制执行不受只有投保人才能解除保险合同的限制,对被执行人的财产,法院均可强制执行,被执行人购买的人寿保险等理财产品退保后获得的财产利益也在可被执行的范围之内。因此,异议人的主张缺乏事实和法律依据。(3)罗庄区人民法院有权继续执行(2014)临罗执字第353号执行裁定。依据最高人民法院《关于适用〈中华人民共和国民事诉讼法〉执行程序若干问题的解释》第10条第1款"执行异议审查和复议期间,不停止执行"的规定,本案应当继续执行。

罗庄区人民法院经审理认为,被执行人刘旭东在异议人中国人寿保险股份有限公司投保的分红型人寿保险是兼具人身保障和投资理财功能的保险,保单本身具有储蓄性和有价性,体现在投保人可通过解除保险合同提取保险单的现金价值。这种保险单的现金价值是投保人享有的财产权益,并构成投保人的责任财产。在作为投保人的被执行人不能偿还债务,又不自行解除保险合同提取保险单的现金价值以偿还债务的情况下,人民法院在执行程序中有权强制代替被执行人对该保险单的现金价值予以提取。被执行人刘旭东在异议人中国人寿保险股份有限公司处投保分红型人寿保险四份，法院作出的(2014)临罗执字第353号执行裁定书，裁定划拨被执行人刘旭东在中国人寿保险公司商业保险的现金价值124万元，并无不妥。裁定驳回异议人中国人寿保险股份有限公司临沂分公司的异议请求。

［传承实务及法律分析］

1. 人寿保险能否对抗法院的强制执行

人寿保险是以被保险人的寿命为保险标的，以被保险人的生存或死亡为给付保险金条件的人身保险。新型的人寿保险除具有人身保障功能外，还具有投资理财功能，如分红保险、年金保险、万能险等。本案中刘旭东投保的就是中国人寿分红型两全险。

因人寿保险退保后的现金价值属于投保人的财产权益，该财产权益在法律性质上不具有人身依附性和专属性，也不是被执行人及其所扶养家属所必需的生活物品和生活费用，不属于最高人民法院《关于人民法院民事执行中查封、扣押、冻结财产的规定》第5条所规定的不得执行的财产。因此，罗庄区人民法院才有权利直接划拨刘旭东在中国人寿的四份分红型两全险的现金价值124万元。

在投保人不主动解除保险合同的情况下，法院能否直接对保单的现金价值进行强制执行存在争议。依据《保险法》第15条、第47条的规定，除保险人享有法定的解除权外，只有投保人拥有单方解除保险合同的权利。在投保人申请解除保险合同后，保险人才能够按照合同约定退还保险单的现金价值。

在投保人不具有继续缴纳保费的支付能力的情况下，依据《保险法》第36条、第37条、第38条的规定，投保人超过约定期限未能支付当期保险费，保险合同效力中止。或者由保险人按照合同约定的条件减少保险金额。如自合同效力中止之日起满2年双方未达成协议的，保险人有权解除合同，并应当按照合同约定退还保险单的现金价值。此时，法院可以将保单的现金价值作为强制执行的标的。

在司法实践中，各地法院对人寿保单的现金价值执行情况不一。

如浙江省高级人民法院、山东部分法院支持强制执行人寿保单现金价值用于偿还债务。理由：保单的现金价值是基于投保人缴纳的保险费形成的，是投保人依法享有的财产权益，人身保险虽然是以人的生命和身体为保险标的，但投保人可随时无条件提取现金价值，在投保人不能偿还债务，又不自行解除保险合同提取保单现金价值以偿还债务的情况下，法院有权强制代替投保人对保单的现金价值予以提取。尤其分红型两全险并不是被执行人及其所扶养家属必需的生活物品和生活用品，不是被执行人不可或缺的基本保险。

相反，也有法院不支持强制执行被执行人的人寿保单，理由：人寿保险合同中如终身寿险、疾病险、两全险等保险合同，以被保险人的身体健康或疾病为投保内容，属于人寿保险范畴，具有人身保障功能。若强制解除保单，会损害被保险人或保单受益人的利益，因此，该类人寿保险不宜强制执行。

基于案例中被执行人的前车之鉴，在财富传承的架构设计上，建议参与商业经营较多且负债概率较高的人士，尽量不作为人寿保险合同的"投保人"。在实务操作中，完全可以采用"曲线救国"的方式，将款项赠与不参与商业经营且负债风险较小的近亲属，并由其近亲属作为"投保人"签订保险合同，这样可以有效减轻保单的现金价值被人民法院执行的风险。但需要提醒读者注意的是，这样做也会有其他方面的弊端，为防范近亲属退保、婚变、质押贷款等行为，在实践中，须配合对近亲属有相应约束的《赠与协议》。为保证保险合同的效力，近亲属的投保行为也需符合《保险法》及相关司法解释的规定。

2. 人寿保险金对抗代位求偿权

在投保人已经缴纳完人寿保险的保险费的情况下，如被保险人或受益人尚有未履行完毕的到期债务，那么债权人能否行使代位求偿权呢？《民法典》第535条第1款规定了债权人可以自己名义代位行使债务人的债权，但该债权专属于债务人自身的除外。人寿保单所附权益是否为专属于债务人自身的债权？在《民法典》施行之前，依据最高人民法院《关于适用〈中华人民共和国合同法〉若干问题的解释（一）》第12条的规定可知，人寿保险是专属于债务人自身的债权。债权人不能对保险公司支付给被保险人或受益人的人寿保险金行使代位求偿权。因此，被保险人或受益人获得的人寿保险金能够对抗债权人的代位求偿权。

依据《保险法》第23条第3款的规定，任何单位和个人不得非法干预保险人履行赔偿或者给付保险金的义务，也不得限制被保险人或者受益人取得保险金的权利。因此，人寿保险金在由保险公司支付到被保险人或者受益人账户之前，不会被冻结、强制执行。

但在保险公司已经将人寿保险金理赔到被保险人或者受益人的银行账户，此时，人寿保险金已经完全属于被保险人或受益人的个人财产，在被保险人或受益人对外负债的情况下，保险金还是有被强制执行的可能性。

3. 人寿保险金如何对抗被保险人生前债务顺利传递给子孙后代

购买人寿保险对于大多数人来说是生前为自己及亲人的未雨绸缪之举。人生路短长不一，各种意外风险随时可能发生，用现在所能支配的合理限度内的财产购买必要的人寿保险，是为自己及家人未来的生活保障所做的充分准备。但，是否只要购买了人寿保险就能够按照自己的意愿保证家人顺利拿到保险金？

依据《民法典》第1161条的规定，继承人以所得遗产实际价值为限清偿被继承人依法应当缴纳的税款和债务。超过遗产实际价值部分，继承人自愿偿还的不在此限。继承人放弃继承的，对被继承人依法应当缴纳的税款和债务可以不负清偿责任。被保险人死亡后没有指定受益人的，保险金将作为被保险人的遗产，由保险人依照《民法典》继承编的规定履行给付保险金义务。人身保险金能否列入被保险人的遗产，取决于被保险人是否指定了受益人。指定了受益人的，被保险人死亡后，其人身保险金应付给受益人；未指定受益人的，被保险人死亡后，其人身保险金应作为其遗产处理，可以用来清偿债务或赔偿。即在被保险人未指定受益人的情况下，保险金作为被保险人的遗产，按照《民法典》继承编的规定办理。此种情况下，被保险人的保险金作为遗产，有可能因为被保险人生前所负债务，无法传承给继承人。

为保证家人、子孙后代不受被保险人生前巨额债务的影响，日常生活有所保障，被保险人在生前投保人寿保险，并且指定受益人的情况下，保险人支付的身故保险金就不作为被保险人的遗产，而是专属于受益人，此时就能够对抗被保险人的生前债务，以人寿保险金的形式顺利传递给受益人。

4. 如果欠债了，有其他资产可以还清债务，保单可以保住

在实践中，法院强制执行是有优先顺序的。通常情况下，优先执行的资产是存款或者房产等较易执行的资产，保单资产因为存在查询不便及法律依据不明确等问题，相对而言不易被执行，不属于优先被执行的资产。

5. 目前国内各省法院对保单的执行标准不同，被执行人所持有的人寿保险的保单利益能否被执行，须看执行法院所在地的规定

(1)北京市高级人民法院《关于印发修订后的〈北京市法院执行工作规范〉的通知》(2013 年修订)第 449 条规定，对被执行人所投的商业保险，人民法院可以冻结并处分被执行人基于保险合同享有的权益，但不得强制解除该保险合同法律关系。保险公司和被执行人对理赔金额有争议的，对无争议的部分可予执行，待争议解决后再决定是否执行。对被执行人所设的用于交纳保险费的账户，人民法院可以冻结并扣划该账户内的款项。

(2)2015 年浙江省高级人民法院《关于加强和规范对被执行人拥有的人身保险产品财产利益执行的通知》(浙高法执〔2015〕8 号)：

投保人购买传统型、分红型、投资连接型、万能型人身保险产品、依保单约定可获得的生存保险金、或以现金方式支付的保单红利、或退保后保单的现金价值，均属于投保人、被保险人或受益人的财产权。当投保人、被保险人或受益人作为被执行人时，该财产权益属于责任财产，人民法院可以执行。人民法院要求保险机构协助扣划保险产品退保后可得财产利益时，一般应提供投保人签署的退保申请书，但被执行人下落不明，或者拒绝签署退保申请书的，执行法院可以向保险机构发出执行裁定书、协助执行通知书要求协助扣划保险产品退保后可得财产利益，保险机构负有协助义务。

(3)2016 年广东省高级人民法院《关于执行案件法律适用疑难问题的解答意见》：

问题十一、被执行人的人身保险产品具有现金价值，法院能否强制执行？

处理意见：首先，虽然人身保险产品的现金价值是被执行人的，但关系人的生命价值，如果被执行人同意退保，法院可以执行保单的现金价值，如果不同意退保，法院不能强制被执行人退保。其次，如果人身保险有指定受益人且受益人不是被执行人，依据《保险法》第 42 条的规定，保险金不作为被执行人的财产，人民法院不能执行。最后，如果人身保险没有指定受益人或者指定受益人为被执行人，发生保险事故后理赔的保险金可以认定为被执行人的遗产，可以用来清偿债务。

三、婚姻关系存续期间购买的人寿保单如何分割

［传承案例39］

林某凡与尹某芸系再婚夫妻，婚后未再生育子女。林某凡有一子林某，尹某芸有一女林某曦。

2016年11月20日，经法院判决准予林某凡与尹某芸离婚，并对双方在2011年5月2日签订的《夫妻财产协议书》中约定财产作出了处理，但对有关人寿保险未作处理。

2018年1月2日尹某芸向法院起诉，请求依法分割被告林某凡投保的人身保险保单现金价值。其陈述的主要事实和理由：原、被告于2016年经人民法院判决离婚，并对夫妻共同财产进行分割，但在离婚诉讼中因被告隐瞒了为自己购买巨额人身保险的事实，导致该部分财产利益未在离婚诉讼中分割。所以应按照对被告不分或者少分的原则依法对该部分财产进行处理。

林某凡答辩称：原告对被告购买人身保险之事一清二楚，在2011年农历正月时，尹某芸与林某凡曾一起到中国人寿保险公司核实林某凡于2011年前在该公司投保的人寿保险信息。按照保险的性质来说，保单不属于夫妻共同财产。从事实来看，即使保单属于婚内财产，原告已经认可了被告的投保行为，人身保险的价值应当属于被告的个人财产。

根据原被告陈述和经审查确认的证据，法院认定事实如下：2011年农历正月，尹某芸与林某凡一起到中国人寿保险公司核实林某凡于2011年前在该公司投保的人寿保险信息。且自2011年9月12日起，包括林某凡、林某凡子女及孙子女的保单等物件均在尹某芸处保管。因被告不存在故意隐藏、转移财产的行为，故对原告要求被告少分或者不分夫妻共同财产的主张不予采纳。

原告尹某芸与被告林某凡于2011年5月2日对夫妻共同财产进行了分割约定并签订了《夫妻财产协议》,但在双方罗列的财产清单中未见上述有关保单,因该部分保单涉及的财产金额巨大,且夫妻分割财产时未作特别约定,故该部分财产应当视为夫妻共同财产。

因被告名下的保单现金价值属于夫妻共同财产,双方离婚时未分割,法院应当依法予以分割。原告也用夫妻共同财产购买了几份同类型保险,应在本案中一并予以处理。综合考虑本案的实际情况,因原、被告保单仍在投保中,不宜进行实物分割,应当由原、被告分别继续享有。对原、被告以夫妻共同财产用于购买涉案保险产品部分的现金价值在原、被告间宜按5∶5的比例进行分割。基于原、被告签订的《夫妻财产协议》,约定了夫妻共同财产与个人财产的时间分界线即2011年5月2日,因此从2011年5月2日前的投入累加的金额对应的现金价值作为夫妻共同财产的金额认定。因国寿福禄鑫尊两全保险及国寿福禄双喜两全保险,被告分别于2012年和2013年投保,根据2011年5月2日签订的《夫妻财产协议》,属于被告以其个人财产投保,与原告无关。

原告尹某芸于2011年5月2日前为自己购买保险产品使用夫妻共同财产支付保费,其对应保单现金价值为56,654元,被告林某凡于2011年5月2日前为自己购买保险产品使用夫妻共同财产支付保费,其所对应的保单现金价值为1,285,117元,按5∶5的比例进行分配,原告实际占有614,231.5元,原告应得的部分被告应予返还。

最终,法院判决如下:林某凡支付尹某芸因购买保险产品所花费的共同财产对应保单现金价值分割款614,231.5元。款项于本判决发生法律效力之日起30日内付清。

[传承实务及法律分析]

1. 保单现金价值的内涵及特定情形下的退还

保单现金价值是指带有储蓄性质的人身保险单所具有的价值,即投保人已缴纳的保费扣除保险公司的管理费用开支在该保单上分摊的金额、保险公司因为该保单向推销人员支付的佣金、保险公司已经承担该保单保险责任所需要的纯保费加上剩余保费所生利息。保单现金价值可以通俗地理解为，投保人中途退保或保险公司解除保险合同时，保险公司应退还给投保人的金额。

由于人身保险单的交纳期限较长，故保险公司根据被保险人年轻时与年老时死亡概率的不同，设定每年交纳等额的保险费。因年轻时死亡概率低，但交纳的保险费较多并存在保险公司；年老时死亡概率高，如发生死亡赔付，投保人交纳的保险费不足以支付赔付的保险金，不足部分正好由被保险人年轻时多交纳的保险费予以弥补。由此，投保人年轻时多交纳的保险费及产生的利息，逐年累计生息，就是保单的现金价值。

保单的现金价值具有退保、保单贷款、分红、自动垫付保费、减额缴清、展期定期功能。

依据《保险法》的相关规定，保险公司在以下情况出现时，应当按照合同约定向投保人退还保险单的现金价值：

(1) 投保人申报的被保险人年龄不真实，并且其真实年龄不符合合同约定的年龄限制的，保险人可以解除合同，并按照合同约定退还保险单的现金价值。

(2)合同约定分期支付保险费，投保人支付首期保险费后，除合同另有约定外，投保人自保险人催告之日起超过 30 日未支付当期保险费，或者超过约定的期限 60 日未支付当期保险费的，合同效力中止。但是，自合同效力中止之日起满 2 年双方未达成协议的，保险人解除合同的，应当按照合同约定退还保险单的现金价值。

(3)以被保险人死亡为给付保险金条件的合同，自合同成立或者合同效力恢复之日起 2 年内，被保险人自杀的，保险人不承担给付保险金的责任，保险人应当按照合同约定退还保险单的现金价值，但被保险人自杀时为无民事行为能力人的除外。

(4)因被保险人故意犯罪或者抗拒依法采取的刑事强制措施导致其伤残或者死亡的，保险人不承担给付保险金的责任。投保人已交足 2 年以上保险费的，保险人应当按照合同约定退还保险单的现金价值。

(5)投保人解除合同的，保险人应当自收到解除合同通知之日起 30 日内，按照合同约定退还保险单的现金价值。

(6)投保人故意造成被保险人死亡、伤残或疾病的，保险人不承担给付保险金的责任。投保人已交足 2 年以上保险费的，保险人应当按照合同约定向其他权利人退还保险单的现金价值。

2. 以夫妻共同财产投保的保单如何分割

依据《保险法》第2条的规定，所谓保险是指投保人根据合同约定，向保险人支付保险费，保险人对于合同约定的可能发生的事故因其发生所造成的财产损失承担赔偿保险金责任，或者当被保险人死亡、伤残、疾病或者达到合同约定的年龄、期限等条件时承担给付保险金责任的商业保险行为。

现阶段保险产品多种多样，"理财型保险"在交纳期限届满之后，被保险人或者受益人可以根据保险合同的约定获得一定利益。正因为在期满后存在一定的利益，所以投保人投入的资金或者期满后可获得的收益，具有共同财产的属性，依法可以分割。但理财型保险财产不同于其他财产，其分割存在难度，因为理财型保险财产的价值是动态的、可变的。从投入的角度看，在合同约定的交纳期限内其投入每年都需增加；从收益的角度看，合同约定的交纳期限届满后，被保险人或者受益人即可获得约定收益，即使不是期限届满后马上领取收益，但其收益金额每年都在增加。

依据最高人民法院《第八次全国法院民事商事审判工作会议（民事部分）纪要》的内容，婚姻关系存续期间以夫妻共同财产投保，投保人和被保险人同为夫妻一方，离婚时处于保险期间内，投保人不愿意继续投保的，保险人退还保险单现金价值部分应按照夫妻共同财产处理；离婚时投保人选择继续投保的，投保人应当支付保险单现金价值的一半给另一方。

3. 人寿保单中，既有用个人财产交保费，又有用夫妻共同财产交保费，该保单离婚时应如何分割

人寿保单既有个人财产交纳保费，又有夫妻共同财产交纳保费，该人寿保单仍归投保人所有，但保单的现金价值部分配偶也有份额。保险人退还保险单现金价值后，个人财产交纳的保费所对应的现金价值不会被分割，以夫妻共同财产交纳的保费所对应的现金价值部分按照夫妻共同财产进行分割。如投保人选择继续投保的，投保人应当依据使用夫妻共同财产交纳保费对应保单现金价值的一半支付给另一方。

本案中，被告林某凡于2011年5月2日前为自己购买人寿保险产品使用夫妻共同财产支付的保费，该部分保费对应的保单现金价值应按照夫妻共同财产进行分割；2011年5月2日之后的保费使用个人财产支付因此不作为夫妻共同财产进行分割。原告尹某芸于2011年5月2日前为自己购买保险产品使用夫妻共同财产支付保费，该部分保费对应的保单现金价值也应按照夫妻共同财产进行分割。

4. 已到期的保单如何分割

保险单已到期是指投保人已经按照保险合同的约定交纳完全部保费，如保险单已到期，男女双方离婚后其中一方不再享受收益，只考虑投入的金额而不考量收益的因素，双方利益不能平衡。而收益的考量难以精确，婚姻关系存续期间的投入对以后收益金额的确定很难计算，另外还要受到人的寿命等不确定因素的影响。较为公平的处理方式是，当事人在取得年金、分红之后或者发生保险事故并取得保险金之后分割已获得的保险金。但是为了避免诉累等其他不确定因素，当事人往往以保险单的现金价值为基础进行分割。

四、为未成年子女购买的人寿保险，离婚时如何分割

［传承案例40］

王某阳与李某雅于2000年2月2日登记结婚。婚后育有一子王某龙(2003年2月2日出生)。

婚姻关系存续期间,李某雅为王某龙购买了三份人寿保险:

1. 2003年12月17日,李某雅购买了少儿乐幸福成长综合保险(保险单号:×××)一份。投保人为李某雅,被保险人为王某龙,受益人为王某龙。保险期限:2003年12月18日至2057年12月17日。缴费期限:2003年12月17日至2017年12月16日。缴费方式:逐年缴费,期交标准7730元。

2. 2004年6月23日,李某雅购买少儿终身保障保险(保险单号:×××)一份。该保险的投保人为李某雅,被保险人为王某龙,受益人为王某龙。缴费期15年(2004年6月19日至2018年6月18日)。保障期终身。保险费:年缴10,047元。

3. 2005年11月12日,李某雅购买新华人寿保险股份有限公司的健乐增额终身疾病保险(保单号:×××)一份。投保人为李某雅,被保险人为王某龙,受益人为王某龙。缴费期限:2005年11月9日至2024年11月8日,保险期限:2005年11月9日至终身。保险费:年缴9200元。

2015年,王某阳与李某雅因感情不和,双方协议离婚,王某龙由李某雅抚养。离婚后王某阳以上述三份保险系夫妻共同财产为由向法院起诉,要求依法分割婚姻关系存续期间交纳的保险费。

法院经审理认为:李某雅在婚姻关系存续期间为其子王某龙购买人寿保险,系处分夫妻共同财产的行为。李某雅向保险公司交纳的保费已经转化为财产利益,不再是夫妻共同财产。依照《保险合同》约定财产利益由被

保险人王某龙享有，在合同尚未到期的情况下，保险中现金价值应当认定为王某龙的个人财产。不应作为夫妻共同财产进行分割。

法院最终判决驳回王某阳的诉讼请求。

［传承实务及法律分析］

1. 为未成年子女购买的人寿保单，离婚诉讼中能否分割保单的现金价值

截至目前并没有法律或司法解释明确规定夫妻一方或双方为未成年子女购买的保险，是否可以在离婚诉讼中分割，但部分省高院曾就该问题作出规定。例如，江西省高级人民法院发布的《家事纠纷案件审理指南（婚姻家庭部分）》第43条第3项规定，婚姻关系存续期间，夫妻一方或者双方为未成年子女购买的人身保险获得的保险金，如果未成年子女未死亡，应当专属于未成年子女所有。离婚时，如果为未成年子女购买的人身保险合同尚处于保险有效期的，因保险的最终利益归属于未成年子女，该保险应当视为对未成年子女的赠与，不再作为夫妻共同财产分割。

司法实践中，大部分法院会认定，婚姻关系存续期间，一方为子女购买的人寿保险，已经交纳的保费应当视为夫妻双方合意决定对于子女的赠与。离婚时，保险单的现金价值或者保险利益不应当作为夫妻共同财产进行分割。这主要是考虑到，即使夫妻双方离婚，父或母仍然对未成年子女有抚养、照顾、保护的义务，父母与子女之间的关系不因父母离婚而消除，离婚后子女无论由哪一方直接抚养，仍然是父母双方的子女。夫妻双方离婚时，为未成年子女投保的人寿保险尚处于保险的有效期内，未成年子女作为保单的生存受益人，只要未成年子女生存其便能获得生存保险金，该生存保险金属于未成年子女专有并不会给付给直接抚养子女的一方，直接抚养子女的一方也没有因此而受益，因此也不存在要补偿对方现金价值的问题。

本案中，婚姻关系存续期间，李某雅以夫妻共同财产为王某龙购买人寿保险，王某龙为被保险人与受益人，已经支付的保费视为王某阳与李某雅双方合意对王某龙的赠与，保费进入保单后转化为保险单的现金价值和已经产生的保险收益为王某龙的个人财产，为王某龙个人所有。离婚时，保险单的现金价值或者保险利益不应当作为夫妻共同财产进行分割。

2. 夫妻一方以未成年子女为被保险人购买的保险，受益人为夫妻一方，离婚时，该保单如何分割

2003 年最高人民法院曾发布《关于审理保险纠纷案件若干问题的解释（征求意见稿）》（以下简称《征求意见稿》），《征求意见稿》第 45 条规定，人民法院对于以夫妻共同财产投保后，夫妻又离婚的，应当按照以下情况处理涉及保险的纠纷：（一）一方为投保人并以自己或其亲属为受益人的，应当给予对方相当于保险单现金价值的一半的补偿。（二）一方为投保人，对方或其亲属为受益人的，人民法院应当支持对方继续缴纳保险费维持合同效力的请求，但该方当事人应当给予投保人相当于保险单现金价值一半的补偿。虽然该《征求意见稿》并不具备法律效力，但司法实践中大部分法院还是会按照该条裁判规则进行裁判。从保险利益角度，对于不退保的保单，受益人并非未成年子女，双方离婚后作为受益人的一方将获得相应的保险金，而保费是使用婚姻关系存续期间的夫妻共同财产缴纳的，如不进行分割将不利于保护另一方配偶的合法权益，因此在司法实践中，法院往往会在双方之间分割保单的现金价值。

五、善用人寿保单，保护婚前财产防止婚后混同

[传承案例41]

艾某在2009年4月，与前夫顾某办理完离婚手续。儿子顾某州的抚养权由艾某行使，按照离婚协议书的约定，顾某在办理离婚手续后10日内一次性支付了孩子抚养费150万元。婚姻关系存续期间所得的财产，考虑到顾某有法定过错，两人均同意在照顾艾某的基础上进行分割。

2011年8月，经过婚姻介绍所介绍，艾某与王某相识，后两人正式确立恋爱关系。王某多次提及双方登记结婚事宜，但艾某一直犹豫不决。艾某想到自己的第一段婚姻，结束得令人扼腕叹息，用“一朝被蛇咬，十年怕井绳”来形容此刻的复杂心态应该是恰如其分。一方面，艾某担心再婚后万一再离婚，在财产上损失惨重；另一方面，如果按照婚姻家庭律师所给的建议，双方签署婚前财产协议，又肯定会伤害与王某婚后的感情。

艾某左右为难，这婚肯定要结，但有没有一种两全其美的办法，既保护了婚前财产，又不伤害感情？咨询律师后，艾某最终选择了购买大额寿险保单的方案来解决婚前存款的保全与防止婚后混同问题。

2012年7月22日，艾某购买了两份终身寿险（分红型）保险，保险合同编号为C1648××与6485××，投保人艾某，被保险人艾某，身故受益人顾某州。缴费方式：一次性趸交。该合同的保险期间为终身，在该合同的有效期内，若被保险人身故，则保险公司将给付身故保险金予身故受益人，其金额等于被保险人身故时本合同的保险金额。若保单生效10年以上，在60岁至70岁任意时期，如符合合同约定，终身寿险退保后的现金价值可自由转换为年金保险，自由确定转换比例。

2012年9月12月，艾某购买增额终身寿险一份，保险单号为2012××，

投保人艾某,被保险人艾某,身故受益人顾某州。缴费期限:10年,保险年限:终身。被保险人在合同生效后的第一个5周年时生存,且合同有效,保险公司按保险金额的20%给付生存保险金。之后若被保险人在保险合同届满5周年时生存,且合同有效,则按每期递增保险金额的5%给付生存保险金。

2014年4月2日,艾某与王某登记结婚。2019年6月3日,王某与艾某因感情不和,性格差异较大,双方协议离婚。2019年12月18日,王某以离婚后财产纠纷为由向法院起诉,要求依法分割婚姻关系存续期间支付的保险费及其他夫妻共同财产。

法院经审理查明:(1)两份终身寿险(分红型)保险,已缴完全部保费,保险费全部是艾某个人婚前财产支付。(2)一份增额终身寿险,尚在缴费期内,前5年保费均使用艾某个人婚前财产支付,自2017年9月12日至2019年9月12日三期保费系使用夫妻共同财产支付,金额为44.1万元。

针对保险部分,法院经审理认为:

第一,艾某购买的终身寿险(分红型)保险,保险合同编号为C1648××与6485××,系艾某于婚前购买,保费也是全部使用婚前个人存款支付,属于艾某婚前个人财产,不应作为夫妻共同财产分割。故法院判决驳回王某分割该部分保险费的诉讼请求。

第二,艾某购买增额终身寿险一份,保险单号为2012××,系艾某于婚前购买,部分保费系使用婚后夫妻共同财产支付,鉴于该收益建立在艾某使用婚前财产缴纳5年的基础上,根据公平原则,王某应当分得部分保险利益。现艾某主张继续持有该份保险,故应当向王某支付使用夫妻共同财产支付保险费对应现金价值的一半的补偿款。

[传承实务及法律分析]

1. 婚前现金进入保单变为保费,婚前存款与婚后存款有效隔离

依据《民法典》第1063条第1款的规定,一方的婚前财产为夫妻一方的财产。在司法实践中,夫妻一方所有的财产,不因婚姻关系的延续而转化为夫妻共同财产,但当事人另有约定的除外。在离婚时,一方的婚前财产并不会转化成夫妻共同财产被分割。但在现实生活中存在大量的婚前财产与婚后财产混同、某些婚前财产在婚后有增值、购买某些财产所支付的款项既有

婚前支付又有婚后支付等，从而导致难以区分婚前财产和婚后财产。在此背景下，通过婚前购买人寿保险的方式，实现婚前财产与婚后财产的隔离应该说是行之有效的。

上述案例中，艾某于婚前购买的两份终身寿险（分红型）保险，缴费方式选择婚前趸交，这能够充分证明保费是婚前个人财产交纳。婚前存款进入保单后立即转变为保费，与婚后存款实现了隔离。当然，艾某也可以选择分期交纳保费，为避免配偶一方主张婚后交纳过部分保费，在实务中须注意下列细节：艾某应于婚前单独办理一张新的银行卡，该银行卡专门用于支付保费。艾某于婚前在该银行卡内存足用于交纳保费的资金，婚后既不向该卡存款，也不从该卡支出，使该账户保持足够清晰，这样可以实现分期交纳保费，并证明保费都是婚前个人存款交纳，实现婚前财产与婚后财产的有效隔离。

2. 婚前一方已将大额保单的保费支付完毕，即使婚变，另一方也无权分割保单现金价值。如选择退保，保单的现金价值也为投保人个人所有

两份终身寿险（分红型）保险，艾某作为投保人与被保险人，且使用婚前财产交纳完保费后，艾某按照保险合同的约定和《保险法》及相关司法解释的规定，对保单享有相应的支配权利，即使婚变，另一方提出分割请求，法院也不会将其作为夫妻共同财产进行分割，当然，艾某更无须退保。

艾某作为保单持有人，其婚前购买人寿保单并于婚前一次性趸交保费，即使艾某在婚后退保，所得的保险单的现金价值仍为艾某的个人财产，不能作为夫妻共同财产进行分割。

3. 身故受益人获得的身故保险金不作为遗产被分割，避免了财富外流之风险

在人寿保险合同中，受益人的指定具有至关重要的意义，决定着财富能否顺利、有效地传递。

如在案例中，艾某购买的两份终身寿险（分红型）保险及增额终身寿险，都是以艾某自己作为被保险人，身故受益人指定为儿子顾某州。若被保险人不幸意外身亡，因其已指定了身故受益人，身故保险金属于身故受益人的个人财产，即身故保险金不属于被保险人的遗产，避免身故保险金作为遗产继承被分割。在此，艾某婚前投入保单的个人财产彻底转变为身故保险金，并顺利传承到其指定的受益人手中，完成了财富传递与承接。

4. 如艾某通过婚前购买股票、投资公司，则婚后增值、分红面临成为夫妻共同财产的风险

夫妻一方个人财产在婚后产生的收益，除孳息和自然增值外，应认定为夫妻共同财产。

对于一方以个人婚前财产购买的股票、投资公司，在婚后的增值、分红部分，需要区分该财产增值的原因是孳息、自然增值还是投资经营。试举例：婚姻关系存续期间夫妻一方对于股票进行了人为的管理，如实施了买入卖出、投入新的资金等行为，那么这种行为一般认定为投资经营，由此产生的增值部分将认定为投资经营收益，投资经营收益并非自然增值或孳息，所以该增值部分会被认定为夫妻共同财产。由此可见，婚前购买股票、投资公司并不能防止婚后财产混同，仍然面临婚变时被分割的巨大风险。

5. 巧用保单与赠与工具，抵御婚变导致保单现金价值被分割的风险

案例中，艾某购买的增额终身寿险，因 2017 年 9 月 12 日至 2019 年 9 月 12 日三期保费系使用夫妻共同财产支付，最终法院裁判艾某向王某支付使用夫妻共同财产交纳保险费对应现金价值的分割款。其实，以艾某的父母作为投保人并巧用赠与工具以上问题就能迎刃而解。由艾某与父母签订赠与协议约定：艾某向父母赠与资金用于购买保险，保险中以艾某本人作为被保险人，未经被保险人书面同意，投保人不得退保，不得进行保单贷款，否则赠与合同无效。依据《保险法》第 10 条第 1 款的规定，保险合同是投保人与保险人约定保险权利义务关系的协议。以艾某的父母作为投保人，保单现金价值属于艾某父母的财产，在离婚时王某并没有权利分割该保单的现金价值。

需要提示的是，赠与协议中提及的赠与资金最好是在婚前全部支付到艾某父母的银行账户中；如果选择婚后分期支付赠与资金，建议艾某在婚前单独办理一张新的银行卡，每次在需要交纳保费前由该卡直接转移赠与资金到艾某父母的银行卡中。婚姻关系存续期间，既不向该卡存款，也不从该卡支出或消费，使该账户具有充分的独立性，避免与婚后夫妻共同财产混同。这样能够确保所有的赠与资金都是使用艾某的婚前个人财产支付，即使发生婚变，王某既不能主张分割保单的现金价值，也不能主张赠与资金属于夫妻共有财产，有效地保护了艾某的婚前财产。

6. 在艾某将款项赠与其父母，并由其父母作为投保人的情况下，应防范投保人先于被保险人去世，保单继承引发的风险

虽然保单与赠与工具相结合能够抵御婚变导致保单现金价值被分割的风险，但由于投保人并非艾某自己本人，如果作为投保人的艾某父母中途去世，保单又该何去何从呢？

在保险事故发生前，保单的现金价值属于投保人，如投保人中途去世保单的现金价值将被认定为投保人的遗产。一旦如此，艾某就仍然会面临将保单作为夫妻共同财产分割的风险。巧用遗嘱工具，以上问题也能迎刃而解。由投保人艾某父母在生前立下遗嘱并约定：投保人去世后，保单现金价值及相关权益由被保险人艾某继承，与其配偶无关。依据《民法典》第1063条第3项的规定，遗嘱或赠与合同中确定只归夫或妻一方的财产属于夫妻一方的财产。艾某父母在生前立下以上遗嘱内容，在遗嘱中明确排除艾某的配偶分割财产的权利，就能有效地保护艾某的婚前财产。

六、如何利用保单防止子女婚变导致财产流失

[传承案例42]

李某强和李某系夫妻，在婚后育有一女李某婷。

李某强为某品牌酒类区域的总代理，并整体负责网上的销售业务。经过夫妻两人10多年的经营，积累了巨额家产。

2004年7月，公司体检时李某强被检查出患有肝癌，6个月后因医治无效而离世。

李某强患病后知道自己已时日不多，考虑到父母都已去世，如果把自己的遗产留给女儿，担心孩子处理不当反而害了孩子，所以在立遗嘱时李某强明确表示把全部财产都留给自己相濡以沫的妻子。丈夫走后，李某接着经营公司，李某婷大学毕业后开始协助母亲管理公司。

2008年年初，李某婷通过某婚恋网认识了贾某方，双方的家境基本相当。结婚前，李某想为女儿置办嫁妆，慎重考虑之下，经过咨询从事婚姻家事业务的专业律师和某人寿保险公司保险代理人，李某在女儿婚前，花了2000多万元(全资)为女儿购置了一套位于北京市的独栋别墅，别墅的面积为500多平方米，登记在李某婷名下。后又与李某婷共同到保险公司购买了年金保险与终身寿险。

年金保险的架构：李某为投保人，被保险人为李某婷，年金受益人为李某婷，身故受益人为李某。保障期限20年，缴费方式：趸交。年金：自保险合同生效日起至本合同第19个保单年生效对应日止，若被保险人生存，保险人于犹豫期结束后的次日及保险合同每一年的保单年生效对应日按所交保险费(不计利息)的11%给付年金。满期保险金：被保险人在保险期间届满时生存，保险人按基本保险金额给付满期保险金，本合同终止。身故保险金：被保险人身故，按以下金额中的较大者给付身故保险金，本合同终止。身故

保险金:(1)所交保险费(不计利息)扣减已给付的年金(不计利息);(2)被保险人身故时本保险合同的现金价值。

终身寿险的架构:李某作为投保人与被保险人,李某婷为身故受益人。保险期间为自本合同生效时起至终身止或本合同列明的终止性保险事故发生时止。缴费方式:趸交。保险金分别有疾病死亡保险金,意外死亡保险金,残疾保险金。保险合同约定:自保险合同生效日,因疾病身故或残疾,本公司给付保险金额的全数予受益人,保险责任终止;因意外伤害身故,本公司给付保险金额的两倍予受益人,保险责任终止。

李某在办理完上述两份保险投保事宜之后,又在律师的指导下订立一份《自书遗嘱》,主要内容为:在李某去世后,李某名下的公司股权、房产等财产均由女儿李某婷继承,且为李某婷个人财产,与其配偶无关。上述《自书遗嘱》经由公证处公证。

2009 年 7 月 8 日,李某婷与贾某方结婚,婚后育有一子。

2018 年 6 月 13 日,李某出差途中因交通事故意外身亡。李某婷依据李某留下的自书遗嘱继承了李某名下的全部财产,同时根据保险合同的约定取得保险公司理赔的身故保险金。

李某婷和贾某方婚后初期感情尚可,后因性格原因,两人自 2017 年开始分屋居住。2019 年年初,李某婷与贾某方均同意离婚,贾某方对别墅和李某婷继承的遗产归属于女方没有意见,但对李某婷依据保险合同得到的保险金产生争议,后贾某方起诉到法院,要求离婚并分割婚姻关系存续期间李某婷获得的年金和身故保险金。

法院审理后认为,原告起诉离婚,被告同意离婚,故本院依法解除双方之间的婚姻关系;因生存年金系在婚姻关系存续期间所取得,且原告与被告没有夫妻财产的特别约定,故本院将生存保险金认定为夫妻共同财产,本着照顾女方的原则进行分割;在婚姻关系存续期间,被保险人死亡的情况下,被告依据人寿保险合同中受益人地位取得的身故保险金,应认定为被告的个人财产,故,原告的该项诉讼请求依法予以驳回。

［传承实务及法律分析］

1. 婚姻关系存续期间，李某婷依据年金保险取得的生存保险金是否为夫妻共同财产

最高人民法院在《第八次全国法院民事商事审判工作会议（民事部分）纪要》中指出，“婚姻关系存续期间，夫妻一方依据以生存到一定年龄为给付条件的具有现金价值的保险合同获得的保险金，宜认定为夫妻共同财产，但双方另有约定的除外”。

本案中，李某婷在婚姻关系存续期间所取得的生存保险金，笔者倾向性认为属于夫妻共同财产，当然在实务中，存在不同观点。

为避免争议，李某在购买年金保险时，可以将自己作为被保险人、年金受益人，李某在按照保险合同分期取得年金后，与李某婷签订《赠与合同》，明确约定赠与李某婷个人，与其配偶无关。在汇款时附言一栏写明“只赠与女儿，属于其专有”等字样。详细的赠与细节见本书财产协议篇。李某购买的年金保险的架构为：投保人李某，被保险人李某，年金受益人李某，身故受益人李某婷。搭配上述《赠与合同》共同使用，如此，既能保证李某婷每年有固定的年金收入，也能保证在李某去世后，李某婷领到身故保险金，且都为李某婷个人财产。

2. 李某婷依据终身寿险合同取得的身故保险金能否作为夫妻共同财产进行分割

（1）李某投保的终身寿险已经明确指定身故受益人，其身故保险金依法由保险人支付给身故受益人李某婷。李某婷取得身故保险金系基于其在保险合同中的身故受益人地位，而非继承李某的遗产所得，不属于夫妻共同财产

依据《保险法》第 42 条第 1 款规定可知，被保险人死亡后，有下列情形之一的，保险金作为被保险人的遗产，由保险人履行给付保险金的义务：①没有指定受益人，或者受益人指定不明无法确定的；②受益人先于被保险人死亡，没有其他受益人的；③受益人依法丧失受益权或者放弃受益权，没有其他受益人的。

本案中，李某投保的终身寿险已经明确指定身故受益人，不存在《保险法》第 42 条规定的无受益人情形，故李某去世后，终身寿险身故保险金不能

作为遗产继承。李某婷作为终身寿险合同中被指定的受益人,其享有的领取保险金的权利受《保险法》所保护。

依据《民法典》第1062条和第1063条的规定,除非遗嘱或赠与合同中确定只归夫或妻一方的财产,在其他情况下夫妻一方继承或受赠的财产应为夫妻共同财产。因本案中李某婷取得身故保险金是基于自己在保险合同中的受益人地位而并非继承所得,故不属于夫妻共同财产。

(2)李某婷所取得的身故保险金归其个人所有,不能作为夫妻共同财产进行分割

在司法实践中,投保人或者被保险人指定受益人,被保险人死亡后,其身故保险金应给付受益人。而依据最高人民法院《第八次全国法院民事商事审判工作会议(民事部分)纪要》的规定,婚姻关系存续期间,夫妻一方作为受益人依据以死亡为给付条件的人寿保险合同获得的保险金,宜认定为个人财产,但双方另有规定的除外。

依据上述规定,李某婷作为李某指定的终身寿险的身故受益人,有权依据终身寿险合同的约定取得身故保险金,且归李某婷个人所有,贾某方无权要求分割。

3. 确定合适的投保人,选择恰当的保险产品,有效地利用人寿保单防子女婚变导致的财产流失

(1)父母作为投保人,即使子女发生婚变,保单的现金价值不会被分割

因投保人为李某,保单的现金价值属于投保人李某,即使女婿和女儿闹离婚,女婿也无权要求分割保单的现金价值。

(2)生存年金保障李某婷婚后高品质生活

李某婷作为年金受益人,每年都能领到一笔高额保险金,从而保障了李某婷婚后的高品质生活,这笔保险金可以设定为固定期限也可以设定为终身领取。

(3)定期领取年金保险,可以防止子女挥霍,细水长流

年金保险最大的一个优点是生存年金按年给付,而不是一次性支付巨额保险金。在本案当中,李某通过购买年金型保险将李某婷设定为被保险人与年金保险的受益人,既保证了李某婷婚后生活品质,又可预防因手持巨额财产而导致的挥霍无度。

从财富传承的角度来看,保险人在某种意义上扮演了遗嘱执行人或信

托法律关系中受托人的角色。从司法实践看,结合已发生争议的人身保险合同案例,保险人大多按照保险合同的约定或者人民法院生效的裁判文书,在发生约定保险事项时,将保险金支付给投保人或者被保险人指定的受益人,保险人起到了类似于信托受托人的作用。

七、人寿保单中受益人的指定，在财富传承中至关重要

［传承案例43］

孙某海早年经营餐厅，生意做得红红火火，但妻子因病去世，只留下一个女儿孙某璐和自己相依相伴。张某红与前夫离婚后带着不满2岁的儿子刘某独自生活。后经人介绍孙某海与张某红办理结婚登记，婚后未生育子女。

张某红的高中同学在某人寿保险股份有限公司做销售经理，经常向张某红灌输人要有“风险意识”，并建议其投保相应的人寿保险，但张某红有严重的糖尿病，被保险公司拒保的可能性大，经过与孙某海沟通，夫妻俩决定以孙某海作为投保人和被保险人投保三份大额保单。其中“福寿两全保险（分红型）”身故保险金受益人指定为张某红，且指明是被保险人孙某海的配偶，孙某海在电子投保申请确认书上签字确认投保信息及内容。在另一份“传家两全保险（分红型）”中，孙某璐为身故保险金的受益人（100%份额）。在第三份“兴业两全保险（分红型）”保单中，身故受益人一栏标明的是“法定”。

为了改善企业经营，孙某海向朋友刘某田陆续借款140万元（约定不支付利息），后因亏损持续，2016年3月，孙某海不得不关闭了餐厅。孙某海将房东退回的30万元租金，归还给了刘某田。孙某海父母先后于同年9月、12月去世。2017年3月，孙某海与张某红办理了协议离婚手续，在离婚协议中，双方明确约定无共同债务。

2019年7月，孙某海因病去世，就“福寿两全保险（分红型）”身故保险金的支付问题，因保险公司拒绝将孙某海的身故保险金支付给张某红，张某红与保险公司发生争议。

就孙某海生前所欠的剩余的110万元的债务偿还问题，刘某田与张某红、孙某璐、刘某之间未能达成一致，刘某田要求孙某璐在收到的保险金60万元的范围内承担债务。同时要求张某红、孙某璐、刘某在继承的保险金的范围内共同承担偿还责任。

［传承实务及法律分析］

1. 何为人寿保单的受益人

依据《保险法》第18条第3款的规定，受益人是指人身保险合同中由被保险人或者投保人指定的享有保险金请求权的人。投保人、被保险人可以为受益人。受益人即人身保险合同中由投保人或被保险人指定，在被保险人发生保险事故后有权领取保险金的人。具体有以下几种情况：(1)当投保人为自己投保人身保险，受益人可能是投保人，即被保险人，也可能是第三人。(2)当投保人为他人投保人身保险，受益人可能是投保人，也可能是被保险人，或者是第三人。在保险期限内，被保险人可以更换受益人。

投保人或被保险人可以指定一人或多人为保险金受益人。受益人为多人时，可以确定受益顺序和受益份额；未确定受益顺序和受益份额的，各受益人按照相同顺序和相等份额享有受益权。

在财富传承领域，为了达到避债及节税功能，应指定受益人。指定受益人还可以避免在被保险人死亡后各继承人之间就保险金的继承问题发生争议，而且在指定受益人的情况下，保险理赔程序较为简便，完全可以避免烦琐冗长、耗时耗力的诉讼程序。在指定受益人的情况下，受益人所取得的保险金并不属于被保险人的遗产，不计入遗产征收总额，所取得的保险金也无须承担被保险人生前所负的债务。

2. 保险合同中受益人约定为“法定”的，保单是否具有债务隔离功能

依据最高人民法院《关于适用〈中华人民共和国保险法〉若干问题的解释(三)》第9条第2款第1项的规定，受益人约定为“法定”或者“法定继承人”的，以《民法典》规定的法定继承人为受益人。在本案中，“兴业两全保险(分红型)”中受益人一栏为“法定”，在孙某海身故的情况下，保险金应支付给孙某海的法定继承人。保险合同身故受益人一栏填写“法定”，从探究被保险人指定受益人的真实意思来看，其指定受益人的意愿是存在的，且已经以“法定”的表述形式进行指定。法定继承人应当理解为被保险人发生保险事故时的继承人，而不是订立保险合同时的法定继承人。孙某海病故时，其父母已经去世，与张某红之间的夫妻关系不复存在，其合法的继承人只有孙某璐和刘某，故保险公司应将保险金支付给孙某璐和刘某。

需要指出的是，在保险合同未约定受益人的情况下，被保险人的债权人有权按照《民法典》继承编及与继承相关的司法解释的规定，要求继承人以所继承的财产为限对被继承人生前的债务承担责任。在“兴业两全保险（分红型）”明确指定了受益人的情况下（包括指定或约定受益人为“法定”），孙某璐和刘某所取得的身故保险金，是基于保险合同中受益人的受益权，并非继承关系中的继承权，保险金并不属于孙某海的遗产，无须偿还被保险人生前的债务，这充分体现了人寿保单的债务隔离功能。孙某璐和刘某取得的保险金属于保险赔款的范围，同时依据我国《个人所得税法》第 4 条第 1 款第 5 项的规定，免征个人所得税。

3. 受益人约定为姓名和身份关系，保险事故发生时身份关系发生变化应如何处理

依据最高人民法院《关于适用〈中华人民共和国保险法〉若干问题的解释（三）》第 9 条第 2 款第 3 项的规定，受益人的约定包括姓名和身份关系，保险事故发生时身份关系发生变化的，认定为未指定受益人。

本案中，“福寿两全保险（分红型）”的受益人的约定既包括姓名，同时也包括与被保险人的身份关系（配偶），但保险事故发生时，张某红与被保险人孙某海已经离婚，所以应认定为未指定受益人，张某红要求保险公司将“福寿两全保险（分红型）”合同中的身故保险金支付给自己，于法无据，保险公司拒绝支付的行为并不违法。

本案也启发被保险人，在受益人的身份关系发生变化时，一定要及时通知保险公司变更受益人。因为依据最高人民法院《关于适用〈中华人民共和国保险法〉若干问题的解释（三）》第 10 条第 1 款的规定，投保人或者被保险人变更受益人，当事人主张变更行为自变更意思表示发出时生效的，法院应予支持。如果未通知保险人，保险人主张变更对其不发生法律效力的，法院应予支持。投保人变更受益人未经被保险人同意的，法院应认定变更行为无效。

4. 孙某海在生前所欠的债务，在本案中应如何处理

我们首先得区分债务的性质，孙某海所欠刘某田的债务是其个人债务还是其与张某红的夫妻共同债务？

在本案中，如孙某海经营收益用于家庭共同生活，那么为扩大经营而产生的债务，依据《民法典》第1064条的规定，该债务应视为夫妻共同债务，基于夫妻共同债务的性质，张某红应承担相应的偿还义务，但该偿还义务非基于继承关系。

在“福寿两全保险(分红型)”合同中的身故保险金作为遗产的情况下，刘某、孙某璐应依据《民法典》第1161条第1款的规定，在其继承遗产价值的范围内承担清偿责任。孙某璐依据“传家两全保险(分红型)”取得的保险金，不属于被保险人孙某海的遗产，无须承担孙某海生前所负债务的清偿义务。

《民法典》第1127条规定：“遗产按照下列顺序继承：(一)第一顺序：配偶、子女、父母；(二)第二顺序：兄弟姐妹、祖父母、外祖父母。继承开始后，由第一顺序继承人继承，第二顺序继承人不继承；没有第一顺序继承人继承的，由第二顺序继承人继承。本编所称子女，包括婚生子女、非婚生子女、养子女和有扶养关系的继子女。本编所称父母，包括生父母、养父母和有扶养关系的继父母。本编所称兄弟姐妹，包括同父母的兄弟姐妹、同父异母或者同母异父的兄弟姐妹、养兄弟姐妹、有扶养关系的继兄弟姐妹。”

孙某海作为刘某的继父，与刘某有长期共同生活的事实，从生活上对刘某进行了照料，并提供了教育费用，尽到了保护和教养的职责，两人之间形成了法律上的抚养关系。刘某有权作为第一顺序继承人继承孙某海的遗产，对于孙某海生前所欠的债务，其偿还的范围与孙某璐一致。

5. 在未指定受益人的情况下，被保险人死亡的，保险金如何处理

依据《保险法》第42条第1款的规定，被保险人死亡后，有下列情形之一的，保险金作为被保险人的遗产，由保险人履行给付保险金的义务：(1)没有指定受益人，或者受益人指定不明无法确定的；(2)受益人先于被保险人死亡，没有其他受益人的；(3)受益人依法丧失受益权或者放弃受益权，没有其他受益人的。

在司法实践中，人身保险金能否列入被保险人的遗产，取决于被保险人是否指定了受益人。指定了受益人的，被保险人死亡后，其人身保险金应付给受益人；未指定受益人的，被保险人死亡后，其人身保险金应作为遗产处理，可以用来清偿债务或者赔偿。

6. 受益人和被保险人在同一事故中死亡的，如何处理？有继承关系的几个人在同一事故中死亡无法确认先后顺序的，死亡顺序如何推定

依据《保险法》第42条第2款的规定，受益人与被保险人在同一事件中死亡，且不能确定死亡先后顺序的，推定受益人死亡在先。结合上述法律规定，如果受益人与被保险人在同一事件中死亡，能确定死亡顺序的，则根据死亡的时间来确定身故保险金的给付和分配。需要提醒读者注意的是，只有在同一事件中死亡且不能确定离世的先后顺序时，才适用法律上的推定，即受益人先死亡，身故保险金作为遗产由被保险人的继承人继承。如在能够确定被保险人先死亡的情况下，身故保险金应由保险公司支付给受益人，在受益人死亡的情况下，该保险金应由受益人的继承人继承。

相互有继承关系的几个人在同一事件中死亡，如不能确定死亡先后时间的，推定没有继承人的人先死亡。死亡人各自都有继承人的，如几个死亡人辈分不同，推定长辈先死亡；几个死亡人辈分相同，推定同时死亡，彼此不发生继承，由他们各自的继承人分别继承。

八、人寿保单在财富传承中的融资、节税、财产保值增值功能

[传承案例44]

张某浩和周某系夫妻关系,两人婚后育有一子张某鹏。

张某浩和周某在温州经营一家鞋厂,股东为张某浩及其姐姐、弟弟,张某浩占40%的比例,姐、弟作为代持人,分别占有30%比例。

有鉴于2008年经济危机的警示,2010年,张某浩购买了两份大额两全保险(分红型)。第一份保险:张某浩作为投保人和被保险人,身故受益人为张某鹏。第二份保险:张某浩作为投保人,被保险人为周某,身故受益人为张某鹏。缴费方式:趸交,保险期间:10年。生存给付:在保险合同有效期内,若被保险人于本合同生效之日起每满1个保单年度仍生存,保险人将按照基本保险金额的9%给付生存给付金。期满给付:若被保险人于保险期满时仍生存,保险人按照保险合同的基本保险金额乘以已经过交费年度数给付满期保险金,本合同效力终止。意外身故给付:根据身故情况不同,按照保险合同的基本保险金额乘以身故所在交费年度的N倍给付身故保险金,但不超过保险合同已交的保险费与保险金额总和。保单红利:累计生息方式,红利留存保险公司,按照保险公司每年确定的利息储存生息,并于受益人申请或保险合同终止时给付。保单贷款:保险合同生效满1周年后,投保人可以申请并经保险人审核同意后办理保单贷款。贷款金额不得超过本合同当时现金价值的80%,每次贷款的期限最长不超过6个月。

后鞋厂的经营遇到危机,张某浩打算将两份保单退保。与保险代理人协商后得知,自己购买的两份保单可以办理质押贷款。经充分的考虑,张某浩和妻子周某一同到保险公司,以两份保单的现金价值为质押,向保险公司申请保单贷款。保险公司在扣除印花税后,参照当时中国人民银行6个月贷

款率确定的贷款利率，快速地给张某浩办理了保单质押贷款，当天就向张某浩发放了贷款。

2018年开始，张某浩时常感到心脏不适，张某浩立下遗嘱，除保险金外，自己有权处分的其他财产全部留给妻子，张某鹏不享有继承权。后张某浩因病去世。张某浩名下的股权全部转至周某名下，张某浩姐、弟的股权未予变动。张某鹏得到保险金后投资于游戏产业，现在做得有声有色。

[传承实务及法律分析]

1. 人寿保单是否具有贷款功能

(1)人寿保单的质押贷款究竟有无依据

1998年7月3日，中国人民银行作出《关于人寿保险中保单质押贷款问题的批复》(银复〔1998〕194号)，明确指出保单质押贷款是保险公司履行保险条款中约定的义务，不同于一般的保险资金运用业务，已签发的寿险保单可以办理保单质押贷款。在办理保单质押贷款应遵循以下原则：①保单质押贷款仅对订有保单质押贷款条款的个人寿险保单办理。②个人寿险保费支付2年以上，保单产生现金价值后，经被保险人书面签字同意，投保人可以保单为质，向保险公司借款。③保单质押贷款的期限、金额，按保险条款中的约定执行。

案例中，张某浩与保险公司签订的保险合同中约定了保单质押贷款条款，因此在鞋厂出现资金问题时，张某浩可以利用保单进行质押贷款，保险公司为其办理保单质押贷款是保险公司履行保险合同约定义务的体现，并未违反法律规定。

(2)在退保和保单质押贷款两个方案相比较，哪一个方案对作为投保人的张某浩更有利

2008年3月28日，原中国保险监督管理委员会(以下简称原保监会)作出《关于寿险保单质押贷款业务有关问题的复函》(保监厅函〔2008〕66号)，明确指出保单质押贷款是长期寿险合同特有的功能，是指投保人在合同生效满一定期限后，按照合同约定将其保单的现金价值作为质押，向保险公司申请贷款。对于在财务上短期需要资金周转的投保人，与退保相比，保单质押贷款对投保人更加有利，既可以有助于解决投保人短期财务问题，又可以继续维持保险合同的效力，按合同约定得到保险保障。

案例中，张某浩在与保险代理人沟通后将退保变更为保单质押贷款，最终不仅实现了鞋厂的稳定经营，又维持了两份保单的效力，使妻子周某与儿子张某鹏能够继续享受保险利益和保障，可谓一举两得。

（3）张某浩利用保单贷款是否属于保险合同中享有的权利？保险公司从事保单质押贷款，有无超范围经营

原保监会同样在《关于寿险保单质押贷款业务有关问题的复函》（保监厅函〔2008〕66号）对这两个问题作出了答复，主要内容如下："二、保单质押贷款条款一般存在于长期人寿保险合同中，在保险合同中约定保单质押，是保险合同当事人的民事权利，有关国家和地区的保险立法对此有明确授权规定。我国保险法对此没有明确规定，在监管实践中，一直将保单质押贷款条款视为保险合同当事人的约定，属于意思自治，监管政策上也是允许的。三、在保险合同中约定保单质押贷款，并未超出经营保险业务许可证批准的业务范围，不需要在《经营保险业务许可证》中明示。有关保单质押贷款业务的问题，我会将根据市场需要，作出规范。"

根据上述复函的内容，我们可以得知，在保险合同中约定保单质押贷款的内容并不违法，而且保险公司开展保单质押贷款业务，并未超出经营保险业务许可证批准的业务范围。案例中，在满足保险合同约定的条件下利用保单进行贷款，这是保险合同赋予投保人张某浩的权利，张某浩有权根据自己的实际需要选择是否行权。

（4）保单质押贷款，贷款比例是多少

2016年9月原保监会发布的《关于进一步完善人身保险精算制度有关事项的通知》规定，保险公司提供保单贷款服务的，保单贷款比例不得高于保单现金价值或账户价值的80%。

一般来说，具有储蓄性质的人寿保险、年金保险、万能保险、分红保险、两全保险和重疾保险等才可以申请保单贷款。消费性质的定期寿险虽然也可以申请保单贷款，但现金价值不高，贷款总额自然也有限。

2. 人寿保单是否具有避税功能

（1）保险赔偿款免纳个人所得税

依据《个人所得税法》第4条第1款第5项的规定，个人所得的保险赔款免纳个人所得税。但需注意的是，对于没有发生保险事故的分红保险红利及其利息不属于"保险赔款"并不能免税。而通过保险进行财富传承，在

受益人领取财产时不需要任何费用，大大降低了财富传承的成本。

（2）受益人获得的保险金可规避交纳遗产税的风险

我国目前尚未开始征收遗产税，但通过人寿保单的提前安排，可以降低大额税务风险。

在司法实践中，人身保险金能否列入被保险人的遗产，取决于被保险人是否指定了受益人。指定了受益人的，被保险人死亡后，其人身保险金应付给受益人；未指定受益人的，被保险人死亡后，其人身保险金应作为遗产处理，可以用来清偿债务或者赔偿。而依据《保险法》的相关规定，被保险人死亡后，身故保险金归身故受益人所有，不属于被保险人遗产，受益人无须清偿被保险人生前所欠的税款和债务。正是因为保险合同指定了身故受益人，保险金已明确归身故受益人所有。所以，当被保险人死亡后，身故受益人就能直接获得身故保险金，而避免了因"继承遗产"交纳高额遗产税的风险。

2013 年 2 月 5 日，国务院发布的《深化收入分配制度改革若干意见的通知》（国发〔2013〕6 号）中叙述："研究在适当时间开征遗产税问题。"自 2017 年 7 月 1 日起，我国开始实施 CRS——《非居民金融账户涉税信息尽职调查管理办法》，我国境内金融机构将对存款账户、托管账户、投资机构的股权权益或债权权益，以及具有现金价值的保险合同或年金合同开展尽职调查。国家实施的这些政策显示，遗产税距离我们不远了。而通过人寿保险的保单指定受益人后，身故保险金是受益人的财产，不能作为被保险人的遗产，无须交纳遗产税，进而达到节税的目的。

3. 人寿保单是否具有资产隔离、财产的保值增值功能

人寿保险中，被保险人死亡后，身故受益人享有身故保险金请求权。若被保险人将自己的子女指定为身故受益人，子女以身故受益人的身份获得的身故保险金，被保险人生前的债权人便无法向身故受益人主张债权。人寿保险最大限度地实现了资产隔离与保全的功能。

本书中已经提及保险具有避税、避债、贷款等功能，由于其强大的资产保护功能，越来越受到社会的重视。银行投资渠道进入降息通道，民间投资风险太高，股权等投资方式更是高风险，保险的年金、分红却相对稳定，具有增值保值功能。

九、人寿保单被解除或被确认无效，财富传承面临失败风险

[传承案例45]

张某华与龚某莉系夫妻，婚后育有一子张某。

2011年11月25日，龚某莉作为投保人、张某华作为被保险人在保险公司处投保终身寿险，约定保险合同的生效日为2011年12月1日0时，保险期间为终身，身故保险金受益人为张某。缴费期限:10年。在合同第六部分其他需要关注的事项载明:“7.1 明确说明与如实告知规定:我们就您和被保险人的有关情况提出询问，您应当如实告知。如果您故意或者因重大过失未履行前款规定的如实告知义务，足以影响我们决定是否同意承保、提高应扣除的保障成本或者降低基本保险金额的，我们有权解除本主险合同。如果您故意不履行如实告知义务，对于本保险合同解除前发生的保险事故，我们不承担给付保险金的责任，并不退还保险费。如果您因重大过失未履行如实告知义务，对保险事故的发生有严重影响的，对于本保险合同解除前发生的保险事故，我们不承担给付保险金的责任，但会退还保险费。前条规定的合同解除权，自我们知道有解除事由之日起，超过30日不行使而消灭。自本保险合同成立之日起超过2年的，我们不得解除合同;发生保险事故的，我们承担给付保险金的责任。”双方还对其他事项进行了约定。保险合同签订后龚某莉支付了2年的保险费用。

2012年12月3日张某华因病死亡。随后，张某至保险公司处理赔，保险公司于2013年1月15日以被保险人投保时已患病，投保人未如实告知为由作出:解除保险合同、不退还保险费、不给付保险金的决定。张某对该决定不服，遂于2013年4月7日诉至法院。请求依法确认解除保险合同的行为无效;判令保险公司支付保险金。

保险公司辩称,(1)保险公司拒绝理赔具有充分的理由:①投保人龚某莉违反了如实告知义务。2011年11月25日被保险人张某华在高密市人民医院做过颅脑MRI,诊断为左颞叶占位性病变。2011年11月25日下午投保人龚某莉在投保时隐瞒了被保险人患有左颞叶占位性病变的情况。②投保人龚某莉违反如实告知义务具有主观上的故意。保险公司代理人在签单前履行了必要的告知义务,并按照投保书上的健康告知询问事项进行了询问。投保人在明知道被保险人患有左颞叶占位性病变的情况下,在被问及被保险人在过去一年内是否去医院进行过门诊的检查、服药、手术或其他治疗,是否目前患有或患过下列症候、疾病或手术史时,依然作出了否认回答。由此可见投保人龚某莉系故意不履行如实告知义务。③投保人龚某莉故意不履行如实告知义务的行为,严重影响保险人的核保工作及对于保险费的确定,并最终导致保险人作出不真实的意思表示。依照《保险法》第16条第2款的规定,保险人有权解除保险合同,并不承担保险金给付责任。(2)由于投保人龚某莉未尽如实告知义务,未告知事项严重影响保险人决定是否承保及保险费率,保险公司已经行使合同解除权,张某在收到保险公司的解除合同通知书、理赔决定书后未在法律规定的合理期间内提出异议或向法院请求确认解除合同无效,已超出合理期限。该保险合同已经解除,因此,张某无权要求保险公司给付保险金。综上,投保人龚某莉未履行如实告知义务,保险公司有权不承担给付保险金的责任和解除保险合同。张某起诉缺乏依据,请求法院依法驳回其诉讼请求。

为证实投保人龚某莉未履行如实告知义务,被告提交以下证据:

1. 2011年11月25日由投保人龚某莉、被保险人张某华签名的投保书一份。

2. 高密市人民医院信息简索表两份及检查报告。

3. 青岛大学医学院附属医院住院病历一份。

4. 张某华近期相片影印件一份。

张某对保险公司提交的证据上的签名均予以确认,但张某认为保险公司提交的证据不能证实龚某莉在2011年11月25日投保时即知道张某华患病的事实,故保险公司以上述理由解除保险合同无依据。

法院经审理认为,龚某莉以张某华为被保险人与保险公司签订了终身寿险保险合同,该合同的约定不违反国家法律法规的强制性规定,合法有效,双方形成了合法有效的保险合同关系。张某华因病去世,张某作为保险合同指定受益人,有权主张相应的权利。本案的焦点问题是龚某莉投保时是否履行了法律规定的如实告知义务,保险公司是否应当承担相应的赔付义务。

法院认为,保险公司提交的证据能够形成有效的证据链证实龚某莉投保时对张某华患病是明知的,因龚某莉、张某华的回答结果影响到保险公司决定是否承保以及是否提高保费,已经构成了对保险公司的故意不实告知,被告保险公司解除与龚某莉之间的保险合同符合保险合同的约定及法律规定。根据《保险法》第16条第4款"投保人故意不履行如实告知义务的,保险人对于合同解除前发生的保险事故,不承担赔偿或者给付保险金的责任,并不退还保险费"的规定,保险公司作出的不予赔付、不退还保险费的决定并无不当,法院予以认同。

法院最终作出判决:驳回原告张某的诉讼请求。

[传承实务及法律分析]

1. 投保人故意或因重大过失不履行如实告知义务,即使购买了人寿保险,也可能面临财富传承失败的风险

依据《保险法》第16条第2款、第4款的规定,投保人故意或者因重大过失未履行如实告知义务,足以影响保险人决定是否同意承保或者提高保险费率的,保险人有权解除合同。保险人对于合同解除前发生的保险事故,不承担赔偿或者给付保险金的责任,如因投保人故意不履行如实告知义务的,则不退还保险费。如因投保人重大过失未履行告知义务的,则退还保险费。

投保人购买人寿保险的目的是提前进行风险防范,或想转嫁风险,或财富传承等,如风险发生时,因法定事由导致保险公司不承担赔付保险金责任甚至不退还保险费,那么,投保人最初购买人寿保险的目的则无法实现,或者说财富传承的目的无法实现。

从投保人的角度看,投保人是否履行了如实告知义务,对财富传承的成败有着重要的影响。结合本案,当保险公司对龚某莉、张某华的健康情况进行询问时,龚某莉有如实告知的法定义务,但龚某莉与张某华在投保时,却故意隐瞒张某华身体患病的真实情况。当被保险人张某华去世时,保险公司直接行使了合同解除权,拒绝支付保险金并不退保险费。最终龚某莉不仅无法实现投保目的还损失了巨额保费，财富传承彻底失败。

2. 想通过保险工具传递财富，作为投保人或者被保险人必须清楚人寿保险合同在哪些情况下可能会被解除或被确认无效

当事人实施民事法律行为必须要出于真实意思表示，保险合同中保险人通常为受要约人，当投保人向其发出要约时，保险公司需要通过核保程序对投保风险、是否承保、保费多少进行分析，经过分析后才能决定是否同意投保人的要约，所以投保人必须要如实回答保险人的询问，以便保险公司能作出真实意思表示。

依据《保险法》的规定，以下情形订立的保险合同，保险人有解除权：(1)投保人故意或因重大过失未履行如实告知义务，足以影响保险人决定是否同意承保或者提高保险费率的；(2)未发生保险事故，被保险人或者受益人谎称发生了保险事故，向保险人提出赔偿或者给付保险金请求的；(3)投保人、被保险人故意制造保险事故的；(4)投保人申报的被保险人年龄不真实，并且其真实年龄不符合合同约定的年龄限制的；(5)投保人延迟交付保费，自合同效力中止之日起满2年双方仍未达成协议的。

依据《保险法》的规定，以下情形订立的保险合同无效：(1)订立合同时，投保人对被保险人不具有保险利益的；(2)以死亡为给付保险金条件的合同，未经被保险人同意并认可保险金额的；(3)投保人为无民事行为能力人投保以死亡为给付保险金条件的人身保险，但父母为未成年子女投保的除外。

案例中，龚某莉因故意不履行如实告知义务导致保险公司解除保险合同并不退还保费，龚某莉的覆车之戒应引起投保人足够的重视。为避免人寿保险合同被依法解除或被确认无效，进而导致财富传承失败，建议投保人在购买人寿保险前咨询专业的财富传承律师或专业的人寿保险代理人，防止人寿保险合同被依法解除或被确认无效，导致投保人投保人寿保险的目的无法实现。

3. 人寿保险合同被解除或者确认无效后，投保人、被保险人的权利是否会受到影响

依据《民法典》第155条、第156条的规定，无效的或者被撤销的民事法律行为自始没有法律约束力。民事法律行为部分无效，不影响其他部分效力的，其他部分仍然有效。依据《民法典》第157条的规定，民事法律行为无效、被撤销或者确定不发生效力后，行为人因该行为取得的财产，应当予以返还;不能返还或者没有必要返还的,应当折价补偿。有过错的一方应当赔偿对方由此所受到的损失;各方都有过错的,应当各自承担相应的责任。法律另有规定的,依照其规定。

同时依据《保险法》的相应规定,保险合同解除后,保险人在不承担赔偿或者给付保险金基础上,或不退回保险费,或退回保险费,或退回保单的现金价值。

例如,依据《保险法》第 16 条第 2 款、第 4 款的规定,投保人故意或者因重大过失未履行前款规定的如实告知义务,足以影响保险人决定是否同意承保或者提高保险费率的,保险人有权解除合同。保险人对于合同解除前发生的保险事故,不承担赔偿或者给付保险金的责任,如因投保人故意不履行如实告知义务的,则不退还保险费。如因投保人重大过失未履行告知义务的,则退还保险费。

案例中,投保人龚某莉在明知被保险人张某华患病,仍然对保险公司的询问做出否认,主观上存在明显的故意。所以在被保险人张某华死亡后,保险公司有权解除合同,不承担保险责任并不退还保费。案例中的教训提醒投保人,在进行财富传承架构设计时,应结合自身状况选择合适的传承工具,不能违背诚信义务去"削足适履"。

4. 保险人解除人寿保险合同的权利并非可以任意行使,《保险法》对保险人的解除权作了必要限制

依据《保险法》第 16 条第 3 款、第 6 款的规定,保险合同解除权,自保险人知道有解除事由之日起,超过 30 日不行使而消灭。自合同成立之日起超过 2 年的,保险人不得解除合同;发生保险事故的,保险人应当承担赔偿或者给付保险金的责任。保险人在合同订立时已经知道投保人未如实告知的情况的,保险人不得解除合同;发生保险事故的,保险人应当承担赔偿或者给付保险金的责任。

由此可见,虽然法律上赋予了保险人解除合同的权利,但是权利仍然是受到限制的。如果案例中保险公司存在以下行为之一,即使投保人未履行如实告知的义务,保险公司也不能解除保险合同,发生保险事故时,保险公司要承担保险责任:(1)保险公司在知道投保人龚某莉未履行如实告知义务之日起 30 天后仍未提出解除合同的;(2)被保险人张某华在 2013 年 11 月 25 日之后死亡的;(3)保险公司在合同订立时已经知道龚某莉未如实告知被保险人张某华患病情况的。

十、保险金信托

[传承案例46]

张某与孙某芳是夫妻关系,两人在婚后育有一子张某立。

在婚姻关系存续期间,张某与孙某芳在北京共同经营了一家文化传媒公司,张某享有45%的股权,孙某芳享有55%的股权。后因两人的性格均比较强势,在公司的管理方式上存在严重冲突,再加上出现家庭矛盾后缺乏有效沟通,最终导致夫妻感情彻底破裂。经过协商,两人通过协议的方式办理了离婚手续。《离婚协议书》中约定张某持有的公司的全部股权转移至孙某芳指定的第三人名下,孙某芳补偿张某785万元,分3年付清。因张某在财产上作出了巨大让步,孙某芳同意张某立的抚养权由张某行使。在与妻子离婚后,张某成立了央联公司。

张某认识了某人寿保险公司的业务经理林某冬,希望林经理给推荐几款适合自己的产品。

张某主要的想法是:(1)每年可以支付50万元到100万元的保费,虽然自己手里现在有充足的现金,但他不希望占用太多,他要确保资金的流动性不出现问题。(2)保险赔付条件成就时,作为受益人的张某立在得到保险金后,他不希望孩子将来交友不慎钱财被骗或者把钱给挥霍掉。同时他也不希望孩子成家后万一婚变,未来的儿媳把这笔保险金分走一部分。(3)自己有个哥哥张某山生活在农村,家境比较贫困,目前瘫痪在床,万一有一天自己真的遭遇意外,能够按月给哥哥留点钱治病及养老。

林某冬听完张某的陈述后,告知张某自己所在的保险公司和北京某信托公司有长期的合作,张某可以设置保险金信托,这样基本可以达到张某的传承目的。张某详细地询问了设立所需要的材料及过程,在林某冬的推荐下为自己投保了某款终身寿险,年缴保费80多万元,连续缴纳10年。后又在经理助理的带领下带着保险合同、身份证、受益人的身份资料、关系证明、财产来源证明、完税证明等材料到北京某信托公司签订了信托合同。信托合同签订后到保险公司变更了受益人,并告知了信托公司。

在信托合同及相关文件中约定了人寿保险金进入信托账户运营后,张某立及张某的哥哥张某山作为受益人,张某的侄子张某丰作为信托的保护人。在张某立18周岁之前,每年领取10万元的基本费用,该费用仅限于张某立的生活和学习使用。每年支付张某山6万元,专用于张某山的生活和医疗费用。在子女教育金的激励方面,明确约定如张某立考上国内重点大学每年的基本费用增加至15万元,如考上的是国内非重点大学,每年的基本费用增加至12万元。在信托合同中列明了负面行为清单及一定期限内的惩罚措施。在大额消费方面,约定了购车可领取35万元的消费基金,购房可领取房屋总价60%以内的购房基金。在信托合同和文件中同时约定了结婚时可领取的礼金数额,并明确了结婚后张某立领取的受益财产"为张某立个人财产,与其配偶无关"等内容。

通过上述保险金信托设置,既达到了张某的传承目的,又保障了作为受益人的张某立及张某山的利益。

[传承实务及法律分析]

1. 保险金信托的内涵

所谓保险金信托,是指投保人与保险公司签订保险合同,而后作为委托人与信托机构签订信托合同,当理赔条件发生时,保险公司将保险金(保险赔款、满期保险金等)交付信托机构,由信托机构依据信托合同管理、运用信托财产,并按照信托合同及其他信托文件的约定将信托资产及运作收益交付信托受益人。

保险金信托业务在我国起步较晚,但其发展较快,体现了国内高净值人群的迅速壮大。在财富管理方面体现出通过保险工具、信托工具相结合达到财富传承目的的合理需求。相较于单一的保险或信托工具,保险金信托结合了保险和信托两种传承工具的优点,利用资金杠杆效益,能帮助高净值人士更好地管理和规划其资产,达到"1+1>2"的效果。在国内,资金型家族信托的门槛通常在3000万元至5000万元,会让很多人望而却步。但是保险金信托就不同了,委托人可以通过资金的杠杆效益,充分利用保费和保额之间的差距,只要保额达到家族信托的门槛就可以设立。这相当于变相地降低了家族信托的门槛,而且很多保险公司的保费允许投保人分期交纳,极大地增强了投保人资金的流动性。

2. 国内首单保险金信托产品及其升级版

(1)根据新浪财经的报道,国内首例保险金信托产品出现于2014年5月4日,是由中信集团旗下的信诚人寿保险有限公司(以下简称信诚人寿)和中信信托有限责任公司(以下简称中信信托)联合推出的“传家”系列人寿保险信托产品(也称“1.0版”)。

其具体操作为:投保人与信诚人寿签订保险合同,购买信诚人寿一款高端终身寿险产品,保险金给付的条件为被保险人全残或者死亡。同时,投保人与中信信托签订信托合同,在理赔之前,投保人的保险金在信诚人寿,在符合理赔条件时,保险理赔金进入中信信托并转化为信托财产。中信信托将按照投保人事先对保险理赔金的处分和分配意志,长期且高效地管理这笔资金,实现对投保人意志的延续和忠实履行。

作为中信信托在家族信托基础上的延伸,保险金信托是高附加值的“事务管理+资产管理”的单一信托产品,重点是实现委托人在保险理赔后对受益人如何获取财产的管理意志的延续,而不仅仅是简单的财富增值。

(2)传统模式下的保险金信托具有很多弊端。例如,客户在不同的保险公司投保时,保单则相对分散,在设立保险金信托时,要对接多家信托公司,手续较为烦琐;在保险合同成立后,保险合同的投保人仍为委托人个人,若投保人出现违背“最大诚信原则”的情况,保险公司可解除合同或请求确认合同无效,最终导致信托合同效力终止。

(3)为了隔离自然人作为保险合同中投保人对外的债务风险,保险金信托正在试水2.0版,即将保险合同中的投保人也变更为信托公司(1.0版仅变更保险合同中的受益人为信托公司),在实务操作中续期保险费需要提前置入信托,并由信托公司交纳后续的保险费。

(4)最新版本的保险金信托为3.0版,即:委托人设立以购买人身保险为目的的资金型信托,由信托公司作为保险合同的投保人和受益人,用信托财产作为保险费为委托人或委托人指定的第三人购买保险,保险合同约定的支付保险金条件成就时,由保险公司将保险金支付给信托公司,信托公司将保险金作为信托资产进行管理,并按照信托合同的约定,将收益分配给信托合同约定的受益人。

目前,2.0 版本和 3.0 版本,存在是否符合《保险法》及保险法司法解释所规定的保险利益、变更保险合同投保人是否合规等问题,很难通过多数保险公司的内审。故本书重点介绍 1.0 版本。

“家庭保单”保险金信托,为客户打通了不同保单间的壁垒,能够实现未来客户在任何一家与中信信托合作的保险公司购买保单,都可以整合到同一个保险金信托中。“家庭保单”保险金信托服务打破了目前市场上“单一被保险人 + 单家保险公司 + 信托”的模式。

3. 1.0 版保险金信托中各方当事人及其在保险金信托中的特殊作用

(1)保险投保人、信托委托人

投保人是指与保险人(保险公司)订立保险合同,并按照合同约定负有支付保险费义务的人。投保人同是保险金信托中的信托委托人。

(2)保险人

保险人是指与投保人订立保险合同,并按照合同约定承担赔偿或者给付保险金责任的保险公司。在保险金信托关系中,当保险事故发生时,保险人需将保险金支付给信托公司。

(3)被保险人

被保险人是指人身受保险合同保障,享有保险金请求权的人。投保人可为被保险人。如果投保人和被保险人非为同一人,指定、变更受益人需要被保险人同意并签字确认。

(4)保险受益人

保险受益人是指人身保险合同中由被保险人或者投保人指定的享有保险金请求权的人。在保险金信托关系中,在设立信托后,保险合同中的受益人需要变更为信托机构。

(5)信托受益人

信托受益人是指在信托法律关系中享有信托受益权的人。受益人可以是自然人、法人或者依法成立的其他组织。在财富传承领域,保险金信托的受益人一般为委托人的近亲属,如子女、配偶、父母等,考虑到人寿保险合同理赔金条件成就的特殊性,不建议委托人也是受益人之一。

4. 1.0 版保险金信托的操作模式

第一步:投保人在符合投保条件下,与保险公司签订相应的保险合同,购买人寿保险产品;

第二步:投保人作为委托人与信托公司签署信托合同,投保人将其在保险合同项下的保险金请求权(变更保险合同中的受益人为信托机构)作为信托财产委托给信托公司设立信托,信托受益人为委托人所指定,一般为子女、配偶或其他委托人欲传承财产的第三人;

第三步:在发生保险事故的情况下,保险公司将保险金支付给信托公司,信托公司按照信托合同的约定对信托资产(保险金)进行管理,并向信托受益人分配信托利益。

5. 设立模式

(1)终身寿险+信托

投保人与保险公司签订终身寿险合同,将信托公司设定为保险身故受益人,约定当保险条件成就时,保险公司需将身故保险金转入信托公司账户作为信托财产。同时投保人与信托机构签订信托合同,约定双方之间的权利义务关系,并在信托合同中明确信托受益人。信托合同的详细内容见本书其他章节。

(2)年金险+信托

投保人与保险公司签订年金险合同,年金受益人、身故受益人设定为信托机构,年金险中每年的年金收入和最终的身故保险金转化为信托资产。投保人与信托机构签订信托合同,设定信托受益人。信托公司按信托合同约定对信托财产进行投资管理、处分,并对信托财产及信托收益进行分配。

6. 保险金信托的优势

保险金信托兼具了保险传承工具与信托传承工具的优点,能够使高净值人群的财富得以有效传承,能利用资金杠杆效益使财富增值并能够有效地进行税务筹划,规避保险及信托工具的局限性。

(1)利用资金杠杆效益使财富增值

以某款保险金信托产品为例,投保人以自己为被保险人,只需购买某款终身寿险,在保险合同中指定受益人。保费采用期缴的方式,每期交纳28.65万元,共交纳20期,共交纳保费573万元。在保险合同成立后,将原受益人变更为信托公司,在保险合同约定的给付保险金的条件成就时,保险公司约支付1500万元的保险金至信托公司专设的账户并成为信托资产。案例中的投保人考虑的就是保险较高的杠杆,充分利用了保费和保险金之间的差额,既实现了财富的保值增值,又享受到了信托工具带来的各项便利。

(2)利用保险金信托实现债务隔离,并可提前进行税务筹划

根据本书保险传承案例的分析,人寿保险合同并不能必然对抗人民法院的强制执行,人寿保险合同面临被强制退保、保单现金价值被强制执行的风险。但在保险金信托业务中,当信托公司为保险金受益人后,保险金装入信托里作为信托财产进行信托运作,与委托人未设立信托的其他财产隔离开,可以规避其外界债务风险,保障现有信托资产的有效传承。

根据《个人所得税法》的相关规定,个人所得保险赔款,免纳个人所得税。从理论上分析,高净值人士完全可以提前规划,如投保人可以通过设立保险金信托将个人财产置入信托,避免支付高额税收。

(3)保险金信托可有效突破保险及信托传承工具的局限性

单纯从财富传承的角度来看,保险工具虽然具有多种优势,但其解决不了受益人在取得保险金后面临的各种支配风险,并不符合投保人的传承意愿。而家族信托的设立门槛动辄千万,且设立的大多是资金型家族信托,严重影响委托人资金的流动性。如何解决保险工具和信托工具的局限性?答案是保险金信托!

上文分析了保险的资金杠杆效益,可以有效地减轻投保人的资金压力,而信托可以解决委托人的后顾之忧。如果投保人在生前就保险金设立了信托,当事故发生或者符合理赔条件时,保险金进入信托账户,可以按照他预先和信托公司的约定进行管理,避免子女对财产进行挥霍、子女婚变财产被分割等风险,保障信托合同受益人(子女)的后续生活。

保险工具和信托工具的结合,表面上看是一套简单的"组合拳",但实际是把两者优势充分发挥的"迷踪拳",在设置传承方案时应有效地突破各自的局限性,让两者最终实现"强强联合"。

7. 保险金信托面临的问题

保险金信托并不适合普通家庭,不会像保险产品一样"飞入寻常百姓家",保险金信托所要求的资金门槛虽有所降低,但如果资产太少则失去了设立的意义。如果资产数额巨大的话,完全可以设立符合委托人家庭需求

的个性化的家族信托，保险金信托对其并不适合。

目前关于保险金信托的立法及政策相对滞后，存在法律及政策风险。虽然很多保险公司和信托机构开展了保险金信托业务，但大多参考的是国外的经验，截至本书定稿时，并无相应的诉讼案例可供参考。另外，保险金信托业务周期较长，其间可能潜在的法律风险尚未呈现，只能在实践中进一步探索和完善。

04 第四篇

信托传承

《孟子·离娄章句下》载有“君子之泽，五世而斩”，后人又总结出“富不过三代”的传承教训。

如何打破“富不过三代”的魔咒?

“富过三代”的情况在西方国家并不稀奇，似乎唯独我国至今未逃脱“富不过三代”的魔咒。我国家族企业的平均寿命只有24年，且能进入第二代的只有不到30%，进入第三代的不到10%，而进入第四代的仅有约4%的少数家族企业。

从国外的成功经验来看，“富过三代”的传承大多启用了信托工具。信托成了“富不过三代”的精准克星!

信托在国外被称作“从坟墓里伸出来的手”，通俗来讲，是指委托人可以在去世后继续按其生前意愿操控信托资产的安排，使其财富能够代代相传。

资金型家族信托为什么是家族信托中的主流?

不动产能设立家族信托吗?在国内的法律和政策障碍是什么?

邓某迪与默多克离婚，财产上的分割为什么相差悬殊?默多克的家族信托对于其将来的婚变究竟有没有起到“防火墙”的作用?

设立家族信托后的信托财产，所有权归谁?您还有权动用吗?

家族信托，哪些情况会有无效的风险?辛苦布防的家族信托传承方案在您百年之后是事与愿违还是得偿所愿?

遗嘱信托有案可循吗?遗嘱与信托的匹配能够相得益彰吗?

家族办公室真是超富裕阶层玩的金钱游戏吗?高净值人群对家族办公室是否真的只能“仰望”?

主要财产在国内，有必要设立离岸信托吗?

了解信托并有效地利用信托工具开启财富的有效传承，愿本篇内容能让您有所收益。

一、家族信托的内涵及法律属性

[传承案例47]

在梅某芳设立的家族信托中,香港汇丰国际信托有限公司(以下简称汇丰信托公司)作为受托人,梅某芳的母亲覃某金和侄子、侄女以及妙境法学会作为受益人。信托财产主要为现金、不动产、股票和金融资产。此外,在梅某芳出具的信托意愿书中,要求将两处物业赠与香港著名的时装、形象设计师同时也是梅某芳的生前挚友刘先生。为了避免覃某金得到大额财产后直接挥霍,信托协议明确约定交付的信托财产由汇丰信托公司进行管理,按照每月7万港元的标准支付给覃某金。在覃某金过世后,剩余的财产捐献给妙境法学会。具体信托关系如下:

委托人:梅某芳

受托人:香港汇丰国际信托有限公司,主要是依据委托人的意愿和家族信托协议对信托财产进行管理

信托财产:不动产物业、现金

受益人:梅某芳的母亲和侄子、侄女以及妙境法学会

虽然梅某芳对家人作出了细致的安排,但最后"事未遂人愿"。在此后的10多年时间里,覃某金与汇丰信托公司打了10多年的官司,官司也是有胜有败。

信托设置得仓促、考虑得不够缜密、各项传承工具运用欠佳、未进行个性化定制信托条款等原因综合导致了梅某芳家族信托的不完美。

[传承实务及法律分析]

1. 家族信托的内涵

我们在讲家族信托的内涵之前,首先得明确现行有效的《信托法》对信

托的概念是如何规定的。

依据《信托法》第2条的规定，信托是指委托人基于对受托人的信任，将其财产权委托给受托人，由受托人按委托人的意愿以自己的名义，为受益人的利益或者特定目的，进行管理或者处分的行为。

家族信托，应该是具有一定资产的个人或家庭所采取的有效传承方式之一。既然在信托前面加了“家族”，显然信托多了“家族性”。2018年8月，中国银行保险监督管理委员会下发《关于加强规范资产管理业务过渡期内信托监管工作的通知》（以下简称《信托监管通知》），依据《信托监管通知》的内容，家族信托应以家庭财富的有效管理、合法传承为目的。具体是指信托公司接受单一个人或者家庭的委托，以家庭财富的保护、传承和管理为主要信托目的，提供财产规划、风险隔离、资产配置、子女教育、家族治理、公益（慈善）事业等定制化事务管理和金融服务的信托业务。

2. 家族信托应具有的法律属性

（1）家族信托应体现他益性

他益信托主要指的是在设立信托时不能以自己为唯一的信托受益人，而是以其他人或共同与其他人作为受益人设立的信托。其与自益信托划分的主要依据是“委托人和受益人是否为同一人、信托的利益是否归属于委托人本人”。自益信托是为了自己的利益而设立的信托，委托人和受益人是同一人。依据《信托监管通知》的规定，受益人应包括委托人在内的家庭成员，但委托人不得为唯一受益人，单纯以追求信托财产保值增值为主要信托目的，具有专户理财性质和资产管理属性的信托业务不属于家族信托。试举例：张先生出资，通过信托投资基金，基金的收益再通过信托回到张先生的手里。很明显，张先生设置信托的信托利益最终只归属于张先生本人，这就是自益信托，与家族信托的他益性不符。案例中，梅某芳设立的家族信托的受益人为她的母亲和侄子、侄女以及妙境法学会，显然是为了他人的利益，属于他益信托。

从家族信托设立的实际情况来看，受益人一般为委托人的家族成员（也包括委托人，但委托人不能是唯一受益人），而且是委托人在设立家族信托时最担心、最牵挂的家族成员（包括未出生的家族成员、非婚生子女等）。

“他益性”是实现家族信托延续百年的根本，是资产有效隔离保全和实现财富传承功能的必要条件。

(2)家族信托大多具有私益性

设立家族信托的目的主要是整个家族利益。在很多富人看来,设立家族信托也是为了打破"富不过三代"的魔咒。众多耳熟能详的家族如洛克菲勒家族、肯尼迪家族,都已借道家族信托、家族基金会等财富传承机制,成就了家族财富的基业常青。案例中,梅某芳设立家族信托的目的是在其去世后母亲能够定期得到生活费用,不至于因其母的不良嗜好而导致穷困潦倒。

其与公益信托划分的主要依据是"设立目的的性质不同"。公益信托是为了公共利益的目的设立的信托,依据《信托法》第 60 条的规定,为了下列公共利益目的之一而设立的信托,属于公益信托:①救济贫困;②救助灾民;③扶助残疾人;④发展教育、科技、文化、艺术、体育事业;⑤发展医疗卫生事业;⑥发展环境保护事业,维护生态环境;⑦发展其他社会公益事业。2016 年 12 月 27 日,"中信·北京市企业家环保基金会 2016 阿拉善 SEE 资本环保慈善信托"在北京市民政局备案,该信托的受益人范围为致力于荒漠化防治、绿色供应链与污染防治、生态保护自然教育、环保公益行业发展等领域的初创期中国民间环保组织。该信托设立的目的显然是社会公益事业,从本质上应属于公益信托。

(3)家族信托应突出家族性、延续性

家族信托最明显、最重要的性质就是其家族性、延续性。

家族性的内涵主要体现在:受益人的范围比较广泛,但一般都是为了将财富传给与委托人具有血缘关系、夫妻关系的家族成员。如 2015 年 2 月 25 日,《21 世纪经济报道》刊文称,"宋女士将位于北京核心地段的十几套房产设立了信托,受益人为直系血亲后代非配偶继承人"。通过通读原文,可以看出,宋女士设立不动产家族信托后,受托人只能按照信托协议、信托文件的约定,将收益交付受益人(宋女士的儿女),且受益人所得财产不属于夫妻共同财产,有效地实现了财产的隔离保护,并预防了子女婚变的风险,同时实现了将财产传承给"直系血亲后代非配偶继承人"。宋女士的上述家族信托充分体现了其设立的目的是她的家族成员及家族财富的有效传承。

家族性还体现在设立家族信托的目的多是出于家族财富保护、财富传承、家族治理、税收筹划等。世界上很多知名的家族虽然设立了慈善信托,但家族成员大多也担任相应职务,但就其本意而言,是否为了规避遗产税,也是值得探讨的法律问题。传统的营业信托设立的目的多是出于融资和投资的需要,其本意在于获取利益。

延续性主要体现在,信托财产交付给受托人后,受托人会对信托财产进行管理,以确保信托财产保值增值,使委托人的家族财富能够得到积累、延续;设立家族信托的财产所有权已经发生了转移,在被继承人去世后信托财产不属于被继承人的遗产,这样就可以防止没有财产管理能力的继承人在一次性得到大量财产后将家庭财产挥霍一空;此外,设立家族信托后,委托人可以在信托文件中设置"防败家条款",约定定期向受益人分配一定的生活费,以使家族财产能够世代相传。

(4)家族信托具有保护性

信托具有信托资产保护机制,与家族或家族企业中未设立信托的其他财产相区别,这一点体现在《信托法》第 15 条"信托财产与委托人未设立信托的其他财产相区别。设立信托后,委托人死亡或者依法解散、被依法撤销、被宣告破产时,委托人是唯一受益人的,信托终止,信托财产作为其遗产或者清算财产;委托人不是唯一受益人的,信托存续,信托财产不作为其遗产或者清算财产;但作为共同受益人的委托人死亡或者依法解散、被依法撤销、被宣告破产时,其信托受益权作为其遗产或者清算财产"。

在现实生活中,存在大量的家族企业与股东之间财产混同的现象,如果家族企业中涉及债务,就存在股东与家族企业承担连带责任的可能性。但是如果在债务产生之前,尤其是股东个人资产状况良好的情况下设定了家族信托,因委托人与受益人不是同一人(委托人不能是唯一受益人),即便是委托人出现了需要承担连带责任的债务,那么信托资产也不会受到法院的强制执行,从而有效地保证了家族财富的传承和受益人的利益。

二、从默多克家族信托看家族信托的功能

[传承案例48]

1999年,默多克与第二任妻子离婚,分手费达17亿美元。后与邓某迪结婚时签订了婚前协议并设置了家族信托。此处将主要论述家族信托。

默多克的子女情况:1. 与第一任妻子生育一女;2. 与第二任妻子共生育3个子女;3. 与邓某迪生育2个女儿。

默多克的大部分资产源自其持有的新闻集团的股份,默多克通过设立信托来持有新闻集团的股份,主要信托有:(1)第一个信托即默多克家族信托。它将持有的2600万股新闻集团的A股股票平均分给了默多克的6个孩子。但A股股票没有投票权,且被放入了信托,6个子女只享受收益,不能介入公司运营。新闻集团的股权分为两种:一种是A类股权,没有投票权;另一种是B类股权,具有投票权。默多克家族持有新闻集团近40%的B类股票,其中超过38.4%的B类股票由默多克家族信托持有。默多克与前两任妻子的4个子女是默多克家族信托的监管人,作为家族信托的监管人可以在默多克去世后,指定信托的受托人,不仅如此,4个子女还拥有新闻集团的投票权,从信托的安排可以看出,新闻集团的控制权,实际上掌握在默多克和前两任妻子的4个子女手中,与邓某迪及其两个女儿并没有关系。(2)第二个信托,默多克自己通过信托持有大约1%的B类股票。(3)默多克设立的第三个信托,仅持有部分A类股票,其受益人为其与邓某迪所生的两个女儿。通过家族信托把财产分到其与邓某迪的两个女儿手中,给他们受益权,尽到了抚养子女的义务。

[传承实务及法律分析]

1. 资产隔离功能

设立家族信托的委托人,有很多是家族企业的实际控制人,在很多家族

企业中,存在企业和个人之间大量的资金往来,因此,个人资产和企业资产并不能清晰划分。一旦家族企业涉及债务,企业家也有可能被法院判决承担连带责任,企业家的家庭资产往往也成了追偿对象。设立有效的家族信托后,信托财产名义上属于受托人,但按照《信托法》的规定,信托财产不属于委托人,也不属于受益人,并独立于受托人的其他财产,与委托人、受托人和受益人的其他财产隔离。家族信托等于将委托人的合法财产交由具有资质的信托公司进行管理,在保障财富价值的前提下,有利于实现管理权和收益权的隔离。

默多克与第二任妻子离婚时不仅失财甚至影响了新闻集团及21世纪福克斯公司的运营。俗话说"一朝被蛇咬,十年怕井绳",在与第三任妻子邓某迪结婚时,默多克签订婚前协议并设置了家族信托,将个人财产装入信托工具中。因信托具有资产隔离的功能,信托财产不属于委托人并与委托人的其他财产相隔离,许多企业家均是通过在海外设立信托基金来实现资产风险的隔离并使家族利益最大化。

2. 税收优化功能

在家族信托有效设立后,即便是委托人去世,因信托财产并不属于委托人死亡时遗留的合法财产,从法律上讲,不构成委托人的遗产,无须缴纳遗产税。《信托法》第15条明确规定,信托财产与委托人未设立信托的其他财产相区别,设立信托后,委托人死亡或者依法解散、被依法撤销、被宣告破产时,委托人不是唯一受益人的,信托存续,信托财产不作为其遗产或者清算财产。依据上述法律规定,相对于未设立家族信托的其他财产的继承而言,家族信托具有较好的税收优化功能。

3. 家族事务管理功能

高净值人士设立家族信托的目的多种多样,其中有一个重要的目的就是把财富传递给最牵挂的人,"照料家人"是家族信托的一个重要功能。家族信托被称为"从坟墓里伸出来的手",即使委托人去世后,家族信托也可以持续存在,继续执行委托人的意愿,持续管理家族事务、家族财富,家族信托的家族事务管理功能需要特别约定,属于"量身定制",不是传统意义上标准的、格式化的信托合同能够解决的。

通过家族信托的安排,默多克实现了保障未成年子女、多子女财富传承的分类安排。默多克设立的第一个家族信托将其持有的2600万股新闻集团的 A 股股票平均分给了 6 个孩子；默多克设立的第三个家族信托将部分 A 类股票分到其与邓某迪的两个女儿手中，给他们受益权，尽到了抚养子女的义务、实现了对子女生活的保障、家庭财富的管理。

4. 定向保护功能

依据相关法律规定，一方的婚前财产，不因夫妻关系的延续而转化为夫妻共同财产，但当事人另有约定的除外。需要注意的是，大量婚前财产在婚后的收益，在离婚时有可能被分割，防范离婚风险也成了高净值人士的共识。可以考虑在婚前设立家族信托，利用信托财产的独立性这一信托特有属性，避免因离婚而导致的财产缩水，实现对自身或子女的定向保护功能。另外，在家族信托设立时专门设置“防败家”条款，看似是对受益人权利的限制，但实质上是对所传承的财富、受益人的定向保护。

5. 隐私保密功能

中国老话有“穷要外诉，财不外露”之说。在行为传递上，财不外露是一种行为规范也是一种社会生存技能。因为财产外露可能会引起别人的觊觎之心，从而使自己的财产受到损害。中外有内涵的富人均深谙此道，行事低调。如肯尼迪家族的财产世代传承是以信托基金的方式运行，家族财富的数量无人知悉，直到美国第 35 任总统约翰 · 肯尼迪上任之后，他所享有的受益份额才向社会公众披露。

家族财富传承过程中，大量的委托人都会在《家族信托合同》及附件中设置特定的隐私保密条款，受托人不得且也没有权利对外泄露信托财产的数额、受益人、受益比例、资产配置等信息。例如，企业上市后需向公众披露股东信息，但若通过信托来持股则能最大限度地保护股东的隐私。通常情况下，招股书或者公司财报上只会显示信托的成立人和受托人，除非信托受益人在董事会或者高管名单中，否则受益人的信息不会被披露。

6. 财富传承功能

家族信托可以准确、完整地实现委托人财富传承的需求，具有全方位、跨时空性。信托产品可以按照委托人的要求进行设计，包括限制受益人何时、满足什么样的条件下才能获得财产，获得财产的数额及类型，比其他传承工具在操作上更具有灵活性。而且对于家族企业或者高净值客户而言，设置家族信托的目的可能是资产隔离，但作为委托人，最主要的目的，仍是使财富得以合法地、稳健地传承。家族信托可以完全按照委托人的意愿设置相应的合同条款,预先安排财产分配给想要传递的人或机构(受益人)。针对新闻集团的B类股票,默多克通过设立家族信托严格地将受益人限定在自己和前两任妻子的4个子女之间排除了邓某迪及其2个女儿的权利,使自己和前两任妻子的4个子女拥有新闻集团的控制权。由此可见,默多克并不想因为婚姻关系的存续或解除造成新闻集团股权的稀释或旁落,其设立家族信托准确、完整地实现了自身财富传承的需求。

依据《信托法》第二章、第三章的规定,信托设立后,信托财产具有独立性,可以有效地缓解家族成员之间因财富管理、财产分配所造成的矛盾,实现财富稳定、有序的传承。

三、家族信托的主体及监察人

[传承实务及法律分析]

1. 家族信托的委托人

我们先来看《信托法》的规定，什么是委托人？《信托法》第19条规定，委托人应当是具有完全民事行为能力的自然人、法人或者依法成立的其他组织。按照上述规定，委托人是信托的设立者，可以是自然人也可以是法人或其他组织。

依据银保监会于2018年8月17日发布的《关于加强规范资产管理业务过渡期内信托监管工作的通知》(信托函〔2018〕37号，以下简称《信托监管通知》)，家族信托是指信托公司接受单一个人或者家庭的委托，以家族财富的保护、传承和管理为主要信托目的，提供财产规划、风险隔离、资产配置、子女教育、家族治理、公益(慈善)事业等定制化事务管理和金融服务的信托业务。在信托实践中，家族信托的委托人通常为自然人。一般为家族财富价值的创造者(创一代)，家族财产的所有人包括个人，也包括共同所有人，如，婚后共有财产的所有人丈夫和妻子。

(1)委托人应为具有完全民事行为能力的自然人

依据我国民事法律法规，家族信托本身是委托人和受托人基于合同形成的一种权利义务关系，委托人的资格直接决定着家族信托是否有效成立，家族信托的委托人应当具有完全民事行为能力。

依据《民法典》第17条、第18条的规定，十八周岁以上的自然人为成年人。不满十八周岁的自然人为未成年人。成年人为完全民事行为能力人，可以独立实施民事法律行为。十六周岁以上的未成年人，以自己的劳动收入为主要生活来源的，视为完全民事行为能力人。例如，已满十六周岁的明星，在有足够的财产并能证明其来源合法的前提条件下，可以作为合格的家族信托的委托人。

无民事行为能力人或者限制民事行为能力人不能作为家族信托的委托人。依据《民法典》第21条第1款的规定，不能辨认自己行为的成年人为无民事行为能力人，由其法定代理人代理实施民事法律行为。例如，完全没有认知能力的精神病人不能作为家族信托的委托人。同时《民法典》第22条规定，不能完全辨认自己行为的成年人为限制民事行为能力人，实施民事法律行为由其法定代理人代理或者经其法定代理人同意、追认；但是，可以独立实施纯获利益的民事法律行为或者与其智力、精神健康状况相适应的民事法律行为。例如，患有某种间歇性精神疾病的成年人如果被法院宣告为限制行为能力人，如果在设立家族信托之前有证据证明精神状况持续处于健康状态，那么，其就可以作为家族信托的委托人。

(2)委托人的权利

权利包括法定权利与约定权利，依据《信托法》第17条至第23条的规定，结合其他民事法律法规，委托人享有下列权利：

第一，选择权、辞任同意权。委托人有权选择其信得过的受托人设立家族信托，并有权依据自己的意愿指定受益人、受益份额等。委托人有权任命家族信托的保护人。另外，在设立信托后，经委托人及受益人同意，受托人可以辞任。

第二，知情权。委托人有权了解其信托财产的管理运用、处分及收支情况，并有权要求受托人作出说明。委托人有权查阅、抄录或者复制与其信托财产有关的信托账目以及处理信托事务的其他文件。

第三，调整权。因设立信托时未能预见的特别事由，致使信托财产的管理方法不利于实现信托目的或者不符合受益人的利益时，委托人有权要求受托人调整该信托财产的管理方法。

第四，撤销权与赔偿请求权。受托人违反信托目的处分信托财产或者因违背管理职责、处理信托事务不当致使信托财产受到损失的，委托人有权申请人民法院撤销该处分行为，并有权要求受托人恢复信托财产的原状或者予以赔偿；该信托财产的受让人明知是违反信托目的而接受该财产的，应当予以返还或者予以赔偿。

第五，解任权。受托人违反信托目的处分信托财产或者管理运用、处分信托财产有重大过失的，委托人有权依照信托文件的规定解任受托人，或者申请人民法院解任受托人。受托人未按照信托合同的约定处理信托事务，导致信托财产遭受损失的，委托人除了按照《信托法》第 22 条的规定向受托人主张损害赔偿，同时可以解除信托合同，解任受托人，防止信托财产遭受进一步损失。

第六，异议权。依据《信托法》第 17 条的规定，除因下列情形外，对信托财产不得强制执行：①设立信托前债权人已对该信托财产享有优先受偿的权利，并依法行使该权利的；②受托人处理信托事务所产生债务，债权人要求清偿该债务的；③信托财产本身应担负的税款；④法律规定的其他情形。

对于违反前款规定而强制执行信托财产，委托人、受托人或者受益人有权向人民法院提出异议。

第七，家族事务管理权。考虑到设立家族信托后，包括家族企业的专有技术，家族企业的资产配置、投资决策等属于家族内部不愿对外公开的隐私或秘密，不适合外人或机构进行管理，在此情况下，委托人可以在信托文件中明确约定委托人或受益人事务管理的范畴。

第八，信托财产的管理参与权。委托人设立家族信托后，信托财产从委托人名下转至受托人，受托人成为信托财产的名义所有权人。委托人不能以所有权人的身份进行管理，但委托人可以与受托人在信托合同中约定，以受托人的受托人或代理人的身份参与管理。但需注意的是，如果委托人设置家族信托的主要目的是资产隔离，尽量不参与或少参与信托财产的管理。

(3)委托人的义务

委托人在享有权利的同时，也必须履行相应的义务。在信托法律关系中，为了保障信托目的的实现，委托人须按照法律的规定和信托文件的约定，需要为一定行为或者不为一定行为。当委托人未能按照法定或约定履行义务时，需要承担相应的法律责任。

委托人的主要义务有：

第一，按照约定支付受托人报酬。家族信托合同期一般较长，时间跨度达几十年甚至上百年，涉及的问题相对复杂。委托人设立家族信托的主要目的也不尽相同，受托人还需承担相应的管理义务、信义义务、谨慎义务等，需要付出大量的时间并具备专业的管理技能。委托人支付受托人报酬成了其须尽的义务。报酬可以直接支付，也可以约定从信托财产中扣除。

第二，转移信托财产的义务。委托人有按照家族信托合同的约定，将信托财产转移给受托人的义务。如委托人未履行该义务，依照信托合同及信托文件的约定，需要承担继续履行、赔偿损失等责任。委托人要按时将财产移交给受托人，这一义务的履行，某种意义上也是为了保障委托人所享有的权利。委托人财产权的让渡，保障了家族信托的功能实现。

第三，依照约定参与信托财产的管理。如前文所述，在委托人享有的权利中包括委托人通过信托文件的约定，参与信托财产的管理。

2. 家族信托的受托人

家族信托的受托人是指在信托关系中，按照委托人的意愿，以自己的名义管理信托财产、家族事务，承担受托义务并获取报酬的当事人。如在梅某芳家族信托中，受托人为香港汇丰国际信托有限公司。

一般情况下，受托人都是由独立的信托公司担任，在境外也可以是家族成员自己成立的私人信托公司。受托人是信托关系中重要的主体，其资产管理及经营水平，决定着委托人的信托目的能否安全、稳妥地实现。

(1)受托人的资格

依据《信托法》第24条的规定，受托人应当是具有完全民事行为能力的自然人、法人。法律、行政法规对受托人的条件另有规定的，从其规定。

常见的家族信托中的受托人为信托公司。合法的信托公司均拥有信托牌照，且其经营范围包括资金信托、不动产信托、有价证券信托等，再加上信托公司拥有的专业人才，无疑信托公司是最合适的受托人。

另外，下列主体也可以作为受托人(需要注意的是，在中国设立家族信托时，如政策、法规对受托人的资质有明确要求时，应遵从相应的要求)：①委托人信任的自然人，一般适合财产管理事务和家庭管理事务相对简单的家族信托，本篇“遗嘱家族信托”中受托人为自然人，法院生效的法律文书确认了自然人作为受托人的有效性；②商业银行私人银行部门；③律师事务所，按照我国《律师法》及律师执业规范，律师个人不能成为受托人；④第三方理财机构。

(2)受托人的权利

第一，获取报酬权。在家族信托法律关系中，受托人一般为从事商业经营的信托公司，因其提供了家族信托服务，收取相应的报酬也属应有之义。收取报酬的具体数额一般遵从受托人与委托人(受益人)之间信托文件的约定。

《信托法》第 35 条明确规定,受托人有权依照信托文件的约定取得报酬。信托文件未作事先约定的,经信托当事人协商同意,可以作出补充约定;未作事先约定和补充约定的,不得收取报酬。约定的报酬经信托当事人协商同意,可以增减其数额。

第二,优先受偿及补偿请求权。受托人因处理信托事务所支出的费用、对第三人所负债务,以信托财产承担。受托人以其固有财产先行支付的,对信托财产享有优先受偿的权利。受托人违背管理职责或者处理信托事务不当对第三人所负债务或者自己所受到的损失,以受托人的固有财产承担。

第三,信托财产管理运用权。在家族信托中,受托人有管理运用信托财产的权利,该项权利是受托人基本的权利,也是实现委托人信托目的的基本保障。受托人该项权利的来源主要是信托合同和其他文件的约定。

第四,辞任权。设立信托后,经委托人和受益人同意,受托人可以辞任。公益信托的受托人辞任另有规定的,从其规定。受托人辞任的,在新受托人选出前仍应履行管理信托事务的职责。

(3)受托人的义务

受托人的义务,主要体现在《信托法》第 25 条,具体内容为:受托人应当遵守信托文件的规定,为受益人的最大利益处理信托事务。受托人管理信托财产,必须恪尽职守,履行诚实、信用、谨慎、有效管理的义务。

依据上述法律规定,受托人的义务概况如下:

第一,遵守信托文件。在家族信托中,受托人在管理和处理信托财产和家族事务时,除应遵守相应的法律法规外,还须严格遵守信托合同和其他信托文件,并谨慎地处理家族信托事务,以受益人的最大利益处理信托事务,以实现委托人设立信托的目的。

第二,诚实信用、谨慎义务。依据《信托法》第 25 条第 2 款规定,受托人管理信托财产,必须恪尽职守,履行诚实、信用、谨慎、有效管理的义务。《信托公司管理办法》第 24 条也作出了类似规定,要求信托公司管理运用或者处分信托财产,必须恪尽职守,履行诚实、信用、谨慎、有效管理的义务,维护受益人的最大利益。

第三,按照规定分配信托利益。家族信托的期限一般较长且分配次数较多,受益人的受益比例或份额等需要严格执行,这一点不同于理财性质的营业信托。家族信托中信托利益的分配,一般体现在信托文件中,受托人按照约定分配信托利益即可。但有的家族信托中关于信托利益的分配需要受托人酌情处理,这就使受托人在信托利益的分配上有了较大的裁量权,但其最终的分配方案还须参照委托人设立家族信托的初衷并充分考虑各受益人的利益。

第四,管理不当赔偿义务。作为受托人应当按照信托合同及其他信托文件的约定,并凭借自身的专业能力,勤勉尽责的管理信托财产及家族事务。如因受托人违反信托目的处分信托财产或者因违背管理职责、处理信托事务不当致使信托财产受到损失的,应将信托财产恢复原状或予以赔偿。

第五,保密义务。家族信托作为一项重要的传承工具,私密性是其受高净值人士选择的重要原因,因此,家族信托保密问题无论对委托人还是受托人、受益人均有重要的影响。《信托法》第 33 条第 3 款明确规定,受托人对委托人、受益人以及处理信托事务的情况和资料负有依法保密的义务。

第六,记录义务。《信托法》第 33 条第 1 款、第 2 款明确规定了受托人记录和报告义务,要求受托人必须保存处理信托事务的完整记录,并应当每年定期将信托财产的管理运用、处分及收支情况,报告委托人和受益人。

第七,亲自管理义务。委托人在设立家族信托之前,一般会综合考虑受托人的资信状况、专业人员结构、历史业绩等,然后选择符合自身要求的受托人,家族信托设立的前提是委托人基于对受托人的信赖。受托人受人之托,理应忠人之事,除非有法律或信托文件规定的特定情形,一般情况下受托人对于信托财产的打理及其他信托事务应亲力亲为。《信托法》第 30 条明确规定了受托人的亲自管理义务,要求受托人自己处理信托事务,信托文件另有规定或者有不得已事由的,可以委托他人代为处理。但受托人依法将信托事务委托他人代理的,应当对他人处理信托事务的行为承担责任。

3. 家族信托的受益人

依据《信托法》第 43 条第 1 款的规定,受益人是在信托中享有信托受益权的人。受益人可以是自然人、法人或者依法成立的其他组织。受益人一般由委托人指定,依据委托人意愿享受家族信托财产及家族事务管理所产生的利益。

在家族信托中,受益人一般是委托人的家族成员,如委托人的配偶、子女或其他家族成员。委托人的家族成员以外的其他亲属、家族企业员工也可以成为受益人。《民法典》第 16 条规定，涉及遗产继承、接受赠与等胎儿利益保护的，胎儿视为具有民事权利能力。但是，胎儿娩出时为死体的，其民事权利能力自始不存在。依据前述法律规定，家族信托中信托利益的指向为胎儿时，胎儿具有民事权利能力和资格，胎儿可以成为受益人。《民法典》第 19 条规定，八周岁以上的未成年人为限制民事行为能力人，实施民事法律行为由其法定代理人代理或者经其法定代理人同意、追认；但是，可以独立实施纯获利益的民事法律行为或者与其年龄、智力相适应的民事法律行为。因此，限制民事行为能力人可以成为家族信托的受益人。

受益人享有的权利如下：

(1)知情权

依据《信托法》第 49 条第 1 款的规定，受益人可以行使本法第 20 条所规定的委托人享有的知情权。即有权了解其信托财产的管理运用、处分及收支情况，并有权要求受托人作出说明。有权查阅、抄录或者复制与其信托财产有关的信托账目以及处理信托事务的其他文件。

(2)信托受益权

获取信托文件中约定的受托人支付的利益，是受益人的基本权利。受益人取得信托利益也是大多数委托人设立家族信托进行财富传承的目的。受益人享有的受益包括信托财产的本金(部分或全部)、信托财产经过管理所产生的收益(部分或全部)。

(3)放弃受益权

依据《信托法》第 46 条的规定，受益人可以放弃信托受益权。全体受益人放弃信托受益权的，信托终止。部分受益人放弃信托受益权的，被放弃的信托受益权按下列顺序确定归属：①信托文件规定的人；②其他受益人；③委托人或者其继承人。

(4)受益权的转让和继承

依据《信托法》第 48 条的规定，受益人的信托受益权可以依法转让和继承，但信托文件有限制性规定的除外。

在家族信托中，委托人基于维护本家族的利益，对受益人的受益权的转让一般会作出限制性的规定。受益人转让受益权的，应履行通知受托人的义务。受益人已经取得的财产及受益权，按照《民法典》继承编及相关司法解释处理。

4. 家族信托监察人

为了使家族信托更好地按照委托人的意愿执行，家族信托的委托人可以指定信得过的人作为家族信托的监察人。监察人并不属于信托当事人，家族信托并不以存在监察人作为设立的必要条件。监察人可以是律师、会计师、第三方机构等。

《信托法》第 64 条、第 65 条规定了信托监察人制度，主要适用于公益信托。其中第 64 条明确规定，公益信托应当设置信托监察人。信托监察人由信托文件规定。信托文件未规定的，由公益事业管理机构指定。第 65 条规定，信托监察人有权以自己的名义，为维护受益人的利益，提起诉讼或者实施其他法律行为。

《信托法》未规定私益信托的信托监察人。从实践来看，监察人主要履行监察职责，其权利不能无限扩张，否则就直接限制了受托人的权利，反而不利于信托目的的实现。参考国内外信托实例，结合《信托法》的规定，监察人其主要权利包括：第一，知情权，接近委托人的知情权利，主要包括有权了解信托财产的管理运用、处分及收支情况，并要求受托人作出说明，有权查阅、抄录或者复制与其信托财产有关的信托账目以及处理信托事务的其他文件等。第二，信托财产强制执行异议权。第三，受托人行为存在过失时的救济性权利。第四，共同受托人职务执行决定权。第五，受托人自我交易或混同交易同意权。该项权利主要规范于《信托法》第 28 条第 1 款，即受托人不得将其固有财产与信托财产进行交易或者将不同委托人的信托财产进行相互交易，但信托文件另有规定或者经委托人或者受益人同意，并以公平的市场价格进行交易的除外。第六，认可信托事务处理报告的权利。第七，建议解任受托人的权利。当监察人发现受托人有严重违背职责的行为，可告知委托人或受益人行使直接解除受托人权利，或者向人民法院申请解除受托人。第八，其他权利。信托监察人享有的其他权利包括请求报酬的权利、控制受托人投资管理行动的权利，代替受益人接受信托利益的权利、请求补偿的权利等。

四、如何设立有效的家族信托

[传承案例49]

2002年1月4日,高某(我国香港公民)与杜某男(广东省广州市居民)于广州市签订《信托契约》。双方于《信托契约》第1条信托目的约定“为参与广州翔宇信息科技有限公司发行股票上市,作为发起人,甲方(高某)以合法来源的人民币200万元于2002年3月5日汇入乙方(杜某男)建行账号以信托行为信托于乙方(杜某男)名下,该信托款项作为出资设立广州骏翔投资有限公司(以下简称骏翔公司)之资本。乙方(杜某男)作为受托人,高某之女王某作为受益人,广州翔宇信息科技有限公司上市后获得股权溢价收益按年支付给王某,以保障王某的生活所需”。高某依约将200万元汇给杜某男。2002年6月12日,黄某帆、杜某男、何某签署了骏翔公司的公司章程,2002年7月19日,骏翔公司成立。2006年4月2日高某向广州市某区人民法院提起诉讼,要求确认高某与杜某男签订的《信托契约》无效,并由杜某男返还信托款项人民币200万元。

法院最终判决《信托契约》因规避法律规定的外商投资审批手续,违反了《中外合资经营企业法》的强制性规定而无效[①]。主要理由如下:因高某为我国香港地区居民,其在内地投资,应当遵守我国关于外商投资的法律规定办理相关审批手续,依据2001年的《中外合资经营企业法》及《中外合资经营企业法实施条例》[②]、2003年中华人民共和国商务部发布的《关于外商投资举办投资性公司的规定》[③]第3条、第6条及第25条,从上述法律和规定来看,外商及我国香港、澳门、台湾地区的投资者在中国境内举办外商投资

① 该法已于2020年1月1日废止,下同。
② 该法已于2020年1月1日废止,下同。
③ 该规定于2015年新修订,下同。

企业，尤其是投资性公司，均应按照法律规定进行审批，而且审批机关明确规定设立外资性投资公司的外商之组织形式为公司、企业或者经济组织，并且对资金规模、经营规模等均有明确要求，排除外国及我国香港、澳门、台湾地区个人作为申请设立外资性投资公司主体的可能性。故高某作为我国香港地区的个人，不可能通过审批成为骏翔公司的股东，《信托契约》因规避法律规定的外商投资审批手续，违反了《中外合资经营企业法》的强制性规定而无效。

[传承实务及法律分析]

设立有效的家族信托必须具备以下要件：

1. 信托目的须合法

对于委托人而言，一般设立家族信托的目的在于实现家族财富合法、稳健的传承。基于家族信托设立后信托财产的独立性优势，委托人借助信托工具恶意躲避债务或者其他违法设立家族信托的现象也不断涌现。

《信托法》第6条明确规定，设立信托，必须有合法的目的。如果当事人设立家族信托的目的并非使自己合法的财产得以合法的传承，即便是侥幸设立了家族信托，也面临着被法院确认无效或被有关当事人申请撤销的巨大风险。依据《信托法》第11条第1项的规定，信托目的违反法律、行政法规或者损害社会公共利益的家族信托无效。专以诉讼或讨债为目的设立的家族信托无效。如果委托人设立的家族信托损害到债权人利益的，债权人有权申请撤销该信托。

常见的信托目的不合法的情形有：

(1)违反法律、行政法规或者损害社会公共利益的信托。案例中，因高某不可能通过审批成为投资性公司的股东，最终《信托契约》因违反了《中外合资经营企业法》的强制性规定而认定无效。现实中还存在其他常见的无效情形。例如，《民法典》第1062条第2款规定，夫妻对共同财产，有平等的处理权。在司法实践中，因日常生活需要而处理夫妻共同财产的，任何一方均有权决定。夫或妻非因日常生活需要对夫妻共同财产作重要处理决定，夫妻双方应当平等协商，取得一致意见。设立家族信托的财产，一般财产数额巨大，不属于因日常生活需要而处理共同财产，因此须取得夫妻双方一致同意。如一方利用掌控家庭共同财产的优势地位，在配偶方不知情的状况下，将夫妻共同财产设立家族信托，然后再通过自己实际控制的受益人，将所受益的实际财产转为已有，这种家族信托显然违反了《民法典》及相关司法解释的规定。另外，《民法典》第 1092 条规定，夫妻一方隐藏、转移、变卖、毁损、挥霍夫妻共同财产，或者伪造夫妻共同债务企图侵占另一方财产的，在离婚分割夫妻共同财产时，对该方可以少分或者不分。所以，如果在离婚时，一方为了转移、隐藏夫妻共同财产而设立家族信托，面临着在分割夫妻共同财产时少分或不分的风险。

(2)“欺诈债权人信托”也称“欺诈转让信托”，起源于英美法，将债务人通过设置信托损害债权人利益的行为认定为“欺诈”。作为信托关系中的委托人，如果其本身是债权债务法律关系中的债务人，其设立信托的目的是将财产独立出来，使家族成员受益，但损害到债权人的利益，导致债权面临无法得到实现的风险。欺诈性家族信托要求债权人在委托人设立信托之前，就对委托人享有债权，如果是在委托人设立家族信托之后才产生的债权，则不符合欺诈性家族信托的要件。另外，债权人的债权要合法，且债务人设立家族信托的行为损害到债权人的利益，否则，也不成立欺诈性家族信托，债权人也无法通过法院申请撤销该家族信托。

2. 家族信托主体要适格

设立家族信托，当事人应当具备法律规定的主体资格，主要指信托关系中各当事人的民事权利能力和民事行为能力。在家族信托设立时委托人应是自然人，实践中，家族信托的委托人不必是“合格投资者”，但应该是家族财富的合法所有人。

家族信托中的受托人一般为信托公司。合法的信托公司均拥有信托牌照，且其经营范围包括了资金信托、不动产信托、有价证券信托等，再加上信托公司拥有的专业人才，无疑信托公司是最合适的受托人。该部分详细内容见家族信托当事人部分。

3. 信托财产应具有合法性

委托人设立家族信托的财产必须具有合法的来源，并须依据财产的性质提供相应的证明。使用非法的财产设立家族信托，存在家族信托被确认无效或经权利人申请被法院撤销的法律风险。《信托法》第 7 条明确规定，设立信托，必须有确定的信托财产，并且该信托财产必须是委托人合法所有的财产，包括合法的财产权利。

依据《信托法》的规定，以下财产不能设立家族信托：

第一，非法的财产。委托人以非法财产或者《信托法》规定不得设立信托的财产设立家族信托的，该信托无效。例如，毒品犯罪、黑社会性质组织犯罪、恐怖活动犯罪、走私犯罪、贪污贿赂犯罪、盗窃犯罪等违法所得及其收益为非法的财产。

第二，不存在的财产。家族信托的委托人不得以下列财产设立家族信托：①在将来可能取得的财产或权利；②已经依法转让给他人的财产或权利；③已经失效的权利。

第三，权属不清的财产。委托人拟设立家族信托的财产应当权属清晰，对财产拥有占有、使用、收益、处分的所有权能，是财产的合法所有权人。对于权属不清或权利存在瑕疵的财产不得作为拟设定家族信托的财产。

第四，未经批准的限制流通的财产。依据《信托法》第 14 条的规定，法律、行政法规限制流通的财产，依法经有关主管部门批准后，可以作为信托财产。作为家族信托的受托人，应对哪些财产属于限制流通的财产及财产权利进行必要的审查，如果以限制流通的财产及财产权利设定信托，须经相应的主管部门批准后方可签订家族信托合同。

在实务中，作为家族信托的受托人，应依据设立信托的财产的种类，对财产来源的合法性进行必要的审查、调查。对于现金类资产，应要求委托人出具所在公司开具的职务及收入证明、完税证明、载明委托人收入来源的加盖银行印章的交易流水详情单，以及取得该现金类资产的其他证明。对于不动产，最直接的方式就是要求委托人出具《房屋所有权证书》，没有《房屋所有权证书》的，可要求其出具房屋所在地不动产事务中心加盖印章的不动产权属证明。对于动产，委托人要出具购买证明或者取得动产的证明。对于股权信托，可以要求委托人提供由会计师事务所对股权进行审计和评估的报告，必要时由律师事务所对其财产合法性出具法律意见书。对于贵金属设立家族信托的，应提供购买的票据等证明其合法来源，同时在设立家族信托时应注意法律法规对其有无限制性或禁止性规定。

4. 设立家族信托应该采取书面信托合同方式

家族信托涉及财产规划、风险隔离、资产配置、子女教育、家族治理等内容，是关系到委托人家族财富能否得以有效传承及设立家族信托目的能否切实、准确实现的重大事项，显然不能通过口头合同来设定双方之间的权利义务内容。家族信托一般由委托人依据其传承目的，聘请律师、财税专家等专业人士对家族信托的架构进行设计，家族信托合同应针对委托人量体裁衣，内容也为特别定制，家族信托的上述特点也决定了其不同于以理财为目的营业信托的格式合同。

《信托法》第 8 条明确规定，设立信托，应当采取书面形式。书面形式包括信托合同、遗嘱或者法律、行政法规规定的其他书面文件等。采取信托合同形式设立信托的，信托合同签订时，信托成立。采取其他书面形式设立信托的，受托人承诺信托时，信托成立。《信托法》第 9 条规定了设立信托的书面文件应当载明下列事项：(1)信托目的；(2)委托人、受托人的姓名或者名称、住所；(3)受益人或者受益人范围；(4)信托财产的范围、种类及状况；(5)受益人取得信托利益的形式、方法。除前款所列事项外，可以载明信托期限、信托财产的管理方法、受托人的报酬、新受托人的选任方式、信托终止事由等事项。

5. 家族信托的登记

依据《信托法》第 10 条的规定，设立信托，对于信托财产，有关法律、行政法规规定应当办理登记手续的，应当依法办理信托登记。未依照前款规定办理信托登记的，应当补办登记手续；不补办的，该信托不产生效力。

实践中，应办理家族信托登记的财产包括：

(1)不动产需要办理信托登记。主要依据为《民法典》第 209 条第 1 款的规定，不动产物权的设立、变更、转让和消灭，经依法登记，发生效力；未经登记，不发生效力，但是法律另有规定的除外。依据上述法律规定，如果以不动产作为信托财产，应办理信托登记手续，如未办理登记则应补办登记手续，否则该不动产信托不产生效力。

(2)以船舶、航空器、机动车等财产设立家族信托的，需要办理信托登记，未办理信托登记不得对抗善意第三人。主要依据为《民法典》第 225 条，船舶、航空器和机动车等的物权的设立、变更、转让和消灭，未经登记，不得对抗善意第三人。

(3)以专利权、著作权、商标权、股权等财产设立家族信托的，需要办理信托登记。主要法律依据为《专利法》《著作权法》《商标法》《公司法》等。

五、遗嘱家族信托

[传承案例50]

李某4与李某3于1980年4月2日登记结婚,在1984年生育有一女李1,2013年2月16日,李某4与李某3经法院判决离婚。2013年9月5日,李某4与钦某某登记结婚。

李某4与钦某某在2006年生育有一女李某2,在2012年11月3日,生育二女儿李某8,李某8于2015年5月30日死亡。李某4的父母李某华、刘某香分别于1984年10月10日、1998年1月3日死亡。李某4有兄弟姐妹李某5、李某6、李某7。2015年8月11日,李某4因病在上海瑞金医院去世。

李某4生前,曾在2014年11月23日写下自书遗嘱一份,其中提及设立“李某4家族信托基金”。后又于2015年8月1日写下自书遗嘱一份,内容如下:(1)财产总计:①元普投资500万元(月月盈)招商证券托管;②上海银行易精灵及招商证券约500万元;③房产:金家巷、青浦练塘前进街、海口房产各一套。(2)财产处理:①在上海再购买三房两厅房产一套,该房购买价约650万元,只传承给下一代,永久不得出售(现有三套房产可出售,出售的所得并入李某4家族基金会,不出售则收租金);②剩余350万元资金及房产出售款项(约400万元)和650万元房屋和其他资产约1400万元,成立“李某4家族基金会”管理。(3)财产法定使用:妻子钦某某、女儿李某2每月可领取生活费1万元整(现房租金5000元,再领现金5000元),所有的医疗费全部报销,买房之前的房租全额领取。李某2国内学费全报。每年钦某某、李某5、李某6、李某7各从基金领取管理费1万元。妻儿、三兄妹医疗费自费部分报销一半(住院大病)。(4)以后有补充,修改部分以日后日期为准。财产的管理由钦某某、李某5、李某6、李某7共同负责。新购650万元房产钦某某、李某2、李1均有权居住,但不居住者,不能向居住者收取租金。

李某4过世后,其名下财产发生较大规模变动,包括:上海元普投资管理有限公司处的投资产品到期发生赎回;钦某某分90余次以支付宝、微信钱包等方式从李某4名下招商银行账户中转账;钦某某从李某4名下上海银行账户中取款;李某4在上海银行的存款(含易精灵理财产品100万元)因此前的离婚案件被法院强制扣划1,099,076.93元(含逾期履行判决义务产生的费用);李某4家属提取部分钱款用于丧事;李某4原工作单位发放钱款;存款结息;股票、基金价格变化。

李某4去世后,李1与钦某某、李某2就遗产分割问题未能达成一致,李1以遗嘱继承纠纷为案由,将钦某某、李某2作为被告起诉至上海市静安区人民法院,同时列李某5、李某6、李某7为案件第三人。

针对遗嘱的效力、遗嘱的理解和执行方式、遗嘱执行与财产管理及钦某某拒绝担任遗产管理人等事项,一审法院作出如下认定:

1. 遗嘱的效力

从遗嘱的内容来看,李某4表达的意思是不对遗产进行分割,而是要将遗产作为一个整体,通过一个第三方进行管理,这个第三方李某4命名为"李某4家族基金会",组成人员为钦某某、李某5、李某6、李某7,管理方式为共同负责管理。李某4还指定了部分财产的用途,指定了受益人,明确了管理人的报酬,并进一步在购买房屋一事上阐明其目的——"只传承给下一代,永久不得出售",也就是要求实现所有权和收益权的分离。上述李某4的意思表示,符合信托的法律特征,应当识别为李某4希望通过遗嘱的方式设立信托,实现家族财富的传承。李某4在2014年11月23日自书遗嘱中也明确表示了"信托"二字,与2015年8月1日遗嘱可相互印证。因此,该份遗嘱的效力,应当依据《继承法》和《信托法》进行认定。

依据《继承法》的规定,常规的遗嘱的形式包括公证遗嘱、自书遗嘱、代书遗嘱和录音遗嘱。本案所涉李某4在2015年8月1日遗嘱为自书遗嘱,李1、钦某某、李某2均无异议,法院不再赘述。自书遗嘱必须全部由遗嘱人亲笔书写,签名,注明年、月、日,本案所涉李某4在2015年8月1日遗嘱为李某4所立最后遗嘱,符合上述形式要件,且未见存在遗嘱无效的情形,应当认定该份遗嘱成立并有效。

依据《信托法》的规定,信托目的必须合法。李某4的信托目的在于依据其意志管理遗产并让指定的受益人获得收益,符合法律规定。依据法律规定,信托应当采用书面形式,包括遗嘱等。李某4立有自书遗嘱,符合书面形式的要求。依据法律规定,信托文件还应当载明信托目的、委托人及受托人姓名、受益人范围、信托财产范围、受益人取得信托利益的形式和方法。李某4所立自书遗嘱明确其信托目的为管理遗产,委托人为李某4,受托人为钦某某、李某5、李某6、李某7,受益人为钦某某、李某2、李1,信托财产为其遗嘱中所列举的财产,受益人以居住、报销和定期领取生活费等方式取得信托利益。因此,李某4的遗嘱符合《信托法》的规定,为有效信托文件。

2. 遗嘱的理解和执行方式

李1认为,遗嘱中提及了购买一套650万元的房屋,该房屋"只传承给下一代,永久不得出售",说明李某4就该部分剥夺了钦某某的继承权。李1认为,对该句的理解应当是指该650万元的房屋或钱款由"下一代"继承,钦某某不属于"下一代",所以该部分遗产应当由李1和李某2均分。至于"永久不得出售",这只是李某4的一个愿望,实际无法实现。

钦某某、李某2认为,李1对遗嘱的理解是错误的,李某4作出这个安排是为了保护未成年人的成长。分割夫妻共同财产后,李某4的遗产已经没有650万元,因此遗嘱实际无法执行,不能成立信托。

一审法院认为,对遗嘱的理解,应当结合遗嘱的目的和上下文来进行。从遗嘱的目的来看,李某4的目的在于保持其继承人及直系后代能够获得稳定收益,将遗产的处分权与收益权相分离。从上下文来看,李某4在遗嘱中明确要把650万元房产并入"李某4家族基金会",由管理人统一管理。因此,遗嘱对该650万元房产的安排与其他资产一致,既没有剥夺钦某某的继承权,也没有安排李1、李某2直接继承。遗嘱中的"只传承给下一代,永久不得出售"在法律上并非不能实现,这恰恰正是信托制度的功能之一。因此,李1的主张一审法院不予采纳。

如前文所述,由于股市波动等客观原因,李某4的遗产总值已不足650万元,因此遗嘱中关于购买650万元房屋的内容已无法执行。遗嘱中提及的金家巷房屋和青浦练塘房屋均系公有住房,不属于李某4的遗产,本案中不予处理亦无法处分,该部分不可执行。但遗嘱中还有设立信托以及钦某某、李某2可收取信托利益等内容,上述内容与购买650万元房屋之间没有因果关系或前提关系。只要信托财产符合法律规定,即具备执行条件,可获执行。因此,部分遗嘱可获执行,钦某某、李某2的主张一审法院不予采纳。

3. 遗嘱执行与财产管理

依据法律规定,立遗嘱人有权在遗嘱中指定遗嘱执行人,信托的委托人有权指定多个共同受托人。从遗嘱的上下文来看,李某4指定的管理人为遗嘱执行人和信托受托人。钦某某亦为被指定的管理人之一,但其已向法院明确拒绝该指定,故钦某某不再列为遗嘱执行人、管理人和受托人。李某7、李某6、李某5向法院表示承诺信托,愿意履行相关法律义务,故一审法院确认信托成立,李某7、李某6、李某5为遗嘱执行人、管理人和受托人,有权依据一审判决指定的范围接管李某4的遗产。

考虑到执行判决的便利,一审法院不再判令钦某某将其擅自转出的理财产品如数交回,而是直接在其本应分得的财产中抵扣,不足部分再从李某4名下财产中拨给。经抵扣,李某4的遗产中,纳入信托范围并应交由受托人管理的有:上海元普投资管理有限公司处资金1,359,237.56元、招商银行账户(账号××)585,811.17元中的241,398.86元、上海银行账户(账号××)31.07元、4438美元、上海银行账户(账号××)3112.98元、建设银行账户(账号××)2352.25元、建设银行账户(账号××)975.13元、海口农村商业银行账户(账号××)83,025.03元、招商证券资金账户中的121,951.30元、李某5处的18万元。

海口房屋折价85万元,由李1取得。李1应将折价款如数交给信托受托人,纳入信托财产管理。

招商证券股票账户中的东方证券74,000股、晶方科技3000股、众兴菌业1026股、赛摩电气2700股、中飞股份1000股、华厦现金(基金)462,052.90份,折价1,180,037.10元,由李1取得。李1应将折价款如数交给信托受托人,纳入信托财产管理。

4. 拒绝担任遗产管理人问题的处理

就遗产管理人一事,钦某某向一审法院表示其拒绝担任遗产管理人,经一审法院再三释明法律规定,钦某某仍坚持其意见,故一审法院予以准许。

综上,一审法院认为,本案的自书遗嘱符合《继承法》规定的法定要件,遗嘱的内容符合信托法对遗嘱信托的要求,虽然有部分遗嘱的内容因客观原因不能执行,但不妨碍在剩余的财产上继续执行。

原、被告双方均不服一审判决,上诉至上海市第二中级人民法院。

二审法院经审理后认为,关于对行为人实施的无相对人的意思表示行为作解释,不能单纯拘泥于行为人使用的词句,而应当结合有关文本相关条款,行为人行为的性质和目的、生活习惯以及诚实信用原则来判定行为人的真实意思。本案中,李某4于2015年8月1日所订立的涉案遗嘱属单方民事法律行为,系无相对人的意思表示行为。一审法院经审理,针对遗嘱的具体内容,分析了其所产生的相应法律效力,进而认为该遗嘱中的财产内容符合信托法律特征,并就遗嘱的效力依据《继承法》和《信托法》的规定进行了认定,本院认为一审法院的观点符合法律对无相对人意思表示行为解释的规范要求。尽管涉案遗嘱中部分文字表述不尽严谨与规范,但一审法院通过对涉案遗嘱通篇内容的把握与解释,将立遗嘱人在遗嘱中的财产安排定性为信托,符合该遗嘱的整体意思与实质内容。故对钦某某、李某2关于李某4实际系欲成立基金会,一审判决对遗嘱的理解及处理背离被继承人本意的意见本院不予采纳。在对涉案遗嘱内容解释为信托的基础上,一审法院依据我国《信托法》的相关规定,结合李某4设立信托的目的、形式、内容等对涉案遗嘱作了详尽分析,进一步认定涉案遗嘱为有效信托文件,本院认为于法有据,予以认同,理由亦不作赘述。本案中,李某4以遗嘱形式设立信托,信托委托人则系李某4,一审法院依据涉案遗嘱内容及所涉本案当事人的各自意愿,确定李某5、李某6、李某7为信托受托人,并无不当,而钦某某、李某2认为本案各当事人信托身份设置存在冲突的说法于法无据,本院不予支持。另,钦某某在一审中曾向一审法院明确表示拒绝担任李某4所立遗嘱指定的遗嘱执行人、信托管理人及受托人,在二审审理期间却又申请要求成为信托管理人之一,此举实悖诚信原则,故法院对其该申请不予采纳支持。至于钦某某、李某2对李某5、李某6、李某7年龄及理财能力等提出的质疑观点,均属于两人就信托设立后对信托运作的担忧,然而这些主观担忧既无事实和法律依据,也不影响基于涉案遗嘱所成立之信托的效力,故法院对钦某某、李某2的相关观点不能采信认同。但法院向本案信托受托人李某5、李某6、李某7指出:三人均应当遵守信托文件的规定,为受益人的最大利益处理信托事务,而受托人管理信托财产,必须恪尽职守,认真履行诚实信用、谨慎有效管理的义务。受托人若实施违反信托目的处分信托财产,或因受托人违背管理职责、处理信托事务不当,致使信托财产遭受损失,或者出现受托人将信托财产转为其自有财产等违法行径,受益人均可依法要求受托人承担恢复原状、赔偿损失等法律责任。

2019 年 5 月 30 日，二审法院依照《继承法》《信托法》等民事法律法规作出了二审判决，维持上海市静安区人民法院(2017)沪 0106 民初 33419 号民事判决第 1、2、3、4、5、6、7、8、9、10、12、13、14、15 项，撤销上述判决第 11 项，并对涉案的遗嘱以外的财产作出了分割。

[传承实务及法律分析]

1. 遗嘱信托的内涵及制定的法律依据

(1)遗嘱信托的内涵

遗嘱信托是指有遗嘱能力的自然人(委托人)用遗嘱的方式设定在其死后的信托关系，以死因行为安排信托结构。遗嘱人(委托人)旨在以遗嘱的方式建立起委托人、受托人和受益人之间的信托关系，由受托人在遗嘱生效后以信托方式管理和处分信托财产。

遗嘱信托包括生前和死后两个阶段，即遗嘱人(委托人)生前在遗嘱文件中明确载明基于对受托人的信任，自愿将自有合法财产在其死亡后托付给受托人，用于实现信托目的；受托人在遗嘱人死后，恪守信托目的和义务，以信托机制为运作基础，为受益人的利益或为特定目的而管理或处分信托财产。

(2)遗嘱信托制定的法律依据及遗嘱信托的生效、成立

《民法典》第 1133 条第 4 款规定，自然人可以依法设立遗嘱信托。《信托法》第 13 条第 1 款规定，自然人可以设立遗嘱信托并应当遵守《继承法》关于遗嘱的规定。在《民法典》施行之前，《继承法》及其司法解释中并没有关于遗嘱信托的规定，相对于遗嘱继承、遗赠及遗赠扶养协议而言，遗嘱信托更具独特性、灵活性。但《民法典》中只是肯定了遗嘱信托制度的存在，并未详细地约定遗嘱信托的具体内容，有关遗嘱信托中的立遗嘱人的行为能力及遗嘱的内容等仍要遵守《民法典》继承编的相关规定。

按照《民法典》继承编的相关规定可知，立遗嘱时，遗嘱人应具备完全的民事行为能力、对财产的处分安排属于其真实意思表示，遗嘱作出时即成立，但生效的时间是在立遗嘱人死亡时；信托的成立应依据《信托法》的规定。《信托法》第 8 条明确规定，采取遗嘱形式设立信托的，受托人承诺信托

时,信托成立。在遗嘱信托中,如信托目的、信托财产、信托受益人的安排均符合《信托法》的规定,则最终信托内容获得法律认可,具备执行效力,信托关系正式建立并发生信托效力。

2. 遗嘱信托的优势

信托在国外被称为“从坟墓里伸出来的手”,而“遗嘱 + 信托”的传承模式是对这句话的最佳诠释。立遗嘱人在生前对自己合法的财产通过遗嘱方式进行安排,在死后将遗嘱中安排的遗产的全部或部分放入信托,能够有效地避免继承人之间就遗产问题产生纠纷。

在遗产置入信托变成信托资产后,由受托人按照委托人(立遗嘱人)的信托目的进行管理,遵从委托人(立遗嘱人)意愿,凭借受托人专业能力对信托财产进行管理,并按照约定将信托财产及信托利益分配给受益人。试举例,如被继承人在生前只订立了遗嘱,而并未设立遗嘱信托,那么继承开始后遗产分割前,遗产属于所有继承人共有的状态,每个继承人对遗产的处分想法都不同,遗产管理处于混乱的状态,很有可能使遗产遭受不必要的损失。如果被继承人设立了遗嘱信托,则上述弊端或许可以克服。在本书前文中介绍过,信托财产独立存在,遗产作为信托财产应当由受托人管理不受各继承人的干涉。继承人作为受益人,也只能是按照信托合同约定的受益份额享有相应受益的权利,而非直接享有对信托财产的管理、处分的权利,而且遗嘱信托中的受托人也可以凭借专业能力对信托财产进行管理,确保信托财产的保值增值。

遗嘱信托的具体功能可以归纳为:合理规避或有效降低遗产税;优化遗产的配置并实现遗产的有效管理与稳健增值;按照委托人(立遗嘱人)的意愿分配信托利益且有效避免继承人之间就遗产问题产生纷争;避免遗产直接由继承人继承后产生的败家或挥霍风险,有效解决单一遗嘱工具无法实现的遗愿;充分发挥遗嘱和信托两种传承工具的优势;对委托人(立遗嘱人)所负担赡养和抚养、扶养义务的近亲属作适当生活、教育、养老、医疗上安排等。

3. 遗嘱信托存在的法律问题

(1)立法滞后

遗嘱信托设立的法律依据目前仅有《民法典》第 1133 条第 4 款及《信托法》第 8 条和第 13 条的原则性规定,缺乏具体的规范指引。依据《信托法》

第13条的规定,设立遗嘱信托,应当遵守《继承法》关于遗嘱的规定。遗嘱指定的人拒绝或者无能力担任受托人的,由受益人另行选任受托人;受益人为无民事行为能力人或者限制民事行为能力人的,依法由其监护人代行选任。遗嘱对选任受托人另有规定的,从其规定。

现行《信托法》施行的时间是2001年10月1日,《信托法》在最初制定时坚持"宜粗不宜细"的立法原则,但经过近20年的发展,该法已经远远落后于家族信托、遗嘱信托等实务操作,最初制定时的基本规则的内涵存在模糊不清,导致遗嘱信托在实务操作中缺乏具体的指引,而且立遗嘱人在立遗嘱时设定的有关信托的内容存在是否有效、是否合规等诸多不确定因素。

为便于读者理解,就与遗嘱信托相关的立法滞后问题试举几例:①如果立遗嘱人在遗嘱中以自己的不动产、船舶、公司股权、有价证券、投资基金等财产在去世后设立信托,则面临着如何登记的问题。在本案当中,法官坚持了"灵活性和原则性相结合",为避免证券和投资基金在设立信托时遇到的信托登记障碍问题,将上述财产折合成现金,并将折价款如数交给信托受托人,纳入信托财产管理从而使遗嘱信托更具有可操作性。这种操作巧妙地实现了多重利益保护,却无法从根本上解决信托财产的转移和登记问题。②依据《信托法》第24条第1款的规定,具有完全民事行为能力的自然人有权利成为受托人。但在实务操作中,自然人能否担任家族信托的受托人(尤其是在收取报酬的情况下)存在很大的争议,担任受托人的主要是信托公司,很少出现自然人担任受托人的情况。另外,自然人担任受托人能否获取报酬?在本案当中,二审法院依法排除了钦某某的受托人地位,确认立遗嘱人李某4的兄弟姐妹李某5、李某6、李某7担任遗嘱信托的受托人并可以获取相应的报酬,首例遗嘱信托的判例为今后设立遗嘱信托指明了方向。③在遗嘱信托中,在受托人为自然人的情况下,信托账户是否需要单独重新设立、信托资产的独立性面临第三人的异议、受托人遭遇突发事件死亡如何处理信托事宜等问题都会凸显出来。

(2)遗嘱信托的撤回、修改

在本书的《遗嘱继承篇》讲述过遗嘱可以撤回和变更,简单地说,遗嘱的订立可能是"一劳永逸",也可能是一个动态的过程。在遗嘱信托中,并非立遗嘱人订立完遗嘱后遗嘱信托就产生法律效力,遗嘱生效的时间为立遗嘱人死亡后,故遗嘱信托在立遗嘱人死亡后才会确定地发生效力。

立遗嘱人可以在遗嘱信托中约定其有权处分的财产,在其去世后全部或部分成为信托财产。容易出现问题及矛盾的地方在于,在立遗嘱人生存期间,可以重新订立遗嘱、修改和撤回前遗嘱的全部或部分内容。如原定的在立遗嘱人死亡后设立信托的财产全部或部分不再设立信托或新增加财产设立信托,或出现受益人安排的重大调整或受益份额的调整,或出现立遗嘱人生存期间婚姻关系发生变化导致之前遗嘱中欲设立信托的财产处分给他人,上述种种可能性会导致遗嘱的查明及遗产置入信托的财产的数量和总额上出现争议。

(3)以遗嘱设立信托,则遗嘱应为书面形式且内容须严谨,设立遗嘱信托尽量与受托人进行沟通

依据《信托法》第 8 条第 1 款的规定,遗嘱信托应当采用书面形式。上述规定,明确排除了《民法典》继承编所规定的口头形式、录音录像形式。

如果立遗嘱人在书写遗嘱时,遗嘱内容过于简单、受托人不明确、不具有现实可操作性,就会导致将来的传承目的无法实现。而且即便将来涉诉,大概率的事件是遗嘱信托不能成立或者出现“同案不同判”的现象。如在本案中,立遗嘱人要求设立基金会,但在我国目前条件下,基金会一般具有公益性,并不符合立遗嘱人设立遗嘱信托的本意,立遗嘱人李某 4 在 2015 年 8 月 1 日书写的自书遗嘱(2014 年 11 月 23 日书写的自书遗嘱曾提到信托)中并未直接体现“信托”二字,法官通过对遗嘱内容的理解,准确地诠释出立遗嘱人欲设立信托的意图,从而避免了在“基金会”用语方面的过分解读。本案发生在一线城市,一审、二审法院法官的专业素质相对较高。如在二线、三线城市,很多法院未曾审理过类似案件,如将本案交由其来处理,判决结果应该是五花八门,立遗嘱人的遗愿也会大打折扣。

立遗嘱人在立遗嘱时除要求其必须具有相应的民事行为能力外,设立信托的财产其须有权处分且不能有权利瑕疵,设立信托的意愿须真实、明确,不能像案例中所述的遗嘱内容模糊。在遗嘱中应明确受托人和受益人的权利义务、受托人的报酬事宜、受托人对信托财产的管理和处分方式、明确遗嘱执行人、财产保管人和信托保护人(监察人)的权利义务、遗嘱信托文件的修改及保管、丧葬事宜办理的具体细节等内容。

在案例中,存在一个问题,需要引起读者注意,即在设立遗嘱时应充分和信托受托人(信托公司或自然人)沟通,取得受托人的同意,否则面临遗嘱

信托难以或无法履行的巨大风险。如在本案中,作为受托人之一的钦某某明确表示不愿意担任遗嘱执行人、管理人和受托人,一审法院也予以了准许,在认定信托成立的情况下,指定李某7、李某6、李某5为遗嘱执行人、管理人和受托人。我们假定在本案遗嘱中仅仅指定了钦某某一人作为遗嘱执行人、管理人和受托人,在钦某某拒绝担任的情况下,依据《信托法》第13条第2款的规定,将由受益人选任受托人,受益人为无民事行为能力人或者限制民事行为能力人的,依法由其监护人代行选任。如果遗嘱中对选任受托人另有规定的,从其规定。在一些特定的案例中,受益人之间因利益或其他矛盾等原因可能存在激烈冲突,对选任受托人不能达成一致意见,在此情况下,遗嘱信托面临难以实际操作的风险。如果受益人是唯一的,其为了自身利益的迅速实现,指定其能实际控制的自然人或信托公司担任受托人,然后再通过合法的形式破解信托,立遗嘱人所设的遗嘱信托将失去最初的传承意义。

4. 遗嘱中不设专业的遗嘱执行人,将会导致遗嘱信托难以执行

中国有一句名言,叫作"徒法不足以自行"。同样道理,立遗嘱人在去世后,如无遗嘱执行人按其意愿去严格执行,其所立遗嘱有可能会变成一张"写满自己想要的权利的纸"。

《继承法》第16条第1款虽然规定了立遗嘱人在遗嘱中可以指定遗嘱执行人,但该项制度并不完备,对于遗嘱执行人的具体权利义务、如何履行职责、有无权利要求实际控制遗产的继承人或第三方交出财产、能否代表被继承人主张债权等事项并不明晰。《民法典》新增了遗产管理人制度,依据《民法典》第1133条第1款及第1145条、第1147条的规定可知,被继承人可以在遗嘱中指定遗嘱执行人,在被继承人死亡后由遗嘱执行人担任遗产管理人,并行使清理遗产、制作遗产清单、向继承人报告遗产情况、采取必要措施防止遗产毁损、灭失、处理被继承人的债权债务、按照遗嘱或者依照法律规定分割遗产等其他实施与管理遗产有关的其他必要行为。

立遗嘱人订立遗嘱信托后,在其满足死亡这一法定要件后,遗嘱中拟设立信托的财产将成为信托资产,不会按照法定继承办理。如果在遗嘱中没有指定遗嘱执行人,依据《民法典》第1145条的规定,没有遗嘱执行人的,将由继承人推选遗产管理人;继承人未推选的,由继承人共同担任遗产管理人;没有继承人或者继承人均放弃继承的,由被继承人生前住所地的民政部门或者村民委员会担任遗产管理人。在继承人未指定遗嘱执行人,且各个继承人之间互不配合都想要瓜分遗产的情况下,立遗嘱人想通过“遗嘱+信托”的优势实现其传承目的的意愿可能会付诸东流。遗嘱信托将来如何执行,如涉及遗产为不动产,而立遗嘱人的遗愿是设立资金型家族信托,如何变现都是比较棘手的问题。

5. 遗嘱信托架构的设计尽量由财富传承方面的专业律师或公证员协助进行

由于我国遗嘱信托制度并不是非常完善,甚至大部分人没有听说过这一概念,更不要谈遗嘱信托的设立了。“专业的人做专业的事”,立遗嘱人如果欲通过遗嘱设立遗嘱信托,在传承方案的设计上,应由经验丰富的专业财富传承律师或公证员来协助进行。公证被称为“遗嘱信托的守护者”,如在设立遗嘱信托时进行公证,能够确保遗嘱信托的真实性和合法性,增强遗嘱信托证明力。

律师或公证员会着重做以下协助事项:(1)对立遗嘱人的行为能力进行必要的审查,以保障遗嘱信托的效力;(2)对财产是否有独立处分的权利进行形式核查;(3)对立遗嘱人有没有按照《民法典》的规定保留必留份进行询问;(4)遗嘱信托内容的架构设计及起草,遗嘱内容有无违反法律、有无违背公序良俗;(5)立遗嘱人所立遗嘱信托是否具有实际可操作性;(6)立遗嘱人去世后有关继承人的通知、遗产的清理、债权的收取、债务的承担等后续事项;(7)遗嘱执行人的指定和权利义务;(8)信托存续期间各种事项的授权与办理;(9)信托受托人拒绝担任后,信托受托人的选任规则;(10)对实务操作中出现的各种可能性和风险进行必要的规范;(11)立遗嘱人去世后遗产置入信托的详细的可行方案;(12)保护人制度的设立及有效运行;(13)受益人的范围、在信托中若有多个受益人,其中受益人之一出现死亡的,其受益权如何处理;(14)受托人未尽职责,受益人的权利救济;(15)信托财产的管理原则、权限、管理的具体方法、管理过程中风险揭示,信托的变更、终止约定。

六、资金型家族信托

[传承案例51]

国内首单具有家族信托属性的单一资金信托计划由平安公司在深圳签署并设立,时间为2013年1月。委托人为高净值企业家,委托的财产为自有货币资金,此信托产品募集规模为5000万元,信托期限50年,委托人与平安信托约定共同管理信托财产,并由平安信托按照合同约定在一定的期限内分配收益给委托人的家族成员。该款信托将受益人约定为委托人家族中的其他亲属,属于非自益性质的他益信托。平安信托推出的"平安财富·鸿承世家"在信托产品的创新上迈进了一大步,为他益信托产品开创了先河。

2017年,平安信托"鸿承世家"家族信托全新升级,推出平安家族信托品牌,并启用全新品牌识别系统。此次平安家族信托品牌的全面升级在业内实现家族信托的多产品线,推出:

1. 保险金信托(鸿福系列)

保险金信托由平安信托与平安人寿联合推出,门槛为100万元,兼具保险的保障功能和信托的财富传承、隔离和资产配置功能。

2. 定制型家族信托(鸿睿系列)

定制型家族信托,门槛为1000万元,主要面对需求不复杂的高净值客户。可接受客户提供现金、保单相关权利、金融产品等多种委托资产类别。受益人可以达到8个,除自然人外,还可以设置为公益基金会或慈善信托。

3. 专享型家族信托(鸿晟系列)

专享型家族信托门槛3000万元,可充分按照客户的意愿,设置专享的传承方案与资产配置方案。

4. 家族办公室家族信托(鸿图系列)

家族办公室模式家族信托门槛1亿元,由平安信托承担受托职能,并联合委托人的家族办公室团队一起实现动态的专享家族事务管理以及资产配置功能，从而更加灵活、更加充分地实现客户大规模、全市场、多资产类别的财富传承需求。

［传承实务及法律分析］

1. 资金型家族信托的内涵

资金型家族信托是指委托人将自己合法拥有的资金作为信托财产委托给受托人（一般为持有信托牌照的信托公司），受托人按照委托人的意愿以受托人的名义，按照信托文件的约定，并依据委托人的个性化需求（财富保全与传承、家族事务等），为了受益人的利益对信托财产进行管理、运用、处分的行为。

资金型家族信托与不动产（或其他类型的财产及权利）家族信托相比较，主要是信托财产种类的区别。资金型家族信托，顾名思义，设立家族信托时，初始的信托资产为现金资产，至于其复归时的状态没有要求。

2. 资金型家族信托应注意的事项

（1）资金的流动性比较强，对受托人的投资水平及管理能力要求较高，且在当前《信托法》体系下，相关财税制度、信托财产独立性、双重所有权问题尚待解决，目前能够直接纳入家族信托计划的资产类型仍以现金为主，也包括债券、信托产品、理财产品、股票等一些金融资产。国内信托机构最容易接受也最欢迎设立的就是资金型家族信托，资金型家族信托是家族信托中最常见的类型。

（2）从减少法律风险、使信托财产保持独立性、为资金信托设置长远的架构等方面考虑，受托人为信托公司较为稳妥。从我国实际情况来看，营业性质的家族信托，其受托人只能是持有信托牌照的信托公司，而对于不收取报酬的其他家族信托，自然人也可以成为受托人。

（3）资金型家族信托的投资方向一般为低风险及收益稳健型产品，并不追求信托资产在投资领域的“高风险，高收益”，而是追求信托资产在安全运营情况下的保值、增值。资金型家族信托的信托资产主要投资于国债、货币基金、银行存款、人寿保险、银行理财产品等。

（4）资金型家族信托的受益人一般为委托人和委托人的配偶、子女等家庭成员，法律并未禁止家族成员之外的人成为受益人。所有的家族信托都是他益信托，资金型家族信托也不例外，所以委托人不能是资金型家族信托的唯一受益人。

(5)在信托文件中可以设定在何种情况下撤销受益人，如受益人离婚、受益人不按规定完成学业、出现严重违背公序良俗等情形。在信托文件中可以确定受益权并细化出某种可预测事项的受益权利的调整。信托合同尽量明确受益权的分配规则，对分配的时间、数额、间隔期限尽可能量化，由受托人按照合同约定严格履行向受益人分配相应数额资金的义务。

(6)由于国内家族信托起步较晚，目前在国内并未出现家族信托的“百年老店”，且信托公司也存在专业人才缺乏、客户信任度不高等劣势。而资金型家族信托一旦签订信托合同，委托人须交付信托资金，信托公司拥有了较长期限对信托资金管理处分的权限，信托公司在管理信托财产、处理信托事务的过程中有较大的违背信托义务的道德风险。虽然《信托法》并未明确规定保护人制度，但基于“法无禁止即可为”的原则，考虑到受托人的上述道德风险，可以在信托合同中引入“保护人”条款，以起到代委托人监督受托人的作用。

(7)在资金型家族信托中，可以参照《信托公司集合资金信托计划管理办法》的规定，对信托计划的资金实行保管制，信托公司应该选择稳健的商业银行担任保管人。商业银行通过信托合同、托管协议对委托资产进行安全保管，并履行投资监督、核算估值、资金清算、代收代付等职责。

(8)家族信托产品按照发起方和提供服务方的主体不同，可以划分为两类：第一类，信托公司单独操作的模式，如本案例中所述的资金型家族信托。第二类，私人银行与信托公司合作的模式：如“家业恒昌”系列家族信托产品是北京信托和北京银行合作推出。招商银行与外贸信托推出的家族信托基金属于私人银行加信托通道。

(9)在国内，资金型家族信托的设置门槛通常在3000万元至5000万元。期限为10年至几十年不等。国内家族信托业务处于初级阶段，但客户需求较为旺盛。中融信托推出“标准化”家族信托产品起点为1000万元，期限为10年，属于低门槛、规模化的标准化产品。长安信托与盈科律师事务所联合推出“迷你”家族信托产品，门槛为300万元，具有低门槛、半定制化特征。

（10）因资金型家族信托设立时初始的信托资产类型以现金为主，所以建议委托人在设立此类信托时不仅要保证信托财产合法，而且要特别注意在以夫妻共有财产作为信托财产时要取得配偶一方的书面同意，避免配偶一方以置入信托的财产属于夫妻共同财产为由主张信托无效，最终不能实现财富传承的目的。

3. 资金型家族信托设立的程序

由于资金型家族信托的信托财产是资金，因此设立时并不需要办理信托登记手续。一般来讲，设立资金型家族信托通常按以下程序进行：

（1）委托人明确自己设立资金型家族信托的目的、受益人等框架

委托人向受托人提出设立资金型家族信托前应当梳理一下自己的资产情况，明确自己设立信托的目的及信托受益人的组成人员等框架内容。毕竟委托人不是专业的资产管理人士，无法设计出完美的信托方案，但委托人需要明确知道自己设立信托的框架，后期具体的信托方案可交由专业的受托人处理。

（2）受托人根据委托人的要求设计信托管理方案

委托人将自己的实际需求告知受托人，受托人根据相关的法律规定并结合委托人的实际需要为委托人设计信托管理方案。双方协商确定的信托管理方案主要涉及：初始受益人的人选、受益人的受益比例、受益人如何受益；委托人首次投入的信托资金的金额及上限、后续需要追加信托资金时需要履行什么手续；信托期限存续时间、信托存续期间届满后剩余的信托财产如何处理；委托人如何转移信托资金。

（3）确定受托人的具体管理事项及相应的信托报酬

委托人、受托人可以约定在信托存续期间受托人如何管理、处分信托财产，确定受托人投资产品的类别及比例，如受托人超出信托合同约定进行投资需要履行的手续。由于信托设立后，受托人需要根据信托文件的规定，行使信托财产上的权利，并根据信托文件的约定自主管理、运用和处分信托财产，因此受托人有权收取相应的信托报酬。通常情况下，受托人的信托报酬与信托财产的投资收益挂钩，这样能极大地激发受托人的积极性。

（4）委托人与受托人签订信托合同

委托人与受托人确定最终的信托管理方案后，双方需要签署信托合同。信托合同的主要内容有：委托人设立信托的目的；初始受益人及受益人的范

围;委托人交付的信托财产的种类、信托财产的范围;信托存续的期限,在信托存续期间届满时对剩余的信托财产如何进行处理;受托人管理信托财产的基本原则及权限,确定受托人利用信托财产进行投资管理的范围及比例;委托人、受托人、受益人各方的权利和义务;明确本信托是否设置信托监察人,如设置信托监察人的写明信托监察人的职责;信托报酬的数额及支付方式;信托财产管理过程中的风险揭示及承担;违约责任及争议解决条款等内容。另外,为了防止受益人收到相应的信托利益后进行挥霍,委托人可以在信托合同中加入"防败家"条款。为防止受托人自由裁量权过大,加大对受托人的管理等,委托人也可以设立信托保护人、信托监察人等条款。

(5)委托人转移信托资金至指定账户

信托合同签订后,委托人需要按照合同约定将信托资金转移至专用账户名下。为了单独核算信托项下的资金来源、运用与信托损益,委托人与受托人最好约定由受托人为本信托在银行开立一个信托专用账户,以确保信托项下的财产能够与受托人的固有财产和受托人管理的其他信托项下的财产分别管理、核算。

七、不动产家族信托

[传承案例52]

张女士与丈夫一起购买了十几套房产，房产中既有普通的商品房，也有价值不菲的商铺。

在丈夫去世之后，60岁的张女士开始考虑财富的传承问题。虽然说房产的出租收入，对于自己和孩子的消费来说已经绰绰有余，但自己百年之后，这些财富的传承会不会出现问题，尤其是目前高离婚率的现状，让张女士更是担心因子女婚变导致财富外流。

有没有一种办法，既能防止提前将房产传承给子女所存在的挥霍风险，又能隔断子女婚变导致的家族财产被分割的缩水风险？

信托公司给出了答案：首先，由张女士作为委托人，信托公司作为受托人，设立以购买上述不动产为投资方向的单一资金信托，但张女士须保证设立信托的资金的来源的合法性，以确保所设立的信托不存在效力问题。其次，受托人购入张女士的上述房产，将房产装入信托。最后，将该信托受益人设定为“直系血亲后代非配偶继承人”。

在张女士设立的资金信托购买其房产时，需要按北京税务机关的要求缴纳各项交易费用，费用的计征同二手房交易。信托公司持有这些房产后，每年还需按照国家和地方政府规定缴纳0.84%的房产持有税，以上各项费用相对较高。为了将财产传递给子女，并隔断其婚变风险，张女士付出了较大的代价。

[传承实务及法律分析]

1. 不动产家族信托的内涵

不动产家族信托是指拟设立家族信托的委托人将其名下的土地、房产等不动产信托给受托人，由受托人依据双方所签订的家族信托合同及其他文件，通过开发、管理、处分等经营活动，将不动产进行兴建、出租、经营或出售，或于兴建完成后归还于受益人，以不动产的信托为核心所形成的法律关系构成不动产家族信托的内涵。

广义的不动产家族信托包括委托人以家族财产中的现金设立信托，在信托合同及文件中明确约定投资的方向只能是土地、房产等不动产，受托人以此作为投资方向，在经营不动产的过程中取得的收益分配给受益人，以实现家族财富的稳妥传承。案例中，张女士设立的信托类型就是广义的不动产家族信托。

2. 不动产家族信托的登记

依据《信托法》第 10 条的规定，设立信托，对于信托财产，有关法律、行政法规规定应当办理登记手续的，应当依法办理信托登记。未依照前款规定办理信托登记的，应当补办登记手续；不补办的，该信托不产生效力。《民法典》第 209 条规定，不动产物权的设立、变更、转让和消灭，经依法登记，发生效力；未经登记，不发生效力，但是法律另有规定的除外。依法属于国家所有的自然资源，所有权可以不登记。

依据上述法律条文，我国对不动产信托，要求必须进行信托登记。未登记或未进行信托登记不产生效力。现实中的问题是不动产信托登记应该到哪个机构进行？《信托法》《民法典》《城市房地产管理法》并未涉及。依据国务院《不动产登记暂行条例》第 3 条的规定，不动产首次登记、变更登记、转移登记、注销登记、更正登记、异议登记、预告登记、查封登记等，适用本条例。这些登记事项中并不包括信托登记。

这些情况说明不动产家族信托方面的立法已经严重滞后，导致了案例中的委托人张女士只能通过设立资金信托来购买自己的不动产，从而将不动产登记在受托人名下，然后由受托人进行经营。这种“曲线救国”的方式虽然能实现委托人设立家族信托规避子女婚变的风险，但所需成本极高，并不符合有传承需求的普通高净值人士设立不动产家族信托的初衷。

3. 不动产信托面临的问题

（1）我国目前情况下，房地产具有较强的保值性，但也具有流动性不强、转让成本较高、所有权转移手续复杂等缺点。与现金类资产相比，对不动产的持有和管理需要成本，大多数信托机构并不愿接受不动产作为信托财产。

另外，依据《土地管理法》第 2 条第 1 款的规定，我国实行土地的社会主义公有制，即全民所有制和劳动群众集体所有制。土地的流转存在限制，用土地作为信托财产存在法律上的障碍。

（2）不动产信托登记的机构不明，存在因未登记而不发生法律效力的风险。如果想要不动产家族信托业务生效，所涉及的不动产就需按法律规定办理不动产变更登记手续，转移登记到受托人名下。信托登记可以保证信托财产的独立性，公开信托关系有效地维持合法交易，但在我国并没有明确配套的法律法规对不动产信托进行规范，导致实践中不动产家族信托的很多案例违背了不动产信托的本源意义。

（3）不动产信托的税收机制存在问题，在我国目前的税收机制下，信托法律关系设立仍然被视为交易行为，有交易就需要纳税，这种纳税义务从信托的设立、存续、终止的整个过程都存在。如案例中，在张女士将自己名下的房产过户至作为受托人的信托公司名下，有关税务机关将此行为视为转让行为并收取大量的税费，这种所谓的灵活变通并不符合不动产家族信托的实质，同时也损害了委托人的利益。另外，需要明确作为受托人在经营不动产的过程中产生的收益及受益人所获取的财产收益如何征税的问题。

（4）设立不动产信托具有一定的地域限制，与现金作为信托财产的资金型家族信托不同，不动产家族信托的信托财产为房产、土地等不动产，而这类不动产具有不可以移动的属性且一般价值较高，因此各国对于不动产及其相关权利的设立、变更、终止的要求都比较严格。一般情况下，大多数地区会以不动产所在地为不动产信托的设立地。

4. 不动产家族信托设立的程序

不动产家族信托的初始信托财产为不动产，按照法律规定委托人需要将该不动产转移至受托人名下。结合国内外的实际情况，一般来讲，设立不动产家族信托需要以下步骤：

（1）委托人向受托人提出设立不动产家族信托的需求

设立不动产家族信托前，委托人首先要明确自己名下有哪些财产可以设立不动产家族信托，设立不动产家族信托的目的，初始受益人等内容。

（2）对不动产的权属进行尽职调查

作为信托财产的不动产权属必须清晰，权利不能存在瑕疵，不能存在抵押权等他项权利。依据《民法典》第 406 条第 1 款的规定，抵押期间，抵押人可以转让抵押财产，且抵押权不受影响。即使该不动产能够转移至受托人名下，不动产家族信托面临着设立失败且传承目的不能实现的风险。所以在设立不动产家族信托前受托人一定要对委托人拟设立为信托财产的不动产进行尽职调查。另外，需要注意的是，即使不动产登记在夫或妻一方名下，受托人也需要核实该不动产是不是婚后取得、是否属于夫妻共同财产，如果经核实该不动产属于夫妻共同财产的，最好是以夫妻双方作为不动产家族信托的委托人。

(3)受托人设计信托方案

受托人对不动产进行尽职调查后确认该不动产可以设立信托的，就可以根据委托人的需要设计信托方案。信托方案的设立主要涉及：不动产家族信托设立后受托人将以何种形式管理不动产以确保财产的保值增值，受益人如何受益，委托人如何办理不动产的过户登记手续等内容。

(4)委托人与受托人签订信托合同

委托人与受托人初步确定信托方案后，双方签订信托合同，明确信托目的、信托存续期限、委托人、受托人、受益人各方的权利义务，受托人进行资产管理的方式方法，受托人收取信托报酬的计算方式、办理不动产信托登记的手续等内容。

(5)委托人转移信托财产至受托人名下

信托设立时委托人需要将不动产转移登记到受托人名下，待信托终止时，再由受托人按照信托文件的约定将该不动产转移登记到相应财产权属人的名下，大多数国家或地区对信托登记设有专门的程序和规则。

八、公益信托与慈善信托

[传承案例53]

2008年汶川地震后，西安国际信托有限公司（现更名为长安信托）经过慎重研究，决定发挥信托在公益事业中特有的制度优势，严格按照《信托法》《公益事业捐赠法》等相关法律和文件精神，经陕西省民政厅批准，并向陕西银监局备案，于6月6日推出全国首个规范的公益信托计划——“西安信托‘5·12’抗震救灾公益信托计划”，该计划的信托规模为1000万元，信托期限为3年（可依据项目实施情况提前结束或适当延长），委托人限定于有意愿参与公益捐助的企业法人机构，整体信托资金将定向用于陕西地震灾区受损中小学校校舍重建或援建新的希望小学等公益项目。

“西安信托‘5·12’抗震救灾公益信托计划”成立后，经陕西省教育厅推荐，公司派员前往地处大巴山区的地震灾区陕西省汉中市镇巴县考察，确认该县5所中小学为本公益信托的援助对象。完成考察后，在征询投资人以及信托计划执行顾问上海东方爱心基金会的意见后，最终确定了5所学校的援建项目，总建筑面积7185平方米，总投资预算为1040万元，其中接受捐助资金1000万元，该县自筹40万元。

该计划由西安希格玛有限责任会计师事务所担任监察人，上海锦天城律师事务所担任法律顾问，上海东方爱心基金会担任执行顾问，整体信托计划将在监察人的监督下有效运行。

同时为保证援建项目的规范和信息透明，在划拨援建资金前，长安信托首先要求各受捐主体完成对所有项目的立项手续并取得相关政府部门给予该项目的各类批复文件，并通过公开的程序优选项目建设单位及监理单位；并由镇巴县政府指定镇巴县文教体育局作为援建项目的监管单位，由该单位负责对援助资金的监管，确保援助资金能够用于援建项目。为此，长安信托与陕西省教育厅及镇巴县人民政府签订了《公益信托项目捐赠实施三方协议》。

截至2010年11月底,5所学校援建项目工程已全部完工,并于2011年5月3日取得项目审计报告及竣工验收报告。依据信托文件规定,信托资金闲置期间,受托人将信托资金运用于新股申购、国债逆回购及存放同业存款等短期低风险产品,以实现公益资金的保值增值,其间共产生信托收益530,256.33元。依据信托合同约定,公益信托发生如下信托费用:受托人报酬18万元,按信托资金规模计算为年6‰;信托监察人费用3万元,按信托资金规模计算为年1‰,两项信托费用合计21万元,均未超出信托文件和相关监管政策规定的比例。

在“西安信托‘5·12’抗震救灾公益信托计划”之前,国内虽然已经出现了冠以公益的信托计划,但其运作方式多是将超出一定盈利比例的部分用以捐赠等公益目的,而“西安信托‘5·12’抗震救灾公益信托计划”成立的直接目的就是抗震救灾,资金的来源也并非其他项目超出一定比例的盈利,从整个项目的运作来看,追求规范透明与非营利性,是国内真正意义上以公益事业为目标的公益信托。

[传承案例54]

依据国内媒体的公开报道,在《慈善法》实施之后,首例家族慈善信托为“万向信托·乐淳家族慈善信托”。

“万向信托·乐淳家族慈善信托”委托人选择不公开,备案期限为永续,信托财产总规模为2000万元人民币,备案日期为2016年9月26日,备案机构是杭州市民政局。该慈善信托的资金监督保管账户为某商业银行的专用账户,法律顾问为中凯律师事务所陈凯律师。该慈善信托的公益目的为教育科研资助和传统文化保护。因委托人选择的是不公开,故目前只能猜测应为杭州当地的企业家。受托人为万向信托股份公司。

“万向信托·乐淳家族慈善信托”是由国内知名律师陈凯所设计。该信托架构下组建了家族成员参与的董事会,将其作为具体资助项目的决策机构,并聘请慈善秘书。董事会对资助项目进行审批后进行资助,并由指定会计师事务所担任信托监察人。通过信托机制的灵活设计及内外部监督机制，乐淳家族慈善信托在设计上确保了有效持续地实现家族意愿和慈善目的，同时确保了项目本身合法合规运行。

"万向信托·乐淳家族慈善信托"具有永续性，委托人家族参与决策，并可以不断扩大委托资产。该慈善信托具有家族信托及慈善信托的双重特性，系两种模式的有机结合。委托人可以参与慈善资助的决策过程，家族成员参与慈善决策，实现慈善精神在家族中的传递。

[传承实务及法律分析]

1. 公益信托与慈善信托的内涵

公益信托，是"私益信托"的对称，主要是指为了救济贫困、救助灾民、扶助残疾人以及发展教育、科技、文化、艺术、体育、卫生医疗、环境保护事业和其他社会公益事业而设立的信托。此类信托中的受益人应为社会公众中符合特定条件的人士或团体。

慈善信托，是指委托人基于慈善目的，依法将其财产委托给受托人，由受托人按照委托人意愿以受托人名义进行管理和处分，开展慈善活动的行为，慈善信托是公益信托的一种。依据上述慈善信托的内涵可以看出：慈善信托是以实现社会慈善事业为目的，必须满足公共利益的要求（非私益性），以全社会或部分社会公众为受益人的信托，慈善信托的信托财产及其收益，不得用于非公益目的。

除依法设立的信托公司或依法登记（认定）的慈善组织外，其他单位和个人不得以"公益信托""慈善信托"等名义开展活动。依据民政部慈善中国信息平台的公开数据显示，2017 年至 2019 年，慈善信托备案数量持续增长，分别为 42 单、59 单和 108 单。这些慈善信托中，受托人不仅有信托公司，还包括慈善组织。而从委托人结构来看，这些慈善信托的委托人主要是企业和慈善机构。

2. 公益信托与慈善信托的目的

公益信托的目的是公益事业。依据《信托法》第 60 条的规定，为了下列公共利益目的之一而设立的信托，属于公益信托：(1)救济贫困；(2)救助灾民；(3)扶助残疾人；(4)发展教育、科技、文化、艺术、体育事业；(5)发展医疗卫生事业；(6)发展环境保护事业，维护生态环境；(7)发展其他社会公益事业。案例53中，“西安信托‘5·12’抗震救灾公益信托计划”是典型的公益信托，该信托的目的就是救助灾民和发展教育事业，该公益信托成立后最终确定定向用于援建陕西省汉中市镇巴县5所学校。

慈善信托的目的应该与公益信托的目的相一致，主要突出其“慈善性”的目的。慈善事业的载体体现为慈善基金会和慈善信托。依据《基金会管理条例》第2条的规定，本条例所称的基金会，指的是利用自然人、法人或者其他组织捐赠的财产，以从事公益事业为目的，按照本条例成立的非营利性法人。在慈善家族信托中，慈善信托作为一种创新管理工具，可以同时实现企业家及其他高净值人士的财富传承和反哺社会的公益目的。案例54中，“万向信托·乐淳家族慈善信托”属于慈善家族信托，该信托目的为教育科研资助和传统文化保护。

何谓“公益事业”，依据《公益事业捐赠法》第3条的规定，本法所称公益事业是指非营利的下列事项：（1）救助灾害、救济贫困、扶助残疾人等困难的社会群体和个人的活动；（2）教育、科学、文化、卫生、体育事业；（3）环境保护、社会公共设施建设；（4）促进社会发展和进步的其他社会公共和福利事业。如招商银行首单家族信托的设立目的是“促进教育事业的发展”，依据委托人的意愿，将信托受益人设为两所学校的贫困学生和优秀学生。在慈善基金的发放形式上，委托人特意提到，奖学金的发放仪式规模越大越好，以激励和表彰优秀学生的代表，形成影响力；助学金的发放则声势越小越低调越好，以给那些贫困的学生默默支持和帮助。

3. 公益信托的批准与慈善信托的备案

（1）公益信托的批准

依据《信托法》第62条、第67条、第70条、第71条的规定，公益信托的设立和确定其受托人，应当经有关公益事业的管理机构（以下简称公益事业管理机构）批准。未经公益事业管理机构的批准，不得以公益信托的名义进行活动。公益事业管理机构对于公益信托活动应当给予支持。公益事业管理机构应当检查受托人处理公益信托事务的情况及财产状况。受托人应当至少每年一次作出信托事务处理情况及财产状况报告，经信托监察人认可后，报公益事业管理机构核准，并由受托人予以公告。公益信托终止的，受托人应当于终止事由发生之日起15日内，将终止事由和终止日期报告公益事业管理机构。公益信托终止的，受托人作出的处理信托事务的清算报告，应当经信托监察人认可后，报公益事业管理机构核准，并由受托人予以公告。

(2)慈善信托的备案

依据《慈善法》第 45 条的规定，设立慈善信托、确定受托人和监察人，应当采取书面形式。受托人应当在慈善信托文件签订之日起7 日内，将相关文件向受托人所在地县级以上人民政府民政部门备案。未按照前款规定将相关文件报民政部门备案的，不享受税收优惠。《慈善信托管理办法》为慈善信托备案提供了具体的操作指引。依据《慈善法》的上述规定可以得知，慈善信托的备案并非强制性规定，但对税收优惠有至关重要的影响。家族在设立慈善信托时，从规范运作及税收方面考虑，应尽量按照法律的规定办理备案手续。如案例 54 中，“万向信托 · 乐淳家族慈善信托”的委托人选择不公开，但是仍然按照法律规定进行了备案：备案期限为永续，备案日期为2016 年 9 月 26 日，备案机构为杭州市民政局。

4. 公益信托与慈善信托监察人的设置

(1)公益信托应当设置信托监察人

依据《信托法》第 64 条、第 65 条的规定，公益信托应当设置信托监察人。信托监察人由信托文件规定。信托文件未规定的，由公益事业管理机构指定。信托监察人有权以自己的名义，为维护受益人的利益，提起诉讼或者实施其他法律行为。信托监察人的设置是公益信托区别于私益信托的重要特征之一。信托监察人设立的目的是对公益信托受托人的信托行为进行监督，以保证受托人的行为符合信托法律及信托文件的规定从而实现信托目的。信托监察人的义务是审查受托人提交的信托事务处理情况、财产状况报告、清算报告，发现受托人违反信托义务或者难以履行职责时向委托人报告，此外，信托监察人还有权以自己的名义向人民法院提起诉讼。案例 53 中，为确保“西安信托‘5 · 12’抗震救灾公益信托计划”的规范运作，西安希格玛有限责任会计师事务所对公益信托运行的全过程进行监察。

(2)慈善信托委托人依据需要，可以确定信托监察人

依据《慈善法》第 49 条第 1 款的规定，慈善信托的委托人依据需要，可以确定信托监察人。这一规定中法律用词是“可以”而非“应当”，明确了是否设立监察人并非强制性规定，并将是否设立监察人的决定权交给了委托人。慈善信托中的监察人主要是对受托人的行为进行监督，维护的是委托

人和受益人的利益。监察人在发现受托人难以履行职责或者违反信托义务时,有义务告知委托人,并有权以自己的名义向法院提起诉讼。如在案例54中,“万向信托·乐淳家族慈善信托”的委托人就是依据自己的需要指定了会计师事务所担任本家族慈善信托的监察人。

5. 慈善信托的运作模式

(1)慈善组织单独担任受托人

自2016年9月《慈善法》正式施行后,“北京市企业家环保基金会2016阿拉善SEE公益金融班环保慈善信托”是国内首例慈善组织作为单独受托人的慈善信托。

该信托的委托人为阿拉善SEE公益金融班代表张泉、受托人为北京市企业家环保基金会(阿拉善SEE)、监察人为中伦律师事务所、资金监督保管账户设立在广发银行,信托资金100万元,将用于支持初创期的环保公益组织。该笔慈善信托于2016年12月27日在北京市民政局完成备案,获得备案回执。

(2)信托公司为受托人,慈善组织为项目执行人或公益顾问

信托公司虽然具有丰富的资产管理经验,但也存在项目资源寻找难、税收优惠不明确的短板,此时引进慈善组织作为项目执行人或公益顾问,慈善组织可以为信托公司推荐项目资源并在慈善信托设立后提供专业的建议。上海市民政局于2016年11月29日对蓝天至爱1号慈善信托事项予以备案,委托人为上海市慈善基金会,该委托人同时兼任该慈善项目的顾问,受托人为安信信托股份有限公司,监察人显示为上海市联合律师事务所,慈善信托目的为:委托人基于对受托人的信任,自愿将其合法所有并有权处分的财产委托给受托人进行管理、运用、处分,由受托人充分发挥信托制度优势,将信托财产用于符合《信托法》《慈善法》等相关法律法规规定的慈善公益事业,以实现委托人助力慈善事业发展的目的。慈善信托期限为:本信托不设置预计存续期限。但信托存续期间,发生信托合同约定的信托终止情形时,本信托终止。

(3)慈善组织与信托公司共同担任受托人

慈善组织与信托公司共同担任受托人这种模式下设立的慈善信托既能充分发挥慈善组织对慈善项目的号召力,享受税收方面优惠,又能发挥信托公司专业的资产管理经验和理财能力,两者强强联合能够更好地为委托人

服务。2017 年 8 月 21 日,“中信 · 上海市慈善基金会蓝天至爱 2 号慧福慈善信托”在上海成功备案,该信托是以自然人为委托人并采用双受托结构的慈善信托。受托人分别是中信信托和上海市慈善基金会,监察人是上海融孚律师事务所,保管银行是广发银行,信托存续 10 年,用于帮助孤寡病残等非特定群体,改善他们的困难生活。

(4)慈善组织为委托人,信托公司为受托人

单个捐赠者的物资可能金额较少并不能设立慈善信托,但是以慈善组织作为委托人将收到的物资集中委托给信托公司进行资产管理,同时为捐赠者开具公益性票据。此种模式下,正体现了“专业的人做专业的事”的优势。“长安慈—民生 001 号慈善信托”是由内蒙古自治区慈善总会作为委托人,长安国际信托股份有限公司作为受托人,民生银行呼和浩特分行作为托管银行,并为信托的资金安全、保值增值、持续运转提供全方位的服务。该信托的首期资金由盛银和睿科技有限公司捐赠,信托财产本身和增值最终都将用于慈善用途。

6. 慈善信托的运用、终止、清算

(1)慈善信托的运用

《慈善信托管理办法》明确规定,慈善信托财产及其收益应当全部用于慈善目的。因此,慈善信托必须秉持完全公益的原则,不能掺杂其他私益的目的,以超出一定盈利比例的部分用以捐赠等公益目的而设立的信托不属于《慈善法》中的慈善信托。

《慈善法》第五章对慈善信托作出了特别规定,同时以《慈善法》第 50 条作为指引规定,关于慈善信托的其他事项,本章未作规定的,适用本法其他有关规定;本法未作规定的,适用《信托法》的有关规定。《慈善法》第 60 条对慈善组织开展慈善活动作出了详细规定,慈善组织中具有公开募捐资格的基金会开展慈善活动的年度支出,不得低于上一年总收入的 70% 或者前 3 年收入平均数额的 70%;具有公开募捐资格的基金会以外的慈善组织开展慈善活动的年度支出,由国务院民政部门会同国务院财政、税务等部门依照前款规定的原则制定;捐赠协议对单项捐赠财产的慈善活动支出,按照其约定。由此可见,慈善信托财产的支出,首先要以信托文件的相关约定为准,如果信托文件中没有约定的,则以相关部门制定的规范性文件为准。但是目前来看,民政部等相关部门并未对慈善信托的支出作出规定。

(2)慈善信托的终止

《慈善信托管理办法》第 40 条规定了慈善信托的终止情形:①信托文件规定的终止事由出现;②信托的存续违反信托目的;③信托目的已经实现或者不能实现;④信托当事人协商同意;⑤信托被撤销;⑥信托被解除。

《慈善信托管理办法》第 43 条规定,慈善信托终止,没有信托财产权利归属人或者信托财产权利归属人是不特定的社会公众,经备案的民政部门批准,受托人应当将信托财产用于与原慈善目的相近似的目的,或者将信托财产转移给具有近似目的的其他慈善信托或者慈善组织。由此可见,我国的慈善信托终止时适用“近似原则”,即使慈善信托终止其公益目的也不会发生改变,信托财产仍会转移给其他有近似目的的慈善信托或慈善组织。这一点与私益信托完全不同,私益信托终止后,信托财产会依据信托文件的指示确定归属人,如果信托文件中没有指示归属人且委托人是唯一受益人的,那么信托财产将会作为其遗产或者清算财产。

(3)慈善信托的清算

《慈善信托管理办法》第 42 条规定,慈善信托终止的,受托人应当在 30 日内作出处理慈善信托事务的清算报告,向备案的民政部门报告后,由受托人予以公告。慈善信托若设置信托监察人,清算报告应事先经监察人认可。

7. 慈善信托的类型

根据委托人的人数进行分类,慈善信托可以分为单一慈善信托和复合慈善信托。单一慈善信托是指只有一个委托人设立的慈善信托,该委托人可以是自然人、家族或组织;复合慈善信托是指由多个委托人设立的慈善信托,主要表现为个人与家族相结合、家族与机构相结合或个人、家族、机构等互相结合等形式。

根据慈善信托的目的是否特定,可以将慈善信托分为特定目的的慈善信托和非特定目的的慈善信托。虽然慈善信托是以实现社会慈善事业为最终目的,但如果委托人在设立慈善信托时选定了特定的慈善活动或指定了受益人的就属于特定目的的慈善信托,如果委托人设立信托时并未明确特定的慈善活动或受益人,而是确定了相对明确的慈善活动范围,就属于非特定目的的慈善信托。

根据信托财产的适用范围,可以将慈善信托分为本金型慈善信托和收益型慈善信托。本金型慈善信托是指受托人开展慈善活动可以使用信托财产中的本金,收益型慈善信托是指受托人开展慈善活动只能使用信托财产本金所产生的收益,不能使用信托财产的本金。

8. 慈善信托面临的问题

(1)慈善信托税收优惠政策尚不完善

《慈善法》第79~82条规定了慈善组织、捐赠者、受益人享受税收优惠政策。《慈善信托管理办法》第44条规定,慈善信托的委托人、受托人和受益人按照国家有关规定享受税收优惠。

由《关于公益性捐赠税前扣除有关事项的公告》的内容可知,企业或个人通过公益性社会组织,县级以上人民政府及其部门等国家机关,用于符合法律规定的公益慈善事业捐赠支出,可享受相应的税收优惠政策。信托公司不具备开具公益性捐赠票据的资质,所以,通过慈善信托进行捐赠的委托人难以享受相应的税收优惠。且到目前为止,针对慈善信托的委托人、受托人、受益人享受何种税收优惠政策并没有明确规定。实践中,信托行业与其他经济行业的税收制度并无二样。

(2)信托财产登记制度有待完善

依据《信托法》的规定,只要不是法律、行政法规禁止流通的财产,都可以作为信托财产。信托财产的种类多种多样,现金、有价证券、股权、知识产权、不动产等都可以作为慈善信托的信托财产。但我们之前也多次提到过,设立信托,对于信托财产,有关法律行政法规规定应当办理登记手续的,应当依法办理信托登记。未依照前款规定办理信托登记的,应当补办登记手续;不补办的,该信托不产生效力。

以现金作为信托财产交付到受托人名下即可,并不需要办理信托登记。以不动产作为信托财产设立慈善信托就存在诸多困难,实践中,不动产信托登记的机构不明,存在因未登记而不发生法律效力的巨大风险。退一步讲,即使通过多番周折办理了登记,但该登记是以交易的名义办理的,其间会涉及大量的税费。只有完善相关的信托财产登记制度才能从根本上解决相关问题,所以不到万不得已的时刻,并不建议当事人采取这种"曲线救国"的登记办法。

(3)企业家及其他高净值人士参与慈善信托的热情度不高

瑞银(UBS)、中航信托、Campden wealth 和惠裕全球家族智库联合披露《2019年中国家族财富与家族办公室调研报告》中"家族使用服务类型图"

显示，家族使用的服务类型包括税务和法律咨询、投资管理服务、建立家族信托、公益慈善管理服务等10余项，其中“建立家族信托”使用比例为46%、“公益慈善管理服务”使用比例为37%。

慈善信托在我国起步较晚、税收优惠政策及配套法律法规仍不太健全，所以很多企业家及高净值人士对于设立慈善信托的热情并不高。

9. 慈善家族信托在财富传承中的价值功能

（1）置入家族慈善信托的财产具有独立性

依据《信托法》《慈善法》的规定，置入慈善信托的财产具有独立性。这种独立性体现在既独立于委托人未设立信托的其他财产，也独立于受托人的自有财产。依据本书前文所述，在慈善家族信托成立后，信托的财产不受委托人破产的影响，即使委托人去世，信托财产也不属于遗产，可以排除继承人对已经设立信托的财产的继承。委托人在设立家族慈善信托后新增的债务，不能以信托财产来抵债，具有债务排除功能。慈善信托财产独立于受托人的固有财产，不因受托人破产、被强制执行而受到影响，基于慈善信托的资产隔离效果，能够保障家族投入慈善领域财富的安全和稳定。

（2）家族慈善信托中监察人的设置可以确保运营财产过程透明

家族慈善信托还可以确定信托监察人对受托人的行为进行监督，维护委托人和受益人的合法权益，赋予监察人以自己名义提起诉讼的权利。无论慈善信托的委托人是否在世，慈善信托监察人可以一直由家族成员担任，运用慈善信托管理家族财富，保障了财产运营全过程具有透明性。

（3）慈善事业与家族财富可以相互促进

“积善之家必有余庆”，慈善是一种基于人性光辉的选择。这种人性光辉，总是由内而外、由近及远地普照。另外，慈善本身就是向社会传播积极的正能量，是有爱之人的善举。2014年1月7日，著名慈善家邵逸夫先生辞世，邵逸夫先生生前热衷于公益，投身于慈善事业，邵逸夫家族信托是财富传承和慈善的双赢。截至2012年，邵逸夫基金捐赠款金额达47亿港元，兴建了6000多个教育和医疗项目。全国各地高校的“逸夫楼”见证了他的慈善事业。

从企业家和高净值人士的财富传承视野来看，慈善并不完全意味着失去，慈善可以给人带来精神的富足，赢来社会的赞誉。家族慈善信托可以直接提升家族文化内涵，对家族成员的人格塑造有重要作用。同时，家族慈善信托可以使家族事业中注入向善之因，提高家族成员的凝聚力，使家族事业与提升公共福祉相互融合，以家族事业促进慈善，再以慈善完善家族事业，最终实现两者的完美结合，在家族事业和慈善事业的良性互动下，实现家族事业和社会公益双赢的局面。

九、家族办公室

[传承案例55]

戴尔家族办公室创立于1998年，当时正值戴尔公司上市10周年，戴尔公司上市后不断发展壮大，为迈克尔·戴尔个人带来了巨额的财富。偶然的一次机会，迈克尔·戴尔与格伦·福尔曼和约翰·费伦共进午餐，二人正在寻求创业机会，此时迈克尔·戴尔便邀请二人帮助自己管理家族财产，没想到三人一拍即合，戴尔家族办公室MSD Capital应运而生。戴尔家族办公室成立后，并未急于进行投资理财，三人花了很多的时间确定戴尔家族办公室未来的投资理念，最终大家达成一致的价值观：维护家族利益、保证财富的长期稳定存在及增值。因此，戴尔家族办公室的投资主要集中在以下五个方面：投资优质上市公司的股票以获得长期收益；投资债券及特殊情况下的证券投资；投资更高回报、可增值的不动产；利用杠杆收购、管理层收购、上市公司私有化、定向增发、夹层债务等方法投资私人公司或上市企业；投资第三方对冲基金。这五个方面都有专业且经验丰富的团队负责。

就这样戴尔家族办公室从最初150平方英尺、管理迈克尔·戴尔个人4亿美元资产演变成管理资产总值超过130亿美元且初具规模的家族办公室。戴尔家族办公室成立后，凭借其专业能力为迈克尔·戴尔家族创造了不少财富。2008年金融危机期间，戴尔家族办公室联合其他投资人完成了对抵押贷款机构IndyMac银行的收购。2012年下半年，戴尔家族办公室出售很多公司的股权，例如，达美乐比萨、泰勒科技、麦格理基础建设集团等，目前看来这应该是在为2013年戴尔公司私有化作出准备，此外戴尔家族办公室还联合其他投资者帮助迈克尔·戴尔实现戴尔公司私有化。

[传承实务及法律分析]

1. 家族办公室的内涵

家族办公室目前并没有严格意义上的法律概念,其一般是指运用自己的专业能力,依据当事人的实际需要,为当事人提供投资、融资、税务、法律、企业管理等有关家族财富管理服务的机构,以保证当事人的家族财富能够持续、稳定的传承。世界上第一个真正意义上的家族办公室由约翰·戴维森·洛克菲勒于1882年设立,最开始设立时主要管理洛克菲勒家族的资产,后来经过不断发展、壮大,现在已发展成为管理全球260多个家族、管理资产超231亿美元的一体型家族办公室。

《2020中国家族财富管理暨家族办公室调研报告》对76位家族成员、家族办公室高级主管和家族财富管理人员进行了调查,调研过程中发现大约有64%的家族的主要财富管理工具是家族办公室。由此可见,家族办公室在财富传承过程中有举足轻重的地位,那些我们耳熟能详的企业家,如马云、蔡崇信、王健林、美的集团董事长何享健、SOHO中国潘石屹和张欣夫妻等都设立了自己的家族办公室。

2. 家族办公室的分类

家族办公室按照不同的标准可以划分为不同的类型,例如,以家族办公室服务的家族数量为标准,可以将家族办公室划分为单一家族办公室、联合家族办公室。本节中将重点介绍一下以家族办公室与家族、企业的相对距离远近作为划分标准的家族办公室类型。

(1)内置型家族办公室

内置型家族办公室与企业之间的距离为零,内置型家族办公室的典型代表是三星创始人李秉喆设立的三星集团秘书处,该秘书处既要对三星集团内部进行企业管理又要对李秉喆的家族资产进行筹划。内置型家族办公室一般设立在集团内部或在集团之下单独成立公司,其既要承担企业的内部职能又要对家族金融资产等事务进行财富管理,内置型家族办公室往往身兼数职。内置型家族办公室往往能够集中决策,资本利用率高,有利于节省集团的开支。但是由于其位置特殊,也会存在过度干预公司运营的可能性,最终因难以平衡家族与企业之间的关系而导致公私不分,阻碍企业的发展。

(2)外设型家族办公室

外设型家族办公室介于企业与家族之间。案例中，戴尔家族办公室就是典型的外设型家族办公室。外设型家族办公室一般是独立法人或其他组织，主要负责家族在企业之外的投资，投资比较分散且一般不介入企业的日常经营管理之中。

(3)分离型家族办公室

分离型家族办公室与家族之间的距离为零，分离型家族办公室往往是因家族企业被出售后而形成，分离型的家族办公室可以为家族成员提供全方位的财富管理服务，如家族治理、遗产规划、财富传承等，分离型家族办公室往往是全能型的家族办公室。

(4)一体型家族办公室

一体型家族办公室与企业的距离为零，目前的洛克菲勒家族办公室就是典型的一体型家族办公室。一体型家族办公室往往属于“分离型家族办公室”的升级版。一般情况下，一体型家族办公室是凭借其较高的财富管理水平而深受其他高净值家族的青睐，经过不断的发展壮大，逐渐从单一家族办公室演变为联合家族办公室。

(5)控股型家族办公室

控股型家族办公室介于家族与企业之间，意大利著名汽车制造商菲亚特的创始家族阿涅利就是通过控股型家族办公室进行财富管理。阿涅利家族通过 EXOR 集团最大限度地实现分散投资，其名下拥有菲亚特、法拉利、玛莎拉蒂等多个著名品牌。控股型家族办公室一般多出现于家族成员人数多且家族企业类型较多的家族，控股型家族办公室的家族成员之间共同承担风险、共享利益，因而具有较强的凝聚力，可以集中家族成员股权、巩固家族对企业的控制权。

3. 家族办公室的优势

如果一个人有 100 万美元的净资产，私人银行便可以为其打理个人财富，但当一个人的净资产达到 1 亿美元时，其就需要一个家族办公室来专门管理个人财富。在欧美国家，设立一个联合家族办公室，一般要求家族可投资金额达到 2000 万美元至 1 亿美元；设立一个单一家族办公室，一般要求家族可投资金额达到 1 亿美元。由于家族办公室由专业的人员组成，其中包括律师、注册会计师、股票经纪人等群体，高净值人士在享受这些专业人士提供优质服务的同时也面临着大额的成本支出，可以说，家族办公室是富豪与超级富豪的选择。与私人银行相比，家族办公室具有集中管理、服务多元化、与家族利益一致等独特优势。

(1)集中管理

很多高净值人士出于分散投资的理念，会在多个银行开设私人账户。银行本质上也是商业机构，且各家私人银行的地域不同、投资喜好不同、客户经理的专业能力也参差不齐，私人银行或客户经理很可能会为了完成自身的业务指标而进行投资。毕竟高净值人士不是资产管理方面的专家，当多个私人银行的投资产品出现差异且各执一词的情况下，高净值人士很难挑选出适合自己的投资方式。

家族办公室将根据客户的实际需要，从高净值人士的利益出发，并结合自己的专业知识，对私人银行的投资产品进行评估，最终为高净值人士筛选出符合要求的私人银行，并在各个银行开设适当数量的账户，合理分散地管理高净值人士的资产。此外，家族办公室还会将高净值人士分布于多家银行、信托公司的家族金融资产的变化、账户等情况统计在同一张报表中，使高净值人士能够直接、客观地知道自己家族资产情况最终实现家族资产的优化配置。

(2)服务多元化

私人银行的客户经理就职于银行，其主要为高净值人士提供资产管理等方面服务，并不会介入家族日常事务的管理中。而高净值人士设立的家族办公室除资产管理外，还能提供企业管理、遗产规划、家族治理等方面的服务。例如，家族办公室可以根据家族宪章的要求定期组织、召集家族会议，以增强家族成员之间的凝聚力；可以根据家族企业发展的规划，对下一代家族成员的教育、实习、工作进行系统化规划、培训，提升其能力与素质；可以根据家族的需要，适时地介入企业管理，设计相应的股权架构、管理方案等措施；可以根据家族宪章的要求，对家族慈善资金、慈善活动进行筹划、管理，稳步提升家族声誉及社交范围。

(3)与家族利益一致

前面我们已经提到银行本质属于商业机构，私人银行以营利为主要目的，而高净值人士设立家族信托的目的是将自己的财富传承给相应的受益人，这两种目的必然会出现一定的冲突。而家族办公室与高净值人士紧密联系，家族办公室的收益与管理的财产息息相关，因此家族办公室能站在高净值人士的角度考虑问题，与高净值人士的利益相一致。

4. 家族办公室在我国的发展趋势

家族办公室在我国刚刚起步，但发展势头很猛。改革开放至今已有40余年，短短的40余年成长起来一批超高净值的家族，创一代们积累了巨额的财富。但是随着社会的不断变化，越来越多的问题开始出现：如何利用现有的财富为子孙后代创造更高的价值？如何合理地利用政策进行税务筹划？如何防范自身及子孙后代婚变导致的家族财产缩水？如何在征收遗产税、房产税前未雨绸缪？如何在财富传承的过程中保护个人隐私？这所有的问题都推动国内家族办公室加速发展。

真正的家族办公室要做到“手有缰绳，懂得战略；胯下有马，具备能力”，目前来看专业化、精英式的家族办公室将会是未来的发展趋势，能够提供资产管理、遗产规划、税务筹划、企业管理、股权结构梳理、上市咨询等全方位服务的家族办公室成为高净值家族的首选。

面对突发情况如何为高净值家族选择合适的投资产品，保障家族财富的保值增值，成为很多家族办公室遇到的共同问题。目前，国内的家族办公室投资主要集中于现金管理和投资金融产品。随着经济全球化的影响，以及“不能把鸡蛋放在同一个篮子里”的投资理念，未来家族办公室可能会对不同区域、不同行业、不同资产类别，采取不同的投资策略来分散投资风险。

十、离岸信托

[传承案例 56]

夫妻共同创业是我国的一个常态，企业家的婚姻状态往往关系着企业的运营，2012 年，吴某军与蔡某的和平离婚，可谓企业家保护公司股权教科书式的典范。而这一切都要归功于吴某军设立的离岸信托，正是离岸信托才让集团避免了一场血雨腥风。

1992 年吴某军与蔡某登记结婚。2002 年吴某军与蔡某在我国香港地区成立了 A 公司，开始持有内地公司的股权。2007 年 9 月，吴某军与蔡某在英属维尔京群岛设立了两家 BVI 公司——B 和 C。2007 年 11 月，吴某军与蔡某在开曼群岛上注册了空壳公司 D，D 公司由上述两家 BVI 公司 100% 控股。2008 年 1 月，吴某军与蔡某在英属维尔京群岛又注册了一个 E 公司，该公司由 D 公司 100% 控股。2008 年 6 月，E 公司收购了 A 公司的全部已发行股本，这一部分正是吴某军打算拿来上市的资产。紧接着，E 公司又将收购的股权分别以 19.2 亿港币和 12.8 亿港币的价格转让给 D 公司的母公司 B 公司和 C 公司。随后，吴某军和蔡某分别委托汇丰国际信托作为受托人设立以各自家族成员为受益人的离岸家族信托，并将 B 公司和 C 公司受让的 A 公司股权作为信托财产注入汇丰国际信托设立的全资子公司 F 公司和 G 公司中。

2009 年，D 公司成功在香港上市。吴某军与蔡某白手起家一度成为美谈，然而随着时间的推移，吴某军与蔡某夫妻二人之间感情出现了危机，并在 2012 年 11 月 20 日宣布将以和平、友好的方式离婚。此消息一出，社会大众曾对 D 公司的命运何去何从予以担忧。夫妻二人是否会出现的股权纠纷？婚变是否会影响 D 公司的市值？然而，出乎大家意料的是，吴某军婚变的事情并没有过多地影响 D 公司的运营，D 公司的股价在经历两天的跌落后，第三天就开始反弹。

[传承实务及法律分析]

1. 离岸信托的内涵

离岸信托是指适用离岸地法律而设立的信托，委托人将自己在境外的家族财产，依照离岸地的法律规定委托给相应资质的受托人，由受托人依据委托人的需求进行信托架构的设计，并最终依据信托文件管理、处分信托财产，离岸信托又称为“境外信托”“外国信托”，任何形式的财产均可以装进离岸信托，包括但不限于银行存款、股权、股票、房产、债券等财产。

典型的离岸地主要有英属维尔京群岛、开曼群岛、列支敦士登、百慕大群岛、库克群岛、泽西岛、塞舌尔、毛里求斯等。这些离岸地拥有较为完善的信托法律法规、宽松的税收政策且政治稳定、经济状况良好，因而深受广大高净值人士的喜爱。很多我们熟悉的企业家均设立了离岸信托，例如，阿里巴巴的马云、京东的刘强东、拼多多的黄峥、海底捞的张勇舒萍夫妇、融创中国的孙宏斌、达利集团的许世辉、美团的王兴等。

案例中，吴某军与蔡某在公司上市前，就在开曼群岛设置了离岸信托，将即将上市的股权全部转移到家族信托之中。信托设立完成后，信托财产作为独立的财产由 F 公司和 G 公司持有，即将上市公司的股权在性质上已经不属于吴某军、蔡某个人拥有，亦不会作为夫妻共同财产，所以最终 D 公司的股权并不会因为吴某军与蔡某离婚而发生巨大变化。

2. 离岸信托的独特优势

(1)稳定而灵活的信托法律体系，定制个性化的信托架构

对于大多数高净值人士来说，选择离岸信托的设立地其实就是选择信托的法律适用。而大多数广受欢迎的离岸信托设立地的信托法律制度几乎都与英美法系一脉相承，并在其基础上不断地发展、创新以便满足委托人的实际需要。试举例如下：

明确信托保护人制度：传统的信托结构中只有三方当事人，即委托人、受托人、受益人，但是离岸信托中很多地区设置了“信托保护人”这一角色。例如，英属维尔京群岛在《受托人法》第 86 条规定，委托人可以选择设立信托保护人，受托人在行使相关权利前应征得委托人或保护人的同意，保护人

对已事先同意的受托人的行为不承担责任。除此之外，开曼群岛、耿西岛、库克群岛等都在法律中允许设立信托保护人。

稳定的信托期限：大多数高净值人士希望自己设立的信托能够长期存在以实现家族财富的稳定传承。为了实现这个目标，各个离岸金融中心都不断在法律中完善离岸信托的期限，例如，英属维尔京群岛 2013 年修订的《受托人条例》，将信托期限由 100 年增加至 360 年。开曼群岛的《永续法》中明确规定信托的最长期限可以为 150 年，且慈善信托、特别信托的信托期限不受限制。

个性化的信托方案：例如，在英属维尔京群岛设立 VISTA 信托，委托人可以约定受托人只直接持有股权，投票权等实质性权利仍由原股东或董事行使，从而保证委托人既隔离资产又不丧失公司的控制权；开曼群岛的 STAR 信托在设立时可以不规定具体的信托受益人，待信托设立后再追加受益人；列支敦士登的法律规定可以适用外国法律来设立信托。

（2）有效的司法隔离

大多数离岸中心地拥有相对独立的立法权及司法权，其通过对其他国家或地区的判决不予认可和执行、反对强制继承来增加离岸信托的稳定性。例如，库克群岛及耿西岛法律并不认可外国法院的判决，1993 年英属维尔京群岛修订的《受托人条例》中增加了反强制继承规则，耿西岛的法律否认国外法律中的法定继承条款。

（3）保密性较强

《信托法》第 10 条规定，设立信托，对于信托财产，有关法律、行政法规规定应当办理登记手续的，应当依法办理信托登记。未依照前款规定办理信托登记的，应当补办登记手续；不补办的，该信托不产生效力。也就是说，在我国如果委托人以不动产、股权等作为信托财产的，就需要依法办理公示、登记手续，未办理公示登记手续设立的信托不会被法律认可。然而，大多数高净值人士并不想把自己的资产暴露在众目睽睽之下，以免给自己徒增烦恼。而境外很多离岸信托设立地有比较完备的信托体系，设立信托的财产并不需要进行公示登记，能够最大限度地保护委托人、受益人的隐私。例如，在列支敦士登，信托文件中可以不包含受益人的名字，而且信托文件不需要向公众开放，存放在公共注册处即可；开曼群岛仅需要向注册代理人或办事处公布实益拥有人即可，不要求向社会公众披露实益拥有人。

(4)优惠的税收政策

优惠的税收政策，能为高净值人士省下一笔不小的费用，有利于高净值人士的家族财产稳定传承，各离岸中心都有优惠的税收政策。例如，英属维尔京群岛对公司不征收公司所得税、资本利得税、资本税、增值税及各类附加税等；开曼群岛不征收个人所得税、公司所得税、资本利得税、遗产税、不动产税等且开曼群岛没有外汇管制，资金可以自由进出；百慕大的个人移民在当地不需要缴纳任何税种；列支敦士登不征收遗产税、股息税、资本收益税等税种。

3. 如何选择离岸信托设立地

如何选择离岸信托的设立地？选择离岸信托设立地需要考虑哪些因素？这些问题是委托人在设立离岸信托前必须要考虑的因素，一般来讲，选择离岸信托设立地时需要考虑以下几个因素：

(1)政治因素

政治因素主要考虑离岸信托设立地是否具有稳定的政府，离岸信托设立地与在岸国之间的关系如何，双方是否签署过有关的信息披露的协定等。

(2)经济因素

经济因素主要考虑离岸信托设立地是否有有利的税收环境，是否会征收遗产税、个人所得税、资本利得税、不动产税等税种，是否有外汇管制，资金能否自由进出等，一个宽松的税收环境能够为委托人节约一大笔开支。

(3)法律因素

法律因素主要考虑离岸信托设立地的法律适用情况，是否有相对成熟的信托法律环境，离岸国法律是否对信托的设立、变更、终止等事项作出了限制；离岸国信托存续期间的上限能否满足委托人设立信托的要求，例如，耿西岛法律将信托存续最高年限设置为100年，而英属维尔京群岛的信托存续年限可长达360年；离岸国法律是否有利于信托的运行、当地的法律是否承认、执行其他地区或国家的判决，如果在岸国与离岸国法律相冲突时，委托人、受益人的合法权益是否能够得到保障；离岸国法律是否允许或保护委托人对信托管理保留实质控制权，以实现委托人设立信托后仍然能实际管理、控制公司的目的，避免受托人不懂公司治理而导致财富外流；离岸国法律对当事人信息保密程度能否满足委托人的要求，例如，开曼群岛《保密关系法》中专门将泄露客户信息的行为规定为刑事犯罪，这样的法律环境很明显更能保障当事人的隐私。

(4)地理、文化因素

委托人可能与受托人在财产管理等方面存在观念上的差异。此外,离岸信托设立地是否有可以信赖的受托人,受托人是否熟悉当地的法律法规、是否熟悉当地的税收政策、是否精通财税、法律等专业知识、能否为委托人提供专业的服务等都是委托人需要考虑的因素。

4. 离岸家族信托的类型

(1)所有权与受益权分离的离岸家族信托

英美法系中存在收益受益人、本金受益人两个概念。其中收益受益人是指信托存续期间内对信托财产所产生的孳息享有利益分配请求权的人。本金受益人是指信托终止后享有剩余信托财产的人。将信托财产的受益权与所有权分离,在没有合适的人员能够管理家族财富的情况下,由受益人享有信托存续期间的收益,在出现合适的人员管理家族财富的情况下,信托终止,剩余信托财产归属于本金受益人,确保家族财富管理的集中化优势,能够实现家族财富的稳健传承。

(2)自由裁量信托

自由裁量信托是指信托受托人具有自由处理信托财产及其收益的权利,信托受托人的自由裁量权很大。由于受托人具有良好的资产管理能力,熟悉当地的信托法律制度及相关的税收政策,因此赋予受托人自由裁量权能够实现节税避税及防止受益人过度挥霍家族财产的双重功效。但俗话说"物极必反",为防止信托受托人肆意行使相关权利,对受托人的权利制约就显得尤为重要,因此,委托人可以在信托文件中引入信托保护人角色、弹劾权等条款以实现对受托人的权利制约。

(3)复合离岸家族信托

每个信托设立地对于设立信托的条件要求以及保护机制都不相同,委托人可以利用不同离岸地的政策优惠以实现家族财产传承目标。例如,英属维尔京群岛 2013 年修订后的《受托人条例》,已经将信托期限延长至 360 年,这能极大程度地实现委托人财富传承的目标;而巴哈马法律并不要求受托人必须是居民,信托资产也不要求必须存在巴哈马;开曼群岛不征收个人所得税、公司所得税、资本利得税、遗产税、不动产税等税种且开曼群岛没有外汇管制。在这种情况下委托人就可以结合各离岸地的政策优惠来实现家族信托利益最大化。例如，委托人可以在巴哈马设立一个离岸信托，受托人为注册在开曼群岛的信托公司，那么这种情况下设立的离岸信托能够享受多种税收优惠。

5. 可供选择的典型离岸地

之前我们已经提到英属维尔京群岛、开曼群岛、列支敦士登、百慕大群岛、库克群岛、泽西岛、塞舌尔、毛里求斯等国家或地区信托制度都比较完善，因此很多高净值人士在上述地点设立了离岸信托。下面选取英属维尔京群岛和开曼群岛这两个典型的离岸地进行介绍：

(1)英属维尔京群岛

英属维尔京群岛位于大西洋和加勒比海之间，距波多黎各东海岸100公里。现为英国殖民地。英属维尔京群岛在信托监管方面的法律主要为《受托人条例》《特别信托法》。2013年修订的《受托人条例》，将信托期限由100年增加至360年；信托资产的最低要求为1美元；受托人既可以是专业的信托公司也可以是自然人；委托人可以在信托文件中设立信托保护人制度，用以制衡受托人的自由裁量权、维护委托人、受益人的利益。

VISTA信托是英属维尔京群岛众多信托模式的典型代表，该信托是以英属维尔京群岛公司股权为信托财产而设立的独特制度。传统信托制度下，以公司股权作为信托财产设立的信托，委托人需要将股权对应的财产权及人身权转移至受托人名下，由受托人参与公司股权的经营管理等工作。但由于受托人之前并未参与过公司的治理，对公司的情况知之甚少，而公司其他股东可能也并不愿意第三人参与公司的治理，这就为委托人设立股权信托设置了障碍。而VISTA信托便可以解决这一难题，委托人设立VISTA信托后可以继续担任公司的董事，这样可以保证公司的管理权仍然由委托人掌握，排除受托人对企业经营的干预，有利于维持公司的经营稳定。此外，VISTA信托还可以通过《董事职务规则》赋予委托人决定董事人选的权利，在委托人自己不愿意或不能管理公司的时候，其可以选任信托关系存续期间公司的董事人选，这样可以保证股权虽然被转移至受托人名下，但公司的控制权能够一直掌握在委托人及其指定人选的手中，能够避免公司的控制权旁落他人，VISTA信托的上述优点深受广大高净值人士喜爱。

(2)开曼群岛

开曼群岛(Cayman Islands)，是英国在美洲西加勒比群岛的一块海外属地，由大开曼、小开曼和开曼布拉克 3 个岛屿组成。开曼群岛是世界第四大离岸金融中心和“避税天堂”。开曼群岛没有外汇管制，资金能够自由进出。开曼群岛在信托方面的法律主要有《信托法》《私人信托公司法》《银行和信托公司法》《特别信托法》等。开曼群岛的信托存续期间为 150 年；信托资产最低要求为 100 美元名义金额；受托人既可以是自然人也可以是专业的信托公司，但受托人人数有限制，最多不能超过 4 人，且不允许受托人进行转委托；开曼群岛在保密等方面要求比其他地区都要严格，《保密关系（保护）法》将泄露客户秘密的行为列为刑事犯罪的范围。

开曼群岛具有多种信托模式，例如，全权信托、豁免信托、STAR 信托等。其中 STAR 信托是开曼群岛比较有特点的一类信托模式。STAR 信托，允许委托人为特定人或特定目的设立信托；设立信托时无须明确具体的受益人，且受益人人数没有数量限制，同时无论是以慈善或非慈善目的而设立信托，STAR 信托均可以适用；如信托中存在的某些不确定性问题，可以由受托人或通过法定文件指定任何人进行补充说明，甚至可以请求法院进行解释；允许开曼群岛以外的受托人与开曼群岛本地的受托人作为共同受托人。但是设立 STAR 信托时，必须在信托文件中明确写明适用 STAR 信托规则；信托文件中至少应当指定一名完全民事行为能力人担任执行人来负责执行该信托。

6. 在岸信托与离岸信托如何选择

上述介绍了很多离岸信托的优势，那么，委托人是设置成离岸信托好一些还是在岸信托好一些？我们先简单了解一下离岸信托在我国可能遇到的司法阻碍。

（1）适用的法律模糊，信托法律关系可能被认定为无效

《涉外民事关系法律适用法》第 17 条规定，当事人可以协议选择信托适用的法律。当事人没有选择的，适用信托财产所在地法律或者信托关系发生地法律。

当高净值人士设立的信托有涉外因素时，如果在协议中没有准确约定信托适用的法律，而信托财产或信托关系发生在我国的话，那么就要适用《信托法》及其相关法律规定。例如，委托人设立了不动产信托，按照我国的《信托法》第 10 条的规定，不动产信托是需要办理登记才能成立生效的，而依据其他离岸地区的法律不动产信托的设立不需要办理登记就能生效的，

一旦因不动产信托产生纠纷而该不动产恰好未办理登记，即使离岸地的法律认可不动产信托的效力，我国法院也会因为该不动产信托未办理登记而认定不生效或无效。

(2)因信托法律关系产生纠纷时，面临执行不能的困境

依据最高人民法院《关于适用〈中华人民共和国民事诉讼法〉的解释》第533条第1款的规定，我国法院和外国法院都有管辖权的案件，一方当事人向外国法院起诉，而另一方当事人向我国法院起诉的，人民法院可予受理。判决后，外国法院申请或者当事人请求人民法院承认和执行外国法院对本案作出的判决、裁定的，不予准许；但双方共同缔结或者参加的国际条约另有规定的除外。最高人民法院《关于适用〈中华人民共和国民事诉讼法〉的解释》第544条第1款规定，当事人向我国有管辖权的中级人民法院申请承认和执行外国法院作出的发生法律效力的判决、裁定的，如果该法院所在国与我国没有缔结或者共同参加国际条约，也没有互惠关系的，裁定驳回申请，但当事人向人民法院申请承认外国法院作出的发生法律效力的离婚判决的除外。

当委托人设立的离岸信托存在以下几种情况时，我国法院将不予执行外国法院的判决：①同一个案件我国及外国法院都进行了判决，但双方共同缔结或者参加的国际条约另有规定的除外；②同一个案件外国法院所在国与我国既没有缔结或者共同参加国际条约，也没有互惠关系的。

(3)因信托法律关系产生纠纷时，维权成本较高

离岸信托一旦发生纠纷，往往会在多个地区同时起诉应诉，诉讼审理的时间各地区没有统一的标准而且国外的律师费往往远高于国内。就算赢了诉讼，当事人付出的时间成本及诉讼成本也是极高的，最终可能出现财净人空的局面。

综上所述，在岸信托和离岸信托两者之间并不能区分出孰好孰坏。高净值人士必须依据自己的资产所在地、资产种类、财富传承的目的，委托专业的律师或信托机构为自己量身定做适合自己的信托架构。

05

第五篇

常用传承法律文书及传承知识点图表

一、自书遗嘱范本

遗　　嘱*

立遗嘱人：韩某凝，男，××××年××月××日出生，系某某建材有限公司退休职工，住址：××市××区×幢×至×层。

身份证号：××××。

本人现在精神正常、头脑清醒、思维清晰（详见附件：某某医院诊断证明书），能够正常理解并清楚表达我本人的真实意愿。现依据我国《民法典》及相关法律法规，订立遗嘱内容如下：

一、本人婚姻家庭情况

1.1　婚姻和配偶：我于某年与曹某玲（身份证号：××××）结婚，曹某玲于2020年1月去世。除此之外，我没有其他的婚姻关系。

1.2　子女：本人和曹某玲共有二名子女，他们分别是

（1）韩某玉（女儿），身份证号：××××。

（2）韩某伟（儿子），身份证号：××××。

除韩某玉、韩某伟之外，我没有其他子女（包括婚生、非婚生、收养及有扶养关系的继子女）。

1.3　父母：本人的父母均已过世。

二、本人现有财产及去世后的处理事宜

我爱人曹某玲去世前留有遗嘱，属于她享有的财产份额由我一人继承，其他继承人均无异议。以下财产均在我本人名下，且为本人合法的、具有自由处分权的财产。在本人去世后，按照本遗嘱确定的方式继承。

* 笔者提示：自书遗嘱务必由立遗嘱人全文亲笔书写。

2.1　房产

(1)位于××市××区××别墅×号楼1至3层(房产证号:××××),在我去世后,由韩某玉个人继承,属于韩某玉个人财产,与韩某玉配偶无关。

(2)我现居住的位于××市××区×幢×至×层(房产证号:××××),在我去世后,由韩某伟个人继承,属于韩某伟个人财产,与韩某伟配偶无关。

2.2　车辆

登记在我名下的××轿车,车辆型号为××××,发动机号为××××,车牌号为京××××,在我去世后,车辆由韩某玉个人继承,属于韩某玉个人财产,与韩某玉配偶无关。

车辆作上述安排,主要考虑韩某玉的工作情况、名下无车等因素,希望我儿子能够理解并遵从。

2.3　股权

本人享有某某建材有限公司38%的股权,公司注册资本为5000万元,法定代表人为孙某宝,公司注册地为××市××区××镇××路×号。公司章程中无限制继承的条款。

上述股权在我去世后由韩某伟个人继承,因股东身份所产生的权利由韩某伟个人享有,因股权产生的收益及转让股权所取得财产权利,归韩某伟个人专有,该项股东权利及所产生的财产收益与韩某伟配偶无关。

2.4　股票

本人在××证券公司开立证券账户,账号类型:××××、交易账号×××、交易密码××××,该证券账户内的所有资金及购买的股票在我去世后全部由韩某玉个人继承,与韩某玉配偶无关。

三、遗嘱执行人

3.1　本人指定××律师事务所××律师、××律师作为我的遗嘱执行人。

两位律师执业信息如下:

××,××律师事务所合伙人,执业证号:××××;

××,××律师事务所合伙人,执业证号:××××。

3.2　律师执业机构的变动,不影响律师作为遗嘱执行人的效力。

3.3　在本人去世后,遗嘱执行人按照本遗嘱的内容办理遗嘱继承事宜。

3.4　如本人去世后,遗嘱执行人不再具备担任遗嘱执行人资格,则由本遗嘱中所有继承人共同担任遗嘱执行人,依照本遗嘱的内容办理遗产继承事宜。

3.5　遗嘱执行人的服务费用××元优先在我所遗留的存款中扣除。如存款不足以支付的,由韩某玉和韩某伟均等分担。

四、其他事项

4.1　本人去世后,本人以上所有财产按上述遗嘱列明的方式进行继承,继承人之间不得有争议。

4.2　本遗嘱是目前我订立及认可的唯一有效的遗嘱。本人在本遗嘱之前所立的遗嘱与本份遗嘱冲突的,以本份遗嘱为准。本人无其他对外债务。

五、遗嘱的文本及持有

5.1　本遗嘱共三页,每页下方均有我的亲笔签名。

5.2　本遗嘱一式三份,我本人及遗嘱执行人各持一份,待本人去世后,由遗嘱执行人按照本遗嘱内容执行,各继承人不得有异议。

立遗嘱人(本人签名):

日期(本人手写):　　年　月　日

二、婚前财产约定协议书

婚前财产约定协议书

男方:韩某旺,男,××××年××月××日出生,汉族,住址:××市××区××号楼×单元×××室。

身份证号:××××。

女方:孙某笑,女,××××年××月××日出生,汉族,住址:××市××区×幢×至×层。

身份证号:××××。

协议签订地点:××市××区××号楼1001室。

男、女双方经自由恋爱,准备依法登记结婚。现根据平等自愿、协商一致的原则,依据我国《民法典》及相应民事法律法规,对双方的婚前财产及该财产在婚前婚后所产生的收益、婚后财产的归属作出以下约定,以期双方共同遵守。

一、男方的婚前财产

男方婚前财产的种类包括房产、股票、基金、债券、公司股权、银行存款、收藏艺术品等,在本协议附件一中将详细列明财产的名称、数量、大概估值等事项,协议主文不再赘述。

二、女方的婚前财产

女方婚前的财产包括房产、车辆、银行存款、投资金条等,在本协议附件二中将详细列明财产的名称、数量、大概估值等事项,协议主文不再赘述。

三、婚后财产分别制

3.1　双方均同意婚后实行财产分别制(独立制),即双方婚后各自的工资收入、投资收益、婚姻关系存续期间的住房公积金及个人所缴纳的养老保险费用等财产权利归各自单方所有,不作为夫妻共同财产,与另一方无关,另一方无权提出分割的主张。

3.2　双方自领取《结婚证》之日起30个自然日内签订本协议附件三《夫妻财产约定协议书》,无论《夫妻财产约定协议书》是否签订,不影响本协议之效力。

四、财产的处分权

男、女双方对各自的婚前、婚后财产及婚前婚后财产所产生的收益,拥有自主处分的权利,一方如何使用、处置(包括投资、出租、转让、赠与他人、变卖等)完全由权利所有方独自行使,另一方不得以任何理由加以干涉。

五、婚前财产之收益权

男、女双方对各自所有财产(包括婚前和婚后的财产)处置(包括投资、出租、转让、赠与他人、变卖等)所产生的收益归各自个人所有,不作为夫妻共同财产。

六、投资之收益权

婚后男、女双方各自使用个人所有而非双方共同共有的资金投资后所得一切财产、收益等均属投资方单方独自所有,不作为夫妻共同财产,与另一方无关,另一方不能提出分割的主张。

七、婚前、婚后债务的承担

7.1　男、女双方在婚前和婚后各自所产生的债务均由各自独立承担,另一方不负清偿责任。

7.2　双方在领取《结婚证》后明确约定共同债务的标准是“共债共签”,即借款协议(合同)、借条等借款凭证均需由双方签字。单方签字所形成的债务视为个人债务。

八、特别声明条款

8.1　双方对于婚前个人财产界定的规则:不论本协议是否已列明各自名下财产的详细种类、数量、数值,只要在一方名下的财产及其产生的收益,就归为婚前个人财产,另一方不得提出分割的主张。

8.2　双方各自名下的婚前财产及其产生的收益，不论双方在订立本协议后是否结婚，均归各自所有，另一方在任何情况下均不得以任何形式主张分割。

8.3　本协议的约束力适用于双方的婚前、婚后或解除婚姻关系。本协议关于各自名下财产及其产生收益的约定、婚后财产分别制（独立制）的约定作为双方婚姻关系存续或者终止时财产分割的唯一依据。

8.4　双方若要变更或补充上述协议的内容，应另行签订书面的变更或补充协议。

8.5　本协议系男女双方自愿签订，不存在欺诈、胁迫等使协议无效或撤销之情形。

8.6　男女双方在签字之前已充分阅读本协议的全部内容，均能完全理解本协议内容的含义及法律后果。

8.7　双方在签署本协议的同时，均应在协议附件一、附件二上签字，以确定知悉对方的婚前财产状况。

九、争议的解决

因履行本协议财产部分所发生的争议，由双方协商解决；双方不愿协商或协商不成的，由本协议签订地××市××区人民法院管辖。

十、协议的生效

10.1　本协议涉及婚前财产的内容自双方签字确认后即发生法律效力。

10.2　涉及婚后财产约定、婚前财产在婚后产生收益之归属等内容自双方办理结婚登记手续时生效。

10.3　法律法规或司法解释对婚前协议的生效时间有特别规定的，从其规定。

十一、协议文本及效力

本协议一式三份，男、女双方各持一份，交由××××律师事务所备案一份，各文本具有同等法律效力。

男方：　　　　　　　　　　女方：

年　月　日　　　　　　　　年　月　日

三、夫妻财产约定协议书

夫妻财产约定协议书

男方：张某仕，男，××××年××月××日出生，汉族，住址：××市××区×号楼×单元××室。

身份证号：××××。

女方：王某君，女，××××年××月××日出生，汉族，住址：××市××区×号楼×单元××号。

身份证号：××××。

男、女双方于××××年××月××日在××市××区民政局办理结婚登记手续，婚后生育一子张某贤。兹就婚前及婚内财产归属及债务承担等事宜，男女双方依据我国《民法典》及相关民事法律法规，订立如下夫妻财产约定协议，以期双方共同遵守：

一、男方婚前房产婚后出租所取得的租金

位于××市××区××号楼××层×××室（房产证号：××××）房产，系男方婚前出全资购买，登记在男方名下，该房产婚后一直由男方父亲在经营管理，因出租房产取得的租金，双方均同意归男方个人所有。

二、婚后购买的两套房产所有权的约定

2.1　登记在男方名下的位于××市××区裕中东里××楼×单元×××室的房产（房产证号：××××，以下简称裕中东里房产）系婚后所购买，面积为119.97平方米，登记在男方名下，现双方约定裕中东里房产归男方所有，男方无须对女方进行补偿。

自本协议签订之日起男方个人享有该房产的占有、使用、收益、处分等所有权能。男方在行使处分权利时，需要女方配合的，女方应无条件予以配合。

2.2 登记在男方名下的位于××市××区万科公园×号××号楼三单元××室的房产(房产证号:××××,以下简称万科公园房产)系婚后购买,属于夫妻共同财产。现万科公园房产有贷款764,320元(贷款银行:××银行××支行,主贷人:张某仕、王某君,贷款账户:××××),双方约定自本协议签署之日起60日内办理解抵押手续,具体解抵押手续由男方负责联系。

办理万科公园房产解抵押所需款项从男方所持有的卡号为××××的××银行卡支付,该卡内存款双方确认为夫妻共同财产。

房屋办理完解抵押手续后,双方约定万科公园房产归女方所有,男方配合办理过户手续。

三、女方婚前公司股权婚后收益归属的约定

女方婚前持有某科技有限公司股权,持股比例为38%,因该股权在婚后所产生的收益归女方个人所有,男方明确认可该项收益不作为夫妻共同财产;女方单独享有基于《公司法》所规定及公司章程所约定的股权权利,如女方在行使股权时在程序上需要男方配合,男方应无条件予以协助。

四、车辆所有权的约定

4.1 车牌号为××××的某1牌轿车系双方婚后购买,登记在男方名下,双方约定该车辆男方所有;

4.2 车牌号为××××的某2牌轿车系双方婚后购买,登记在男方名下,双方约定该车辆女方所有,自本协议签订之日起20个工作日内到车辆管理所办理过户手续。

如因男方主观原因未能在上述期限内办理完毕车辆过户手续的,男方自违约日起按照每日1000元的标准向女方支付违约金,直至车辆过户至女方名下之日止。

五、债务的约定

5.1 共同债务

为了家庭共同生活,需要对外借取大额款项(双方确认:大额款项指的是10万元人民币及以上部分)的,双方遵循"共债共签"的原则,在借款合同或借款协议中借款人均应由双方签字，由此形成的债务，双方均认可为夫妻共同债务。

如只有一方签字，视为签字方的个人债务。如因债权人起诉，导致未签字方承担偿还责任的，未签字方有权向签字方追偿。

5.2　个人债务

男、女任何一方因个人原因所负的债务为个人债务，另一方不负清偿义务。

六、工资、奖金等收入的约定

自本协议双方签字之日起，各自取得的工资、奖金、加班费、婚姻关系存续期间所取得的住房公积金及个人所缴纳的养老保险费用归各自所有。

七、万科公园房产特别约定条款

7.1　男、女双方在签订本协议时均知悉，万科公园房产到房产所在地房产管理部门办理完过户手续后，女方的权利方能得到法律的有效认可和保障，但考虑到万科公园房产存在抵押，暂时不能办理过户登记手续，待万科公园房产办理完解抵押手续后30日内，男方无条件配合女方办理过户登记手续，因过户有可能产生的费用由男方承担。

在具备过户条件时，如男方拒绝履行协助过户的义务，除应继续配合女方办理过户手续外，需另行按照女方主张权利时房屋价值的日万分之五向女方承担违约责任。

7.2　男方不得以女方未支付转让对价、未办理过户手续、未经抵押权人书面同意及其他任何理由主张本协议第2条第2.2项无效或可撤销。

7.3　自本协议签订后，男方不得对万科公园房产行使任何处分权利(包括但不限于买卖、出租、再次抵押等有损万科公园房产价值的处分行为)。

7.4　自本协议签订后至过户到女方名下之前，女方面临无法取得万科公园房产100%份额、男方反悔要求撤销或确认本协议无效、男方拒不配合办理过户手续、男方处分万科公园房产、男方在履行本协议时设定其他附加条件等风险，现男女双方明确约定：因任何原因出现导致女方未按照本约定取得万科公园房产的完全所有权，女方有权选择：(1)要求男方继续履行本协议，并有权要求男方承担违约责任，具体方式为：自万科公园房产符合过户条件之日起30日内,男方未配合办理过户手续的,按照万科公园房产价值(以女方主张权利时评估机构的评估价值为准)的每日万分之五向女方承担违约责任;(2)按照主张权利时万科公园房产评估价值的百分之五十,要求男方予以补偿,并有权要求男方按照女方主张权利时万科公园房产总价值的百分之三十向女方承担违约责任。

7.5　男方明确表示,万科公园房产不存在任何产权争议,不存在与任何第三人共有的情形。

八、未尽事宜之约定

8.1　本协议书未定事项或约定不明的事项,男女双方可协商签订书面补充协议,补充协议为本协议书的附件,构成本协议书的一部分,与本协议书具有同等法律效力。

8.2　本协议书双方明确表示为:不可撤销之协议。

8.3　本协议系男、女双方自愿签订,不存在欺诈、胁迫等使协议无效或撤销之情形。

8.4　男女双方在签字之前已充分阅读本协议的全部内容,均能完全理解本协议内容的含义及法律后果。

九、协议的生效、文本及文本效力

9.1　本协议自双方签字之日起生效。

9.2　本协议一式两份,双方各持一份,每份均具有同等法律效力。

男方:　　　　　　　　　　女方:

年　月　日　　　　　　　　年　月　日

四、赠与协议书

赠与协议书

甲方(赠与人):

张某年,男,××××年××月××日出生,汉族,北京市某某局退休干部,住址:××××。

身份证号:××××。

李某,女,××××年××月××日出生,汉族,××银行××退休职工,住址:××市××区××××。

身份证号:××××。

乙方(受赠人):张某,男,××××年××月××日出生,汉族,某某有限公司北京分公司销售主管,住址:××××。

身份证号:××××。

甲方张某年与李某系夫妻关系,乙方张某系甲方之子。兹就甲方赠与乙方(个人)款项4,637,863元用于乙方名下房屋解抵押事宜,甲乙双方在平等自愿、协商一致的基础上,根据我国《民法典》及有关法律法规,签订本协议,以资共同遵守。

第一条　赠与目的

为缓解乙方还贷压力,且考虑到乙方目前工作及收入状况,甲方自愿将自有储蓄4,637,863元(大写:肆佰陆拾叁万柒仟捌佰陆拾叁元)赠与乙方,用于乙方归还××市××区×号楼3单元101室(房产证号:××××,以下简称101室)剩余贷款,乙方对此赠与明确表示接受。

第二条　赠与对象的特定性

本协议赠与款项，甲方仅赠与乙方一人，属于其个人专有，与张某配偶孙某鹿及受赠人之女张某茗无关。

考虑到赠与款项用于101室剩余房贷的解抵押，该解抵押款项不视为乙方与孙某鹿婚后共同还贷所支付款项，与之相对应的增值不属于乙方与孙某鹿的共同财产。

第三条　赠与款项的支付

甲方将于2021年1月3日前将4,637,863元转账至乙方下列账户：

开户行：××××

户名：张某

账号：××××

第四条　甲方赠与款项来源的合法性

甲方保证赠与款项来源的合法性，4,637,863元款项的主要来源包括：1. 工资奖金收入；2. 出售××市××区××号×号楼1001室房产所得款项。

第五条　专款专用及违约责任

5.1　乙方须保证在还贷账户收到赠与款项后，必须用于101室房屋贷款的解抵押，不得挪用、挥霍或擅自转由其他用途；

5.2　乙方在收到赠与款项后三个工作日内必须联系贷款银行，与贷款银行及时商定办理解抵押手续事宜；

5.3　如乙方违反本条第5.1款及第5.2款的约定，除向甲方返还赠与款项外，另按照赠与款项的每日万分之五向甲方承担违约责任，期限自乙方违约之日起直至甲方收到全部赠与款项之日止。

第六条　争议的解决

本协议若在履行过程中发生争议，由双方协商解决；双方不愿协商或协商不成的，由××市××区人民法院管辖。

第七条　协议文本及效力

7.1　本协议一式三份，甲方持有两份，乙方持有一份，每份均具有同等法律效力。

7.2 本协议自双方签字之日且赠与款项支付至受赠人银行账户之日起生效。

甲方:(签字)__________ 乙方(签字):__________

________年____月____日 ________年____月____日

五、股权代持协议范本

股权代持协议

甲方(委托人):杜某恒,男,××××年××月××日出生,汉族,住址:××××。

身份证号:××××。

乙方(受托人):王某,女,××××年××月××日出生,汉族,住址:××××。

身份证号:××××。

甲、乙双方本着平等互利的原则,经友好协商,就甲方委托乙方代为持股事宜达成协议如下,以兹共同遵照执行:

第一条　委托内容

1.1　甲方自愿委托乙方作为自己对××公司人民币100万元出资(该等出资占××公司注册资本的10%,以下简称代持股权)的名义持有人,并代为行使相关股东权利,乙方愿意接受甲方的委托并代为行使该相关股东权利。

1.2　××公司基本情况:

××公司于2020年2月14日在××工商行政管理局××分局注册设立,注册资本为人民币1000万元;住所地××××,法定代表人张某峰;除本协议涉及代持股权外的持股情况为:周某以货币形式出资人民币500万元,占××公司注册资本的50%;张某明以货币形式出资人民币400万元,占××公司注册资本的40%。

第二条　委托权限

甲方委托乙方代为行使的权利包括:由乙方以乙方的名义将受托行使

的代持股权作为在××公司股东登记名册上具名、在工商机关予以登记、以股东身份参与相应活动、代为收取股息及利润、出席股东会并行使表决权,以及行使《公司法》与××公司章程授予股东的其他权利。

第三条　甲方的权利与义务

3.1　甲方作为代持股权的实际出资者,对××公司享有实际的股东权利并有权获得相应的投资收益;乙方仅以自身名义代甲方持有该代持股权所形成的股东权益,而对该等出资所形成的股东权益不享有任何收益权或处置权(包括但不限于股东权益的转让、质押、划转等处置行为)。

3.2　在委托持股期限内,甲方有权在条件具备时,将相关股东权益转移到自己或自己指定的任何第三人名下,届时涉及的相关法律文件,乙方须无条件同意,并无条件承受。

3.3　甲方作为代持股权的实际所有人,有权依据本协议对乙方不适当的受托行为进行监督与纠正,并有权基于本协议约定要求乙方赔偿因受托不善而给自己造成的实际损失,但甲方不能随意干预乙方的正常经营活动。

3.4　甲方认为乙方不能诚实履行受托义务时,有权依法解除对乙方的委托并要求依法转让相应的代持股权给委托人选定的新受托人。

第四条　乙方的权利与义务

4.1　未经甲方事先书面同意,乙方不得转委托第三方持有上述代持股权及其股东权益。

4.2　作为××公司的名义股东,乙方承诺其所持有的股权受到本协议内容的限制。乙方在以股东身份参与××公司经营管理过程中需要行使表决权时至少应提前10日通知甲方并取得甲方书面授权。在未获得甲方书面授权的条件下,乙方不得对其所持有的代持股权及其所有收益进行转让、处分或设置任何形式的担保,也不得实施任何可能损害甲方利益的行为。

4.3　乙方承诺将其未来所收到的因代持股权所产生的任何全部投资收益(包括现金股息、红利或任何其他收益分配)均全部转交给甲方,并承诺将在获得该等投资收益后3日内将该等投资收益划入甲方指定的银行账户。如果乙方不能及时交付的,应向甲方支付等同于同期贷款市场报价利率的违约金。

4.4 在甲方拟向××公司的股东或股东以外的人转让代持股权时，乙方必须对此提供必要的协助及便利。

第五条 委托持股费用/报酬

乙方受甲方之委托代持股权期间，按第(2)项计取报酬：

(1)乙方受甲方之委托代持股权期间，不收取任何报酬。

(2)乙方受甲方之委托代持股权期间，甲方应当向乙方支付相应的报酬。报酬为人民币20万元，甲方在本协议生效后的同时支付50%报酬，乙方根据甲方指示将代持股权转让给甲方或甲方指定的第三人时，甲方支付剩余50%报酬。

第六条 委托持股期间

甲方委托乙方代持股权的期间自本协议生效开始，至乙方根据甲方指示将代持股权转让给甲方或甲方指定的第三人时终止。

第七条 违约条款

7.1 甲方迟延支付委托持股报酬的，每逾期一日，应按应付未付金额的20%支付逾期违约金。

7.2 乙方违反本协议承诺、保证、责任、义务的，给甲方造成损失的，应承担赔偿责任。

第八条 声明与保证

8.1 乙方确认，乙方系根据本协议代甲方持有代持股权，其代持股份的实际所有人应为甲方。

8.2 乙方确认，由代持股权产生的或与代持股权有关的收益归甲方所有。

8.3 双方一致声明，甲乙双方均为具有完全民事权利能力及完全民事行为能力的自然人，对本协议条款的内容意义都有清晰明白的认知。

第九条 保密条款

9.1 协议双方对本协议履行过程中所接触或获知的对方的任何商业信息均有保密义务，除非有明显的证据证明该等信息属于公知信息或者事先得到对方的书面授权。该等保密义务在本协议终止后仍然继续有效。

9.2　任何一方因违反该等义务而给对方造成损失的,均应当赔偿对方的相应损失。

第十条　争议的解决

凡因履行本协议所发生的争议,甲、乙双方应友好协商解决,协商不能解决的,任何一方均有权就争议向甲方所在地人民法院起诉。

第十一条　送达

一方向另一方发出的与本协议有关的通知应采用书面方式,可以专人送达、传真或挂号信的方式发至本协议首部所列的地址。以专人送达或传真发送的通知,在送达或成功发送后第3个工作日生效;以挂号信发出的通知,在发出后第5个工作日生效。

第十二条　其他事项

12.1　本协议一式两份,协议双方各持一份,具有同等法律效力。

12.2　本协议自甲、乙双方签署后生效。

甲方(签字):　　　　乙方(签字):

日期:××××年××月××日　　日期:××××年××月××日

本协议签订地:××××

六、信托合同范本

××家族信托合同

合同编号：YHZSRS【2020】002号

委托人：林某

身份证号：××××

住　址：××××

联系方式：××××

电子邮箱：××××

受托人：××信托有限责任公司

地　址：××××

法定代表人：张某

统一社会信用代码：××××

联系电话：××××

电子邮箱：××××

联系人：王经理

委托人与受托人本着平等自愿、诚实信用的原则，兹就家族信托事宜，依据《信托法》《信托公司管理办法》及其他有关法律法规的规定，签订如下条款，以兹双方共同遵守。

第一条　释义

在本合同中，除非上下文另有解释或文意另有所指，下列词语或简称具有如下含义：

1.1　信托合同：指本合同及对本合同的任何有效修订和补充。

1.2　信托文件：指信托合同（包括附件）和《信托财产管理、运用风险申明书》等相关法律文件。

1.3　信托/本信托：指根据本信托合同设立的××。

1.4　资金信托：指委托人基于对受托人的信任，将自己合法所有的资金委托给受托人，由受托人按委托人的意愿，以受托人的名义，按照信托文件的约定管理、运用和处分的行为。本信托为资金信托。

1.5　信托当事人：指受本信托关系约束，根据本信托合同享受权利并承担义务的委托人、受托人、受益人。

1.5.1　委托人：指委托受托人设立本信托并交付信托本金的自然人。

1.5.2　受益人：指根据信托合同享有信托受益权的自然人、法人或者依法成立的其他组织。

设立本信托时，委托人指定的初始受益人的详细信息见本合同第4条。信托存续期间，根据信托合同的约定合法继承、承继或因委托人指定而享有信托受益权的主体为受益人。

1.5.3　受托人：特指××信托有限责任公司。

1.6　信托本金：指委托人签署信托合同、交付受托人管理运用并加入信托的资金总和。

1.7　信托财产：指受托人因承诺本信托而取得的信托本金及对该信托本金进行管理、运用和处分而形成的财产，包括：

（1）受托人承诺信托而取得的信托本金；

（2）受托人管理、运用和处分信托本金形成的财产；

（3）前述财产取得的损益、赔偿、其他收入和负担（含债务或其他权利负担）；

（4）法律规定其他应属于信托财产的财产。

1.8　信托财产专户：指受托人在××银行××分行××支行开立的信托资金专用账户。

1.9　信托受益权：指受益人按信托合同的约定对信托财产依法享有的权利。

1.10　受益权占比：指各受益人享有的信托受益权占本信托项下全部存续信托受益权的比例。

1.11 受托人报酬:指受托人依据信托合同的约定收取的报酬。

1.12 信托生效日:指委托人根据信托合同约定向受托人交付信托本金并由受托人宣布信托生效之日。

1.13 信托存续期间:指自信托生效日起至信托终止日止的期间。

1.14 法律:本合同项下的法律指中华人民共和国法律、行政法规、部门规章、地方法规、地方规章与具有约束力的政策。(为本合同之目的,不含我国香港特别行政区、澳门特别行政区和台湾地区的相关规定)在本合同中凡提及一项"法律"时,除非法律、法规另有规定或上下文另有要求,应被解释为其最新修订或最新颁布的生效文本。

1.15 工作日:指中华人民共和国国务院规定的金融机构正常对公业务营业日。

1.16 元:指人民币元。

1.17 自然季度/自然季/季:指每年第一季度(1月、2月、3月)、第二季度(4月、5月、6月)、第三季度(7月、8月、9月)和第四季度(10月、11月和12月)。

1.18 期间的顺延:信托文件约定的接收款项或支付款项的日期如遇法定节假日,则顺延至法定节假日后的第一个工作日。

1.19 本合同所称"以上""以下""以内""届满",均包括本数;所称的"不满"、"以外",均不包括本数。

第二条 信托目的

委托人基于对受托人的信任,自愿将自己合法拥有的资金信托给受托人,由受托人按照委托人的意愿,以自己的名义,为受益人的利益,根据信托文件的约定管理、运用和处分信托财产,以实现:家庭财产的保护、管理和传承的信托目的。

第三条 信托预计期限和信托本金

3.1 信托预计期限:20年,自本信托生效之日起计算。信托预计期限届满时,如信托项下存在非现金财产的,受托人有权决定将信托期限延期至信托财产全部变现之日,或将信托财产以维持信托预计期限届满时信托财产的原状方式进行分配。预计期限届满前,出现本合同约定的信托提前终止情形的,信托将提前终止。

3.2　信托本金金额：委托人首期交付的信托本金金额应不低于人民币贰仟伍佰万元(小写：¥25,000,000.00)。信托存续期间，委托人可以继续交付信托本金，但每次交付的信托本金金额均不得低于100万元，累计交付的信托本金金额应不超过1亿元。委托人应于每次交付信托本金时签署《××家族信托11号信托财产管理、运用风险申明书(第N期信托本金)》，如委托人以共有财产设立/加入本信托的，委托人还应向受托人提供《财产共有人知情同意函》，委托人与受托人无须再签署信托合同，委托人每次加入信托的本金金额最终均以受托人宣告的本金金额为准。

第四条　受益人或受益人范围

4.1　本信托成立时，初始受益人为：

受益人1：

姓　名：林某泉

证件名称：身份证

证件号码：××××

通信地址：××××

电　话：××××

电子邮箱：××××

受益人2：

姓　名：王某娟

证件名称：身份证

证件号码：××××

通信地址：××××

电　话：××××

电子邮箱：××××

4.2　本信托生效时各受益人的受益占比：各占50%。

4.3　本信托存续期间受益人不超过3个，委托人有权对信托受益人和信托受益权进行调整，包括但不限于变更、增加新受益人(增加后本信托项下全体受益人不得超过3个)、解除原受益人享有的信托受益权、调高或调低各受益人受益权占比。委托人对信托受益人和/或信托受益权进行调整的，应当提前向受托人发出书面通知。

4.4 本信托成立后，出现下列情形的，受益人发生相应的变更：

4.4.1 受益人放弃信托受益权的；

4.4.2 受益人去世的；

4.4.3 受益人对委托人有重大侵权行为导致委托人身故、全部或部分丧失民事行为能力的；

4.4.4 其他符合本信托文件或法律规定的行为。

第五条 信托财产的管理和运用

5.1 本信托的管理团队具体如下：

序号	姓名	证件类型	证件号码
1	王某某	身份证	×××××××××××
2	孙某某	身份证	×××××××××××

5.2 信托单独核算

受托人为本信托在银行设立专用账户，单独核算本信托项下的资金来源、运用与信托损益，确保本信托项下的财产与受托人的固有财产和受托人管理的其他信托项下的财产分别管理、分别核算。

5.3 信托财产专户

账户名：××××

开户行：××××

账　号：××××

5.4 信托财产的运用

5.4.1 信托生效后，受托人应当按照如下可投资资产及投资比例进行投资管理：

投资资产	投资比例
各类银行存款、货币市场基金	0～100%
信托产品，不包括结构化证券投资信托的劣后级受益权	0～100%
债券、债券型基金产品	0～30%
券商资管产品、基金子公司资管产品	0～100%
信托业保障基金	0～1%

注：各类资产的投资比例＝每次完成投资时投资该类资产的资产总值÷每次完成投资时信托项下的全部资产总值。

受托人按照上述比例要求进行投资后，因市场行情波动、信托利益分配等原因导致投资各类资产的投资比例不符合上述比例限制的（被动超标），受托人无须按照上述标准进行调整。

5.4.2　受托人超出本合同第5.4.1条约定的投资资产、投资比例进行投资的，需事先征得委托人的书面同意。

5.4.3　委托人知晓并接受，根据法律法规和监管要求，本信托成立后，受托人将以信托本金金额的1%认购信托业保障基金，该等认购行为系本信托财产投资的一部分，所产生的投资收益归属信托财产。

根据《信托业保障基金管理办法》及其他相关监管要求，信托业保障基金按照中国人民银行公布的一年期定期存款基准利率计算投资收益，季中发生本信托清算的，由受托人先行垫付应向本信托分配的信托业保障基金的本金及收益。因此，本信托清算时，受托人按照受托人核算的金额向信托财产专户先行垫付本信托对应的信托业保障基金的本金与收益（收益计算至信托终止日）。但由于中国人民银行公布的一年期定期存款基准利率在中国信托业保障基金公司实际分配日可能出现变化，受托人核算并先行垫付的金额与中国信托业保障基金公司实际向本信托分配的信托业保障基金本金与收益金额之间可能存在差额。受益人在此同意：该部分差额不退不补，中国信托业保障基金公司实际向本信托分配的信托业保障基金本金与收益超出受托人先行垫付的部分，归受托人所有。

第六条　信托利益的计算与分配

信托利益是指受益人因持有信托受益权享有的利益，包括定期分配的信托利益和临时分配的信托利益。

当期信托财产净收益＝两者中孰低者（当期信托财产收入；分配基准日当日信托财产专户内未受限制的现金金额）－信托财产应付未付的税费、其他费用（不含受托人报酬）和所负债务。

为本条之解释，首期是指自信托生效日起（含当日）至首个分配基准日（含当日）的期间；首期之后的当期是指上个分配基准日的次日（含当日）至本分配基准日（含当日）的期间；末期是指上个分配基准日的次日（含当日）至信托终止日（含当日）的期间。

信托生效后，信托利益分配基准日包括固定分配基准日和临时分配基准日，其中，固定分配基准日为每年的3月30日、6月30日、9月30日以及12月30日和信托终止日，临时分配基准日以委托人送达的《信托利益临时分配通知书》载明的为准。

6.1 信托利益的定期分配

6.1.1 定期分配的全体受益人当期信托利益=当期信托财产净收益×99.5%。

注：本条款所列公式中的"当期"仅包括固定分配基准日与其上一分配基准日的期间。

6.1.2 受托人于各固定分配基准日后12个工作日内，按照各受益人的受益权占比向各受益人分配当期信托利益。各受益人的受益权占比之和应等于100%，信托存续期间，若因受益权调整等原因导致各受益人的受益权占比之和不等于100%的，受托人按照各受益人的受益权占比的比例向各受益人分配信托利益。如受益人1的受益权占比为40%，受益人2的受益权占比为20%，受益人3的受益权占比为10%，则受托人将按照4:2:1的比例将当期全部信托利益向各受益人分配信托利益。

6.2 信托利益的临时分配

6.2.1 信托存续满1年之日起，委托人有权决定临时分配信托利益，但应至迟于该临时分配基准日前第10个工作日向受托人送达《信托利益临时分配通知书》。《信托利益临时分配通知书》应当列明拟分配的受益人、信托利益临时分配基准日、信托利益分配金额、受益人信托利益分配比例。本款项下受益人信托利益分配比例不受受益权占比的约束，也不构成对受益权占比的调整。

6.2.2 受托人收到《信托利益临时分配通知书》后，应配合委托人对信托财产进行变现。对于信托项下可随时赎回的信托财产，受托人应于收到该通知书后及时进行变现；对于信托项下不能赎回的信托财产，如信托产品、券商资管产品和基金子公司资管产品的，委托人与受托人双方协商处置，但受托人无变现该信托财产的义务。

6.2.3 如临时分配基准日信托财产专户内的净现金余额（信托财产专户内现金扣除信托财产当期应承担的税费、其他费用和所负债务后的余额,下同)低于《信托利益临时分配通知书》确定的信托利益分配金额的,则受托人以信托财产专户内的净现金余额为限,按照《信托利益临时分配通知书》确定的信托利益分配比例向受益人分配信托利益,即完成了信托利益的分配。

如该临时分配基准日为非工作日的,则受托人于该临时分配基准日后2个工作日内向受益人分配信托利益。

6.3　委托人交付的信托本金自到达信托财产专户日至受托人宣告该期信托本金加入本信托之日(不含)期间产生的利息属于信托财产的一部分,由受托人进行运用;该期信托本金未能加入本信托的,在受托人宣告该期信托本金未能加入本信托之日起10个工作日内将该期信托本金(不含利息)退还给委托人。

第七条　信托财产承担的税费、其他费用和所负债务

7.1　委托人、受益人按照法律的规定分别履行各自的缴纳义务,受托人不进行代扣代缴。但因法律变更导致受托人需对上述税费履行代扣代缴义务的,受托人将及时通知委托人、受益人,并依相关法律规定履行代扣代缴义务。

7.2　受托人因处理信托事务所发生的税费、其他费用、负担的其他债务(含受托人因处理信托事务对外承担的违约责任、侵权责任、赔偿责任等,下同)由信托财产承担。信托财产不足以承担的,由委托人、受益人连带承担。

7.3　信托财产应承担的其他费用,在信托财产中支取。包括但不限于:

(1)信托成立、管理和终止清算过程中发生的管理费(包括但不限于账户管理费、POS机手续费、资金汇划费、信息披露费、证券交易佣金、交易手续费、文件制作费、印刷费、资料费、邮递费、差旅费等);

(2)审计费、律师费、评估费、监管费、保全服务费等中介费用;

(3)保管费;

(4)受托人报酬;

(5)为实施和管理信托而发生的顾问咨询类费用(包括但不限于财务顾问费、咨询服务费、调研费等);

(6)诉讼费、仲裁费、公证费;

(7)信托财产清收变现费用(包括但不限于拍卖佣金、资产保全费、公告费、执行费等);

(8)依法可以列支的其他费用。

第八条　受托人报酬的计算及收取方式

8.1　自本信托生效之日起,至信托财产全部返还给信托财产权利归属人之前,受托人有权收取信托报酬。

8.2　信托报酬的金额及计算方式如下:

受托人报酬 = 当期信托财产净收益 ×5‰。受托人报酬的收取基准日为每年3月30日、6月30日、9月30日以及12月30日、信托利益临时分配基准日和信托终止日。

第九条　信托的变更与终止

9.1　发生以下情形之一的,本信托终止:

(1)委托人身故时委托人是唯一受益人的,委托人的继承人可以解除本信托;

(2)信托的存续违反信托目的;

(3)信托目的已经实现或不能实现;

(4)委托人和受托人协商一致同意终止本信托;

(5)信托被撤销;

(6)信托预计期限届满且未延期的;

(7)全体受益人放弃和/或丧失信托受益权;

(8)受托人职责终止,未能按照有关规定产生新受托人;

(9)受托人认为信托继续存续可能导致受托人面临较大风险(包括但不限于法律合规风险、声誉风险)或因法律、监管文件调整导致信托不能继续合法合规存续,决定提前终止本信托的;

(10)延期期间,受托人决定终止本信托;

(11)法律规定的其他事由。

9.2　本信托终止时,信托财产按照以下顺序进行核算和分配:

(1)信托财产应承担的税费、其他费用和所负债务;

(2)受益人当期信托利益。

如信托财产存在现金资产和非现金资产的，受托人将现金财产按照本条约定的分配顺序进行分配，前一项能够得到足额分配后开始进入下一项的分配。

9.3 本信托终止后，受托人按照本条第9.2款的规定扣除信托财产应承担的税费、其他费用和所负债务及受益人当期信托利益后10个工作日内，将剩余信托财产移交给信托财产权利归属人。

9.4 信托终止后10个工作日受托人应当作出处理信托事务的《清算报告》。《清算报告》需经独立审计机构审计，并交给受益人、信托财产权利归属人，受益人、信托财产权利归属人对《清算报告》无异议的，受托人就清算报告所列事项解除责任。

第十条 委托人的权利和义务

10.1 委托人的权利

(1)了解信托财产的管理、运用、处分及收支情况，并有权要求受托人作出说明；

(2)查阅、抄录或者复制与信托财产有关的信托账目以及处理信托事务的其他文件；

(3)受托人违反本合同约定的信托目的管理、运用、处分信托财产，或处理信托事务不当，致使信托财产受到损失的，委托人有权要求受托人恢复原状或赔偿损失；

(4)受托人处分信托财产存在重大过失的，委托人有权解任受托人；

(5)有权根据信托文件的约定，对信托受益人和信托受益权进行调整；

(6)法律或信托文件规定的其他权利。

10.2 委托人的义务

(1)除法律及信托文件另有约定外，委托人不能随意撤销、解除本信托或主张信托无效；

(2)委托人对信托资金来源、信托目的的合法合规性负责，保证按本合同约定交付信托本金，信托本金为共有财产的，保证以该共有财产设立信托已经取得了其他共有人的同意；

(3)委托人保证未使用非自有资金设立或加入本信托，且设立本信托未损害债权人利益；

(4)委托人保证约定向受托人提供法律规定和本合同约定的信息(包括受益人应提供的信息)并保证所披露信息的真实、准确和完整;

(5)签署包括本合同在内的信托文件的行为及指定受益人的行为需要获得批准、授权或同意的,保证已履行必要的批准、授权手续或已获得同意;

(6)保证其设立信托的目的合法,不得要求受托人通过非法方式或手段管理信托财产,不得通过信托方式为任何人谋求非法利益。如受托人因设立、管理、实施本信托或者因本信托被认定为无效或被撤销而受到损失(包括对第三方或受益人承担责任、受到处罚等)的,由委托人予以赔偿;

(7)不得使用贷款等筹集的非自有资金设立或加入本信托;

(8)信托文件及法律规定的其他义务。

第十一条　受托人的权利和义务

11.1　受托人的权利

(1)要求委托人提供委托人、受益人的身份证明文件;

(2)根据信托文件的规定,行使信托财产上的权利,并根据信托文件的约定自主管理、运用和处分信托财产;

(3)按照信托文件的约定收取受托人报酬;

(4)根据实际情况将信托事务委托他人代为处理,或聘请专业的第三方机构为信托提供服务;

(5)委托人的通知和要求违反法律或本合同约定的,或未按照本合同约定的时间送达给受托人的,或未给予受托人足够时间予以执行的,或执行委托人的通知和要求将对受托人增加不合理负担的,或委托人的通知和要求内容不具有可执行性的,受托人有权拒绝;

(6)认为信托继续存续可能导致受托人面临风险(包括但不限于法律合规风险、声誉风险)或因法律、监管文件调整导致信托不能继续合法合规存续的,有权决定提前终止本信托;

(7)根据实际情况,自主判断本合同约定的信托终止情形是否已经发生,并自主决定是否终止本信托;

(8)根据实际情况通过变卖、拍卖或其他途径进行信托财产的清收变现工作;

(9)信托延期期间,受托人有权随时决定提前终止本信托;

(10)信托文件和有关法律规定的其他权利。

11.2 受托人的义务

(1)按照信托文件约定运用信托本金;

(2)依照法律规定及本信托合同的约定按时披露信息,并保证所披露的信息的真实性、准确性和完整性;

(3)根据信托文件的约定,以信托财产为限向受益人支付信托利益;

(4)对委托人、受益人以及处理信托事务的情况和资料依法保密,但法律另有规定,或应国家机关或监管部门要求,或向律师事务所、会计师事务所等信托的中介服务机构披露,或因处理信托事务必须披露的情形除外;

(5)妥善保管处理信托事务的完整记录、原始凭证及资料;

(6)信托文件及法律规定的其他义务。

第十二条 受益人的权利和义务

12.1 受益人的权利

(1)初始受益人自本信托生效之日起享有信托受益权,其他受益人自委托人根据本合同约定指定成为本信托项下受益人之日起享有信托受益权;

(2)受益人有权单方面放弃其享有的信托受益权,但需书面通知受托人和委托人,自该通知送达受托人之日起,该受益人不再享有信托受益权;

(3)信托文件及有关法律规定的其他权利。

12.2 受益人的义务

(1)本合同有关的受益人资料发生变更时,及时通知受托人;

(2)接受委托人根据信托文件约定和法律规定对其信托受益权进行的变更;

(3)对受托人披露的相关信息负有保密义务,但法律另有规定的除外;

(4)信托文件及法律规定的其他义务。

第十三条 风险揭示和承担

信托合同所揭示的风险仅为例示性质，未能穷尽信托可能面临的全部风险和可能造成信托财产损失的所有因素。所有风险都可能导致信托财产遭受损失。

13.1 风险揭示

13.1.1 法律风险

法律风险是指因无法满足或违反法律要求，导致信托文件无法履行、发生争议/诉讼或其他法律纠纷，从而导致信托财产经济损失的风险。

委托人不符合《信托法》的要求，委托人以不能确定的财产、非法财产或《信托法》规定不得设立信托的财产设立信托，受益人或者受益人范围不能确定，委托人设立信托损害债权人利益的，将造成信托无效或被撤销的法律风险。

虽然根据《信托法》第15条、第16条的规定，委托人设立信托的财产独立于委托人的非信托财产和受托人的固有财产及受托人管理的其他信托财产。但若存在债权人在信托成立前已对信托财产享有优先受偿权等情形及法律规定的其他情形下，债权人依然可就信托财产申请强制执行或者拍卖等。

尽管委托人在本合同中明确“受益人(委托人作为受益人的除外)享有的信托受益权、获得的信托收益及信托终止时除委托人之外的信托财产归属人获得的信托财产均仅属于受益人或信托财产归属人的个人财产”，但由于现行法律并未明确规定上述财产为受益人或信托财产归属人的个人财产，故受益人享有的信托受益权、获得的信托收益及信托终止时的信托财产归属人获得的信托财产均存在被司法机关认定为夫妻双方共有财产的可能。

13.1.2 投资管理风险

投资风险是指由于对所投资产走势判断或投资策略失误，出现信托财产所投产品利润较低或亏损，甚至无法清算等情形，导致信托财产经济损失的风险。

管理风险是指由于人为错误、技术缺陷或不利的外部事件等因素导致信托财产经济损失的风险。受托人在资金控制、尽职管理过程中，如操作不规范,管理不到位,将造成一定的风险。

13.1.3　信托财产登记风险

我国信托财产的登记制度尚未建立,有关信托财产与受托人固有财产分离、除法律规定情形外信托财产不得强制执行以及其他保护信托财产的相关规定在实践中可能产生不同理解,并可能对委托人和受益人造成损害。

13.1.4　利率调整风险

利率调整风险是指市场利率变动给信托财产造成的风险。

如中国人民银行在信托存续期间上调基准利率水平,则委托人会面临着资金机会成本增加,相对投资收益降低的情形。

13.1.5　受益人、受益权调整风险

本信托中由于委托人可以随时变更、增加或减少受益人、调高或调低受益人受益权额度,可能会出现某受益人对调整不服而提起异议。

13.1.6　流动性风险

流动性风险是指信托财产未能及时变现或未能以合理的价格变现,从而导致信托财产遭受经济损失的风险。

本信托投资的信托产品、券商资管产品、基金子公司资管产品等,可能未设置赎回条款或者仅设置在指定的时间赎回,且目前也没有公开的交易市场,流动性受限;尽管本合同约定委托人有权决定临时分配信托利益,但因流动性受限,存在受益人不能按照《信托利益临时分配通知书》确定的分配时间和金额收到信托利益的风险。

13.1.7　税务风险

信托存续期间,因税务相关的法律、政策、监管要求的实施、调整,信托财产按照要求缴纳税费,可能导致受益人信托利益减少的风险。信托已终止的,受托人有权向受益人追索。

受益人应当按照税收相关的法律、政策、监管要求的规定自行缴纳税费,受托人不具有代扣代缴的义务。因税收相关的法律、政策、监管要求调整导致受托人须履行代扣代缴义务的,受托人将及时通知受益人,并按照规定履行代扣代缴义务,受益人实际取得的信托利益的可能因税收相关的法律、政策、监管要求的调整而受到不利影响。

如本信托通过资产管理计划、信托计划、私募投资基金等资管产品进行间接投资的，因税务相关的法律、政策、监管要求的实施、调整，该资管产品按照要求缴纳税费，可能会对本信托的投资收益产生不利影响，受益人实际取得的信托利益可能因此减少。无论本信托是否终止，如资管产品在本信托存续期间支付给本信托的金额未扣除完毕应纳税额，导致资管产品管理人向受托人追索相应款项的，受托人有权向受益人追索相应款项并返还给该资管产品管理人，则受益人已实际取得的相应信托利益存在因此返还给受托人的风险。

13.1.8　不可抗力风险

不可抗力是指直接或间接因受托人所不能控制的情况、环境导致受托人延迟或未能履行本合同规定的义务，或因前述情况、环境直接或间接导致本信托财产损失的风险。该等情况、环境包括但不限于政府限制、电子或机械设备或通讯线路失灵、电话或其他接收系统出现问题、战争、罢工、社会骚乱、恐怖活动、自然灾害等。

其他风险主要包括因宏观经济政策调整或相关法律的变化对信托财产产生影响的风险。

13.2　风险承担

本合同所列风险揭示为受托人依据自身知识和经验所进行的判断，仅供委托人参考，受托人对本信托存在的风险不承担实质判断责任。委托人为本信托的风险承担主体。

受托人根据当时有效的法律法规、监管部门的规定和信托文件的规定管理、运用或处分信托财产，因作为或者不作为导致信托财产受到损失的，其损失部分由信托财产承担。

受托人违反信托文件的约定管理、运用和处分信托财产，导致信托财产受到损失的，受托人负责赔偿，不足赔偿的，由信托财产承担。

受托人有权不予接受委托人以任何默示方式发出的通知或指令，并对由此给信托财产及受益人造成的损失不承担责任。

受托人承诺履行并仅履行法律和信托文件明确规定的职责和义务，受托人不承担任何默示的承诺或者义务。

第十四条　通知和送达

14.1　受托人向委托人或受益人发出与本合同有关的信息披露、通知、公告或回复,应以专人送递、挂号邮递、特快专递方式发出;委托人或受益人向受托人发出与本合同有关的指令、信息披露、通知或回复,应以专人送递、挂号邮递、特快专递方式发出。下列情形视为送达:

(1)以专人送递的,在收件人签收之日;

(2)以挂号邮递发出的,发出通知方持有的国内挂号函件收据所示日后第5个工作日;

(3)以特快专递发出的,发出通知方持有的发送凭证上记载的日期起第3个工作日;

如通过上述方式送达,收件人签收时间早于上述约定的视为送达时间的,则以收件人签收时间为送达时间。

14.2　地址变更的告知

委托人、受益人通讯地址、联系方式发生变化,应在发生变化后的10个工作日内通知受托人。如因委托人、受益人没有及时通知受托人导致与本合同有关的通知或回复无法及时、准确送达的,委托人、受益人应承担因此产生的一切相关后果及法律责任。

14.3　信托利益划付账户变更的告知

受益人信托利益划付账户发生变化时,受益人应当持受托人要求的身份证明文件到受托人营业场所办理信托利益划付账户变更手续。如因受益人账户发生变更却未及时办理变更手续,而导致信托利益无法划付的,将由受托人暂为保管,由此产生的保管费用由代保管财产承担或由委托人、受益人连带承担。

第十五条　违约责任和争议解决方式

15.1　本合同的订立、生效、履行、解释、修改、终止和违约责任等争议事项适用中华人民共和国法律。

15.2　若委托人、受益人或受托人未履行其在本合同项下的义务,或一方在本合同项下的保证严重失实或不准确,视为该方违反本合同。本合同的违约方应赔偿因其违约而给本信托项下其他守约方造成的全部损失。如受益人违约的,委托人与受益人连带向受托人承担违约赔偿责任。

15.3　本信托计划被撤销、被解除、被确认无效或非因受托人原因导致信托计划终止，均不视为受托人违约，由此而给信托财产造成损失的，由委托人、受益人自担，如给受托人造成损失的，由信托财产承担。

15.4　本合同项下的任何争议，双方应友好协商解决；若协商不成，应向受托人住所地有管辖权的法院提起诉讼。

第十六条　其他事项

16.1　合同组成

本合同附页、根据本合同形成或附加的其他一切补充（修改）协议、文件构成对本合同的附加，并与本合同形成一个不可分割的整体，与本合同具有同等法律效力。

16.2　合同生效

本合同自委托人、受托人签署之日起生效。

委托人签署信托合同即代表委托人、受益人已仔细阅读过全部信托文件，并同意其中的全部约定。

16.3　信托生效

本信托自本合同生效且委托人根据本合同约定向受托人交付信托本金并由受托人宣告信托生效之日起生效。

即使本合同已生效，但受托人认为继续实施本信托风险较大的，有权决定本信托不生效。如受托人决定本信托不生效的，应当在信托财产专户收到信托本金之日后10个工作日内将信托本金退还给委托人，受托人无须另行通知委托人，委托人应自行承担信托不生效的风险及相应损失。

16.4　合同份数及效力

本合同壹式贰份，委托人持壹份，受托人持壹份，各文本具同等法律效力。

委托人（签字）：	受托人（签章）：
	法定代表人或授权代表：
××××年××月××日	××××年××月××日
	签署地点：××××

七、继承涉税知识点

1. 法定继承人继承

项目	契税	房产税	个人所得税	印花税
居住性房产	不征税	不征税	不征税	按房产评估价 ×0.05% 缴纳
商业性房产	不征税	继承过户环节不征税，过户后持有年度缴纳房产税	不征税	按房产评估价 ×0.05% 缴纳
股权	不征税	不征税	不征税	无
其他财产	不征税	不征税	不征税	无

2. 非法定继承人继承

项目	契税	房产税	个人所得税	印花税
居住性房产	按房产评估价的 1.5% ~5% 幅度税率征税	不征税	不征税	按房产评估价 × 0.05% 缴纳
商业性房产	按房产评估价的 1.5% ~5% 幅度税率征税	继承过户环节不征税，过户后持有年度缴纳房产税	不征税	按房产评估价 × 0.05% 缴纳
股权	不征税	不征税	不征税	无
其他财产	不征税	不征税	不征税	无

注：契税具体税率由各省、自治区、直辖市人民政府可以在 3% ~5% 的幅度税率规定范围内，按照该地区的实际情况决定。

法条依据：根据 2020 年 8 月 11 日最新颁布的《中华人民共和国契税法》，2021 年 9 月 1 日正式实施。

依据《中华人民共和国契税法》第 6 条，有下列情形之一的，免征契税：

1. 国家机关、事业单位、社会团体、军事单位承受土地、房屋权属用于办公、教学、医疗、科研、军事设施；

2. 非营利性的学校、医疗机构、社会福利机构承受土地、房屋权属用于办公、教学、医疗、科研、养老、救助；

3. 承受荒山、荒地、荒滩土地使用权用于农、林、牧、渔业生产；

4. 婚姻关系存续期间夫妻之间变更土地、房屋权属；

5. 法定继承人通过继承承受土地、房屋权属；

6. 依照法律规定应当予以免税的外国驻华使馆、领事馆和国际组织驻华代表机构承受土地、房屋权属。

根据国民经济和社会发展的需要，国务院对居民住房需求保障、企业改制重组、灾后重建等情形可以规定免征或者减征契税，报全国人民代表大会常务委员会备案。

八、个人债务与夫妻共同债务知识点

- 离婚债务
  - 个人债务
    - 1.个人名义所负，且未用于家庭共同生活
    - 2.个人名义所负，债权人也未能提供证据证明用于共同生产经营或基于夫妻双方共同意思表示
    - 3.一方在违法犯罪活动中所负的债务，如赌博、吸毒所负的债务
    - 4.遗嘱或赠与合同中确定只归夫或妻一方的财产，与遗嘱或赠与合同附随的债务
    - 5.未经对方同意，擅自资助没有扶养义务的人所负的债务
    - 6.夫妻一方未经对方同意，独自筹资从事生活、经营活动所负的债务且收入确未用于共同生活的
  - 夫妻共同债务
    - 夫妻双方共同确认
      - 夫妻双方共同签名（如在《借款协议》《借条》等书面文件中的借款人一栏共同签名，也称“事中承认”）
      - 夫妻一方事后追认（如通过电话、微信、短信、电子邮件或其他形式的事后追认）
    - 夫妻单方确认
      - 婚姻关系存续期间，以个人名义所负用于家庭日常生活
      - 婚姻关系存续期间，以个人名义所负，超出日常家庭生活所需，但债权人能够证明该笔款项已经用于夫妻共同生活、共同生产经营或基于夫妻双方共同意思表示
  - 交叉债务（同一债务中既有用于家庭共同生活的，又有用于非家庭共同生活的）
    - 用于家庭共同生活所负的债务，为夫妻共同债务
    - 超出家庭共同生活所负的债务，且债权人不能证明有《民法典》第1064条规定的情形的，为个人债务，由债务人个人负担

九、《民法典》与《婚姻法》《继承法》部分知识点对照表

《民法典》婚姻家庭编	《婚姻法》
第一章　一般规定	
第一千零四十条　本编调整因婚姻家庭产生的民事关系。	
第一千零四十一条　婚姻家庭受国家保护。 实行婚姻自由、一夫一妻、男女平等的婚姻制度。 保护妇女、未成年人、老年人、残疾人的合法权益。	第二条　实行婚姻自由、一夫一妻、男女平等的婚姻制度。 保护妇女、儿童和老人的合法权益。 实行计划生育。
第一千零四十二条　禁止包办、买卖婚姻和其他干涉婚姻自由的行为。禁止借婚姻索取财物。 禁止重婚。禁止有配偶者与他人同居。 禁止家庭暴力。禁止家庭成员间的虐待和遗弃。	第三条　禁止包办、买卖婚姻和其他干涉婚姻自由的行为。禁止借婚姻索取财物。 禁止重婚。禁止有配偶者与他人同居。禁止家庭暴力。禁止家庭成员间的虐待和遗弃。
第一千零四十三条　家庭应当树立优良家风，弘扬家庭美德，重视家庭文明建设。 夫妻应当互相忠实，互相尊重，互相关爱；家庭成员应当敬老爱幼，互相帮助，维护平等、和睦、文明的婚姻家庭关系。	第四条　夫妻应当互相忠实，互相尊重；家庭成员间应当敬老爱幼，互相帮助，维护平等、和睦、文明的婚姻家庭关系。
第一千零四十五条　亲属包括配偶、血亲和姻亲。 配偶、父母、子女、兄弟姐妹、祖父母、外祖父母、孙子女、外孙子女为近亲属。 配偶、父母、子女和其他共同生活的近亲属为家庭成员。	

《民法典》婚姻家庭编	《婚姻法》
第二章　结　　婚	
第一千零四十六条　结婚应当男女双方完全自愿,禁止任何一方对另一方加以强迫,禁止任何组织或者个人加以干涉。	第五条　结婚必须男女双方完全自愿,不许任何一方对他方加以强迫或任何第三者加以干涉。
第一千零四十七条　结婚年龄,男不得早于二十二周岁,女不得早于二十周岁。	第六条　结婚年龄,男不得早于二十二周岁,女不得早于二十周岁。晚婚晚育应予鼓励。
第一千零四十八条　直系血亲或者三代以内的旁系血亲禁止结婚。	第七条　有下列情形之一的,禁止结婚: (一)直系血亲和三代以内的旁系血亲; (二)患有医学上认为不应当结婚的疾病。
第一千零四十九条　要求结婚的男女双方应当亲自到婚姻登记机关申请结婚登记。符合本法规定的,予以登记,发给结婚证。完成结婚登记,即确立婚姻关系。未办理结婚登记的,应当补办登记。	第八条　要求结婚的男女双方必须亲自到婚姻登记机关进行结婚登记。符合本法规定的,予以登记,发给结婚证。取得结婚证,即确立夫妻关系。未办理结婚登记的,应当补办登记。
第一千零五十条　登记结婚后,按照男女双方约定,女方可以成为男方家庭的成员,男方可以成为女方家庭的成员。	第九条　登记结婚后,根据男女双方约定,女方可以成为男方家庭的成员,男方可以成为女方家庭的成员。
第一千零五十一条　有下列情形之一的,婚姻无效: (一)重婚; (二)有禁止结婚的亲属关系; (三)未到法定婚龄。	第十条　有下列情形之一的,婚姻无效: (一)重婚的; (二)有禁止结婚的亲属关系的; (三)婚前患有医学上认为不应当结婚的疾病,婚后尚未治愈的; (四)未到法定婚龄的。
第一千零五十二条　因胁迫结婚的,受胁迫的一方可以向人民法院请求撤销婚姻。 请求撤销婚姻的,应当自胁迫行为终止之日起一年内提出。 被非法限制人身自由的当事人请求撤销婚姻的,应当自恢复人身自由之日起一年内提出。	第十一条　因胁迫结婚的,受胁迫的一方可以向婚姻登记机关或人民法院请求撤销该婚姻。受胁迫的一方撤销婚姻的请求,应当自结婚登记之日起一年内提出。被非法限制人身自由的当事人请求撤销婚姻的,应当自恢复人身自由之日起一年内提出。

续表

《民法典》婚姻家庭编	《婚姻法》
第一千零五十三条　一方患有重大疾病的,应当在结婚登记前如实告知另一方;不如实告知的,另一方可以向人民法院请求撤销婚姻。 请求撤销婚姻的,应当自知道或者应当知道撤销事由之日起一年内提出。	
第一千零五十四条　无效的或者被撤销的婚姻自始没有法律约束力,当事人不具有夫妻的权利和义务。同居期间所得的财产,由当事人协议处理;协议不成的,由人民法院根据照顾无过错方的原则判决。对重婚导致的无效婚姻的财产处理,不得侵害合法婚姻当事人的财产权益。当事人所生的子女,适用本法关于父母子女的规定。 婚姻无效或者被撤销的,无过错方有权请求损害赔偿。	第十二条　无效或被撤销的婚姻,自始无效。当事人不具有夫妻的权利和义务。同居期间所得的财产,由当事人协议处理;协议不成时,由人民法院根据照顾无过错方的原则判决。对重婚导致的婚姻无效的财产处理,不得侵害合法婚姻当事人的财产权益。当事人所生的子女,适用本法有关父母子女的规定。
第三章　家庭关系	
第一节　夫妻关系	
第一千零五十五条　夫妻在婚姻家庭中地位平等。	第十三条　夫妻在家庭中地位平等。
第一千零五十六条　夫妻双方都有各自使用自己姓名的权利。	第十四条　夫妻双方都有各用自己姓名的权利。
第一千零五十七条　夫妻双方都有参加生产、工作、学习和社会活动的自由,一方不得对另一方加以限制或者干涉。	第十五条　夫妻双方都有参加生产、工作、学习和社会活动的自由,一方不得对他方加以限制或干涉。
第一千零五十八条　夫妻双方平等享有对未成年子女抚养、教育和保护的权利,共同承担对未成年子女抚养、教育和保护的义务。	第二十一条第一款　父母对子女有抚养教育的义务;子女对父母有赡养扶助的义务。
第一千零五十九条　夫妻有相互扶养的义务。 需要扶养的一方,在另一方不履行扶养义务时,有要求其给付扶养费的权利。	第二十条　夫妻有互相扶养的义务。 一方不履行扶养义务时,需要扶养的一方,有要求对方付给扶养费的权利。

续表

《民法典》婚姻家庭编	《婚姻法》
第一千零六十条　夫妻一方因家庭日常生活需要而实施的民事法律行为，对夫妻双方发生效力，但是夫妻一方与相对人另有约定的除外。 夫妻之间对一方可以实施的民事法律行为范围的限制，不得对抗善意相对人。	
第一千零六十一条　夫妻有相互继承遗产的权利。	第二十四条第一款　夫妻有相互继承遗产的权利。
第一千零六十二条　夫妻在婚姻关系存续期间所得的下列财产，为夫妻的共同财产，归夫妻共同所有： （一）工资、奖金、劳务报酬； （二）生产、经营、投资的收益； （三）知识产权的收益； （四）继承或者受赠的财产，但是本法第一千零六十三条第三项规定的除外； （五）其他应当归共同所有的财产。 夫妻对共同财产，有平等的处理权。	第十七条　夫妻在婚姻关系存续期间所得的下列财产，归夫妻共同所有： （一）工资、奖金； （二）生产、经营的收益； （三）知识产权的收益； （四）继承或赠与所得的财产，但本法第十八条第三项规定的除外； （五）其他应当归共同所有的财产。 夫妻对共同所有的财产，有平等的处理权。
第一千零六十三条　下列财产为夫妻一方的个人财产： （一）一方的婚前财产； （二）一方因受到人身损害获得的赔偿或者补偿； （三）遗嘱或者赠与合同中确定只归一方的财产； （四）一方专用的生活用品； （五）其他应当归一方的财产。	第十八条　有下列情形之一的，为夫妻一方的财产： （一）一方的婚前财产； （二）一方因身体受到伤害获得的医疗费、残疾人生活补助费等费用； （三）遗嘱或赠与合同中确定只归夫或妻一方的财产； （四）一方专用的生活用品； （五）其他应当归一方的财产。
第一千零六十四条　夫妻双方共同签名或者夫妻一方事后追认等共同意思表示所负的债务，以及夫妻一方在婚姻关系存续期间以个人名义为家庭日常生活需要所负的债务，属于夫妻共同债务。 夫妻一方在婚姻关系存续期间以个人名义超出家庭日常生活需要所负的债务，不属于夫妻共同债务；但是，债权人能够证明该债务用于夫妻共同生活、共同生产经营或者基于夫妻双方共同意思表示的除外。	

续表

《民法典》婚姻家庭编	《婚姻法》
第一千零六十五条　男女双方可以约定婚姻关系存续期间所得的财产以及婚前财产归各自所有、共同所有或者部分各自所有、部分共同所有。约定应当采用书面形式。没有约定或者约定不明确的,适用本法第一千零六十二条、第一千零六十三条的规定。 夫妻对婚姻关系存续期间所得的财产以及婚前财产的约定,对双方具有法律约束力。 夫妻对婚姻关系存续期间所得的财产约定归各自所有,夫或者妻一方对外所负的债务,相对人知道该约定的,以夫或者妻一方的个人财产清偿。	第十九条　夫妻可以约定婚姻关系存续期间所得的财产以及婚前财产归各自所有、共同所有或部分各自所有、部分共同所有。约定应当采用书面形式。没有约定或约定不明确的,适用本法第十七条、第十八条的规定。 夫妻对婚姻关系存续期间所得的财产以及婚前财产的约定,对双方具有约束力。 夫妻对婚姻关系存续期间所得的财产约定归各自所有的,夫或妻一方对外所负的债务,第三人知道该约定的,以夫或妻一方所有的财产清偿。
第一千零六十六条　婚姻关系存续期间,有下列情形之一的,夫妻一方可以向人民法院请求分割共同财产: (一)一方有隐藏、转移、变卖、毁损、挥霍夫妻共同财产或者伪造夫妻共同债务等严重损害夫妻共同财产利益的行为; (二)一方负有法定扶养义务的人患重大疾病需要医治,另一方不同意支付相关医疗费用。	
第二节　父母子女关系和其他近亲属关系	
第一千零六十七条　父母不履行抚养义务的,未成年子女或者不能独立生活的成年子女,有要求父母给付抚养费的权利。 成年子女不履行赡养义务的,缺乏劳动能力或者生活困难的父母,有要求成年子女给付赡养费的权利。	第二十一条　父母对子女有抚养教育的义务;子女对父母有赡养扶助的义务。 父母不履行抚养义务时,未成年的或不能独立生活的子女,有要求父母付给抚养费的权利。 子女不履行赡养义务时,无劳动能力的或生活困难的父母,有要求子女付给赡养费的权利。 禁止溺婴、弃婴和其他残害婴儿的行为。
第一千零六十八条　父母有教育、保护未成年子女的权利和义务。未成年子女造成他人损害的,父母应当依法承担民事责任。	第二十三条　父母有保护和教育未成年子女的权利和义务。在未成年子女对国家、集体或他人造成损害时,父母有承担民事责任的义务。

续表

《民法典》婚姻家庭编	《婚姻法》
第一千零六十九条　子女应当尊重父母的婚姻权利,不得干涉父母离婚、再婚以及婚后的生活。子女对父母的赡养义务,不因父母的婚姻关系变化而终止。	第三十条　子女应当尊重父母的婚姻权利,不得干涉父母再婚以及婚后的生活。子女对父母的赡养义务,不因父母的婚姻关系变化而终止。
第一千零七十条　父母和子女有相互继承遗产的权利。	第二十四条第二款　父母和子女有相互继承遗产的权利。
第一千零七十一条　非婚生子女享有与婚生子女同等的权利,任何组织或者个人不得加以危害和歧视。 不直接抚养非婚生子女的生父或者生母,应当负担未成年子女或者不能独立生活的成年子女的抚养费。	第二十五条　非婚生子女享有与婚生子女同等的权利,任何人不得加以危害和歧视。 不直接抚养非婚生子女的生父或生母,应当负担子女的生活费和教育费,直至子女能独立生活为止。
第一千零七十二条　继父母与继子女间,不得虐待或者歧视。 继父或者继母和受其抚养教育的继子女间的权利义务关系,适用本法关于父母子女关系的规定。	第二十七条　继父母与继子女间,不得虐待或歧视。 继父或继母和受其抚养教育的继子女间的权利和义务,适用本法对父母子女关系的有关规定。
第一千零七十三条　对亲子关系有异议且有正当理由的,父或者母可以向人民法院提起诉讼,请求确认或者否认亲子关系。 对亲子关系有异议且有正当理由的,成年子女可以向人民法院提起诉讼,请求确认亲子关系。	
第一千零七十四条　有负担能力的祖父母、外祖父母,对于父母已经死亡或者父母无力抚养的未成年孙子女、外孙子女,有抚养的义务。 有负担能力的孙子女、外孙子女,对于子女已经死亡或者子女无力赡养的祖父母、外祖父母,有赡养的义务。	第二十八条　有负担能力的祖父母、外祖父母,对于父母已经死亡或父母无力抚养的未成年的孙子女、外孙子女,有抚养的义务。有负担能力的孙子女、外孙子女,对于子女已经死亡或子女无力赡养的祖父母、外祖父母,有赡养的义务。
第一千零七十五条　有负担能力的兄、姐,对于父母已经死亡或者父母无力抚养的未成年弟、妹,有扶养的义务。 由兄、姐扶养长大的有负担能力的弟、妹,对于缺乏劳动能力又缺乏生活来源的兄、姐,有扶养的义务。	第二十九条　有负担能力的兄、姐,对于父母已经死亡或父母无力抚养的未成年的弟、妹,有扶养的义务。由兄、姐扶养长大的有负担能力的弟、妹,对于缺乏劳动能力又缺乏生活来源的兄、姐,有扶养的义务。

续表

《民法典》婚姻家庭编	《婚姻法》
第四章　离　　婚	
第一千零七十六条　夫妻双方自愿离婚的,应当签订书面离婚协议,并亲自到婚姻登记机关申请离婚登记。 离婚协议应当载明双方自愿离婚的意思表示和对子女抚养、财产以及债务处理等事项协商一致的意见。	第三十一条　男女双方自愿离婚的,准予离婚。双方必须到婚姻登记机关申请离婚。婚姻登记机关查明双方确实是自愿并对子女和财产问题已有适当处理时,发给离婚证。
第一千零七十七条　自婚姻登记机关收到离婚登记申请之日起三十日内,任何一方不愿意离婚的,可以向婚姻登记机关撤回离婚登记申请。 前款规定期限届满后三十日内,双方应当亲自到婚姻登记机关申请发给离婚证;未申请的,视为撤回离婚登记申请。	
第一千零七十八条　婚姻登记机关查明双方确实是自愿离婚,并已经对子女抚养、财产以及债务处理等事项协商一致的,予以登记,发给离婚证。	第三十一条　男女双方自愿离婚的,准予离婚。双方必须到婚姻登记机关申请离婚。婚姻登记机关查明双方确实是自愿并对子女和财产问题已有适当处理时,发给离婚证。
第一千零七十九条　夫妻一方要求离婚的,可以由有关组织进行调解或者直接向人民法院提起离婚诉讼。 人民法院审理离婚案件,应当进行调解;如果感情确已破裂,调解无效的,应当准予离婚。 有下列情形之一,调解无效的,应当准予离婚: (一)重婚或者与他人同居; (二)实施家庭暴力或者虐待、遗弃家庭成员; (三)有赌博、吸毒等恶习屡教不改; (四)因感情不和分居满二年; (五)其他导致夫妻感情破裂的情形。 一方被宣告失踪,另一方提起离婚诉讼的,应当准予离婚。 经人民法院判决不准离婚后,双方又分居满一年,一方再次提起离婚诉讼的,应当准予离婚。	第三十二条　男女一方要求离婚的,可由有关部门进行调解或直接向人民法院提出离婚诉讼。 人民法院审理离婚案件,应当进行调解;如感情确已破裂,调解无效,应准予离婚。 有下列情形之一,调解无效的,应准予离婚: (一)重婚或有配偶者与他人同居的; (二)实施家庭暴力或虐待、遗弃家庭成员的; (三)有赌博、吸毒等恶习屡教不改的; (四)因感情不和分居满二年的; (五)其他导致夫妻感情破裂的情形。 一方被宣告失踪,另一方提出离婚诉讼的,应准予离婚。

续表

《民法典》婚姻家庭编	《婚姻法》
第一千零八十条　完成离婚登记,或者离婚判决书、调解书生效,即解除婚姻关系。	
第一千零八十一条　现役军人的配偶要求离婚,应当征得军人同意,但是军人一方有重大过错的除外。	第三十三条　现役军人的配偶要求离婚,须得军人同意,但军人一方有重大过错的除外。
第一千零八十二条　女方在怀孕期间、分娩后一年内或者终止妊娠后六个月内,男方不得提出离婚;但是,女方提出离婚或者人民法院认为确有必要受理男方离婚请求的除外。	第三十四条　女方在怀孕期间、分娩后一年内或中止妊娠后六个月内,男方不得提出离婚。女方提出离婚的,或人民法院认为确有必要受理男方离婚请求的,不在此限。
第一千零八十三条　离婚后,男女双方自愿恢复婚姻关系的,应当到婚姻登记机关重新进行结婚登记。	第三十五条　离婚后,男女双方自愿恢复夫妻关系的,必须到婚姻登记机关进行复婚登记。
第一千零八十四条　父母与子女间的关系,不因父母离婚而消除。离婚后,子女无论由父或者母直接抚养,仍是父母双方的子女。 离婚后,父母对于子女仍有抚养、教育、保护的权利和义务。 离婚后,不满两周岁的子女,以由母亲直接抚养为原则。已满两周岁的子女,父母双方对抚养问题协议不成的,由人民法院根据双方的具体情况,按照最有利于未成年子女的原则判决。子女已满八周岁的,应当尊重其真实意愿。	第三十六条　父母与子女间的关系,不因父母离婚而消除。离婚后,子女无论由父或母直接抚养,仍是父母双方的子女。 离婚后,父母对于子女仍有抚养和教育的权利和义务。 离婚后,哺乳期内的子女,以随哺乳的母亲抚养为原则。哺乳期后的子女,如双方因抚养问题发生争执不能达成协议时,由人民法院根据子女的权益和双方的具体情况判决。
第一千零八十五条　离婚后,子女由一方直接抚养的,另一方应当负担部分或者全部抚养费。负担费用的多少和期限的长短,由双方协议;协议不成的,由人民法院判决。 前款规定的协议或者判决,不妨碍子女在必要时向父母任何一方提出超过协议或者判决原定数额的合理要求。	第三十七条　离婚后,一方抚养的子女,另一方应负担必要的生活费和教育费的一部或全部,负担费用的多少和期限的长短,由双方协议;协议不成时,由人民法院判决。 关于子女生活费和教育费的协议或判决,不妨碍子女在必要时向父母任何一方提出超过协议或判决原定数额的合理要求。
第一千零八十六条　离婚后,不直接抚养子女的父或者母,有探望子女的权利,另一方有协助的义务。	第三十八条　离婚后,不直接抚养子女的父或母,有探望子女的权利,另一方有协助的义务。

续表

《民法典》婚姻家庭编	《婚姻法》
行使探望权利的方式、时间由当事人协议;协议不成的,由人民法院判决。 父或者母探望子女,不利于子女身心健康的,由人民法院依法中止探望;中止的事由消失后,应当恢复探望。	行使探望权利的方式、时间由当事人协议;协议不成时,由人民法院判决。 父或母探望子女,不利于子女身心健康的,由人民法院依法中止探望的权利;中止的事由消失后,应当恢复探望的权利。
第一千零八十七条　离婚时,夫妻的共同财产由双方协议处理;协议不成的,由人民法院根据财产的具体情况,按照照顾子女、女方和无过错方权益的原则判决。 对夫或者妻在家庭土地承包经营中享有的权益等,应当依法予以保护。	第三十九条　离婚时,夫妻的共同财产由双方协议处理;协议不成时,由人民法院根据财产的具体情况,照顾子女和女方权益的原则判决。 夫或妻在家庭土地承包经营中享有的权益等,应当依法予以保护。
第一千零八十八条　夫妻一方因抚育子女、照料老年人、协助另一方工作等负担较多义务的,离婚时有权向另一方请求补偿,另一方应当给予补偿。具体办法由双方协议;协议不成的,由人民法院判决。	第四十条　夫妻书面约定婚姻关系存续期间所得的财产归各自所有,一方因抚育子女、照料老人、协助另一方工作等付出较多义务的,离婚时有权向另一方请求补偿,另一方应当予以补偿。
第一千零八十九条　离婚时,夫妻共同债务应当共同偿还。共同财产不足清偿或者财产归各自所有的,由双方协议清偿;协议不成的,由人民法院判决。	第四十一条　离婚时,原为夫妻共同生活所负的债务,应当共同偿还。共同财产不足清偿的,或财产归各自所有的,由双方协议清偿;协议不成时,由人民法院判决。
第一千零九十条　离婚时,如果一方生活困难,有负担能力的另一方应当给予适当帮助。具体办法由双方协议;协议不成的,由人民法院判决。	第四十二条　离婚时,如一方生活困难,另一方应从其住房等个人财产中给予适当帮助。具体办法由双方协议;协议不成时,由人民法院判决。
第一千零九十一条　有下列情形之一,导致离婚的,无过错方有权请求损害赔偿: (一)重婚; (二)与他人同居; (三)实施家庭暴力; (四)虐待、遗弃家庭成员; (五)有其他重大过错。	第四十六条　有下列情形之一,导致离婚的,无过错方有权请求损害赔偿: (一)重婚的; (二)有配偶者与他人同居的; (三)实施家庭暴力的; (四)虐待、遗弃家庭成员的。

续表

《民法典》婚姻家庭编	《婚姻法》
第一千零九十二条　夫妻一方隐藏、转移、变卖、毁损、挥霍夫妻共同财产，或者伪造夫妻共同债务企图侵占另一方财产的，在离婚分割夫妻共同财产时，对该方可以少分或者不分。离婚后，另一方发现有上述行为的，可以向人民法院提起诉讼，请求再次分割夫妻共同财产。	第四十七条　离婚时，一方隐藏、转移、变卖、毁损夫妻共同财产，或伪造债务企图侵占另一方财产的，分割夫妻共同财产时，对隐藏、转移、变卖、毁损夫妻共同财产或伪造债务的一方，可以少分或不分。离婚后，另一方发现有上述行为的，可以向人民法院提起诉讼，请求再次分割夫妻共同财产。 人民法院对前款规定的妨害民事诉讼的行为，依照民事诉讼法的规定予以制裁。

《民法典》继承编	《继承法》
第一章　一般规定	
第一千一百一十九条　本编调整因继承产生的民事关系。	
第一千一百二十条　国家保护自然人的继承权。	第一条　根据《中华人民共和国宪法》规定，为保护公民的私有财产的继承权，制定本法。
第一千一百二十一条　继承从被继承人死亡时开始。 相互有继承关系的数人在同一事件中死亡，难以确定死亡时间的，推定没有其他继承人的人先死亡。都有其他继承人，辈份不同的，推定长辈先死亡；辈份相同的，推定同时死亡，相互不发生继承。	第二条　继承从被继承人死亡时开始。
第一千一百二十二条　遗产是自然人死亡时遗留的个人合法财产。 依照法律规定或者根据其性质不得继承的遗产，不得继承。	第三条　遗产是公民死亡时遗留的个人合法财产，包括： （一）公民的收入； （二）公民的房屋、储蓄和生活用品； （三）公民的林木、牲畜和家禽； （四）公民的文物、图书资料； （五）法律允许公民所有的生产资料； （六）公民的著作权、专利权中的财产权利； （七）公民的其他合法财产。

续表

《民法典》继承编	《继承法》
第一千一百二十三条　继承开始后，按照法定继承办理；有遗嘱的，按照遗嘱继承或者遗赠办理；有遗赠扶养协议的，按照协议办理。	第五条　继承开始后，按照法定继承办理；有遗嘱的，按照遗嘱继承或者遗赠办理；有遗赠扶养协议的，按照协议办理。
第一千一百二十四条　继承开始后，继承人放弃继承的，应当在遗产处理前，以书面形式作出放弃继承的表示；没有表示的，视为接受继承。 受遗赠人应当在知道受遗赠后六十日内，作出接受或者放弃受遗赠的表示；到期没有表示的，视为放弃受遗赠。	第二十五条　继承开始后，继承人放弃继承的，应当在遗产处理前，作出放弃继承的表示。没有表示的，视为接受继承。 受遗赠人应当在知道受遗赠后两个月内，作出接受或者放弃受遗赠的表示。到期没有表示的，视为放弃受遗赠。
第一千一百二十五条　继承人有下列行为之一的，丧失继承权： （一）故意杀害被继承人； （二）为争夺遗产而杀害其他继承人； （三）遗弃被继承人，或者虐待被继承人情节严重； （四）伪造、篡改、隐匿或者销毁遗嘱，情节严重； （五）以欺诈、胁迫手段迫使或者妨碍被继承人设立、变更或者撤回遗嘱，情节严重。 继承人有前款第三项至第五项行为，确有悔改表现，被继承人表示宽恕或者事后在遗嘱中将其列为继承人的，该继承人不丧失继承权。 受遗赠人有本条第一款规定行为的，丧失受遗赠权。	第七条　继承人有下列行为之一的，丧失继承权： （一）故意杀害被继承人的； （二）为争夺遗产而杀害其他继承人的； （三）遗弃被继承人的，或者虐待被继承人情节严重的； （四）伪造、篡改或者销毁遗嘱，情节严重的。
第二章　法定继承	
第一千一百二十六条　继承权男女平等。	第九条　继承权男女平等。
第一千一百二十七条　遗产按照下列顺序继承： （一）第一顺序：配偶、子女、父母； （二）第二顺序：兄弟姐妹、祖父母、外祖父母。 继承开始后，由第一顺序继承人继承，第二顺序继承人不继承；没有第一顺序继承人继承的，由第二顺序继承人继承。	第十条　遗产按照下列顺序继承： 第一顺序：配偶、子女、父母。 第二顺序：兄弟姐妹、祖父母、外祖父母。 继承开始后，由第一顺序继承人继承，第二顺序继承人不继承。没有第一顺序继承人继承的，由第二顺序继承人继承。

续表

《民法典》继承编	《继承法》
本编所称子女，包括婚生子女、非婚生子女、养子女和有扶养关系的继子女。 本编所称父母，包括生父母、养父母和有扶养关系的继父母。 本编所称兄弟姐妹，包括同父母的兄弟姐妹、同父异母或者同母异父的兄弟姐妹、养兄弟姐妹、有扶养关系的继兄弟姐妹。	本法所说的子女，包括婚生子女、非婚生子女、养子女和有扶养关系的继子女。 本法所说的父母，包括生父母、养父母和有扶养关系的继父母。 本法所说的兄弟姐妹，包括同父母的兄弟姐妹、同父异母或者同母异父的兄弟姐妹、养兄弟姐妹、有扶养关系的继兄弟姐妹。
第一千一百二十八条　被继承人的子女先于被继承人死亡的，由被继承人的子女的直系晚辈血亲代位继承。 被继承人的兄弟姐妹先于被继承人死亡的，由被继承人的兄弟姐妹的子女代位继承。 代位继承人一般只能继承被代位继承人有权继承的遗产份额。	第十一条　被继承人的子女先于被继承人死亡的，由被继承人的子女的晚辈直系血亲代位继承。代位继承人一般只能继承他的父亲或者母亲有权继承的遗产份额。
第一千一百二十九条　丧偶儿媳对公婆，丧偶女婿对岳父母，尽了主要赡养义务的，作为第一顺序继承人。	第十二条　丧偶儿媳对公、婆，丧偶女婿对岳父、岳母，尽了主要赡养义务的，作为第一顺序继承人。
第一千一百三十条　同一顺序继承人继承遗产的份额，一般应当均等。 对生活有特殊困难又缺乏劳动能力的继承人，分配遗产时，应当予以照顾。 对被继承人尽了主要扶养义务或者与被继承人共同生活的继承人，分配遗产时，可以多分。 有扶养能力和有扶养条件的继承人，不尽扶养义务的，分配遗产时，应当不分或者少分。 继承人协商同意的，也可以不均等。	第十三条　同一顺序继承人继承遗产的份额，一般应当均等。 对生活有特殊困难的缺乏劳动能力的继承人，分配遗产时，应当予以照顾。 对被继承人尽了主要扶养义务或者与被继承人共同生活的继承人，分配遗产时，可以多分。 有扶养能力和有扶养条件的继承人，不尽扶养义务的，分配遗产时，应当不分或者少分。 继承人协商同意的，也可以不均等。
第一千一百三十一条　对继承人以外的依靠被继承人扶养的人，或者继承人以外的对被继承人扶养较多的人，可以分给适当的遗产。	第十四条　对继承人以外的依靠被继承人扶养的缺乏劳动能力又没有生活来源的人，或者继承人以外的对被继承人扶养较多的人，可以分给他们适当的遗产。

续表

<table>
<tr><th>《民法典》继承编</th><th>《继承法》</th></tr>
<tr><td>第一千一百三十二条　继承人应当本着互谅互让、和睦团结的精神，协商处理继承问题。遗产分割的时间、办法和份额，由继承人协商确定；协商不成的，可以由人民调解委员会调解或者向人民法院提起诉讼。</td><td>第十五条　继承人应当本着互谅互让、和睦团结的精神，协商处理继承问题。遗产分割的时间、办法和份额，由继承人协商确定。协商不成的，可以由人民调解委员会调解或者向人民法院提起诉讼。</td></tr>
<tr><td>第三章　遗嘱继承和遗赠</td><td></td></tr>
<tr><td>第一千一百三十三条　自然人可以依照本法规定立遗嘱处分个人财产，并可以指定遗嘱执行人。
自然人可以立遗嘱将个人财产指定由法定继承人中的一人或者数人继承。
自然人可以立遗嘱将个人财产赠与国家、集体或者法定继承人以外的组织、个人。
自然人可以依法设立遗嘱信托。</td><td>第十六条　公民可以依照本法规定立遗嘱处分个人财产，并可以指定遗嘱执行人。
公民可以立遗嘱将个人财产指定由法定继承人的一人或者数人继承。
公民可以立遗嘱将个人财产赠给国家、集体或者法定继承人以外的人。</td></tr>
<tr><td>第一千一百三十四条　自书遗嘱由遗嘱人亲笔书写，签名，注明年、月、日。</td><td rowspan="6">第十七条　公证遗嘱由遗嘱人经公证机关办理。
自书遗嘱由遗嘱人亲笔书写，签名，注明年、月、日。
代书遗嘱应当有两个以上见证人在场见证，由其中一人代书，注明年、月、日，并由代书人、其他见证人和遗嘱人签名。
以录音形式立的遗嘱，应当有两个以上见证人在场见证。
遗嘱人在危急情况下，可以立口头遗嘱。口头遗嘱应当有两个以上见证人在场见证。危急情况解除后，遗嘱人能够用书面或者录音形式立遗嘱的，所立的口头遗嘱无效。</td></tr>
<tr><td>第一千一百三十五条　代书遗嘱应当有两个以上见证人在场见证，由其中一人代书，并由遗嘱人、代书人和其他见证人签名，注明年、月、日。</td></tr>
<tr><td>第一千一百三十六条　打印遗嘱应当有两个以上见证人在场见证。遗嘱人和见证人应当在遗嘱每一页签名，注明年、月、日。</td></tr>
<tr><td>第一千一百三十七条　以录音录像形式立的遗嘱，应当有两个以上见证人在场见证。遗嘱人和见证人应当在录音录像中记录其姓名或者肖像，以及年、月、日。</td></tr>
<tr><td>第一千一百三十八条　遗嘱人在危急情况下，可以立口头遗嘱。口头遗嘱应当有两个以上见证人在场见证。危急情况消除后，遗嘱人能够以书面或者录音录像形式立遗嘱的，所立的口头遗嘱无效。</td></tr>
<tr><td>第一千一百三十九条　公证遗嘱由遗嘱人经公证机构办理。</td></tr>
</table>

续表

《民法典》继承编	《继承法》
第一千一百四十条　下列人员不能作为遗嘱见证人： （一）无民事行为能力人、限制民事行为能力人以及其他不具有见证能力的人； （二）继承人、受遗赠人； （三）与继承人、受遗赠人有利害关系的人。	第十八条　下列人员不能作为遗嘱见证人： （一）无行为能力人、限制行为能力人； （二）继承人、受遗赠人； （三）与继承人、受遗赠人有利害关系的人。
第一千一百四十一条　遗嘱应当为缺乏劳动能力又没有生活来源的继承人保留必要的遗产份额。	第十九条　遗嘱应当对缺乏劳动能力又没有生活来源的继承人保留必要的遗产份额。
第一千一百四十二条　遗嘱人可以撤回、变更自己所立的遗嘱。 立遗嘱后，遗嘱人实施与遗嘱内容相反的民事法律行为的，视为对遗嘱相关内容的撤回。 立有数份遗嘱，内容相抵触的，以最后的遗嘱为准。	第二十条　遗嘱人可以撤销、变更自己所立的遗嘱。 立有数份遗嘱，内容相抵触的，以最后的遗嘱为准。 自书、代书、录音、口头遗嘱，不得撤销、变更公证遗嘱。
第一千一百四十三条　无民事行为能力人或者限制民事行为能力人所立的遗嘱无效。 遗嘱必须表示遗嘱人的真实意思，受欺诈、胁迫所立的遗嘱无效。 伪造的遗嘱无效。 遗嘱被篡改的，篡改的内容无效。	第二十二条　无行为能力人或者限制行为能力人所立的遗嘱无效。 遗嘱必须表示遗嘱人的真实意思，受胁迫、欺骗所立的遗嘱无效。 伪造的遗嘱无效。 遗嘱被篡改的，篡改的内容无效。
第一千一百四十四条　遗嘱继承或者遗赠附有义务的，继承人或者受遗赠人应当履行义务。没有正当理由不履行义务的，经利害关系人或者有关组织请求，人民法院可以取消其接受附义务部分遗产的权利。	第二十一条　遗嘱继承或者遗赠附有义务的，继承人或者受遗赠人应当履行义务。没有正当理由不履行义务的，经有关单位或者个人请求，人民法院可以取消他接受遗产的权利。
第四章　遗产的处理	
第一千一百四十五条　继承开始后，遗嘱执行人为遗产管理人；没有遗嘱执行人的，继承人应当及时推选遗产管理人；继承人未推选的，由继承人共同担任遗产管理人；没有继承人或者继承人均放弃继承的，由被继承人生前住所地的民政部门或者村民委员会担任遗产管理人。	

续表

《民法典》继承编	《继承法》
第一千一百四十六条　对遗产管理人的确定有争议的，利害关系人可以向人民法院申请指定遗产管理人。	
第一千一百四十七条　遗产管理人应当履行下列职责： （一）清理遗产并制作遗产清单； （二）向继承人报告遗产情况； （三）采取必要措施防止遗产毁损、灭失； （四）处理被继承人的债权债务； （五）按照遗嘱或者依照法律规定分割遗产； （六）实施与管理遗产有关的其他必要行为。	
第一千一百四十八条　遗产管理人应当依法履行职责，因故意或者重大过失造成继承人、受遗赠人、债权人损害的，应当承担民事责任。	
第一千一百四十九条　遗产管理人可以依照法律规定或者按照约定获得报酬。	
第一千一百五十条　继承开始后，知道被继承人死亡的继承人应当及时通知其他继承人和遗嘱执行人。继承人中无人知道被继承人死亡或者知道被继承人死亡而不能通知的，由被继承人生前所在单位或者住所地的居民委员会、村民委员会负责通知。	第二十三条　继承开始后，知道被继承人死亡的继承人应当及时通知其他继承人和遗嘱执行人。继承人中无人知道被继承人死亡或者知道被继承人死亡而不能通知的，由被继承人生前所在单位或者住所地的居民委员会、村民委员会负责通知。
第一千一百五十一条　存有遗产的人，应当妥善保管遗产，任何组织或者个人不得侵吞或者争抢。	第二十四条　存有遗产的人，应当妥善保管遗产，任何人不得侵吞或者争抢。
第一千一百五十二条　继承开始后，继承人于遗产分割前死亡，并没有放弃继承的，该继承人应当继承的遗产转给其继承人，但是遗嘱另有安排的除外。	

续表

《民法典》继承编	《继承法》
第一千一百五十三条　夫妻共同所有的财产,除有约定的外,遗产分割时,应当先将共同所有的财产的一半分出为配偶所有,其余的为被继承人的遗产。 遗产在家庭共有财产之中的,遗产分割时,应当先分出他人的财产。	第二十六条　夫妻在婚姻关系存续期间所得的共同所有的财产,除有约定的以外,如果分割遗产,应当先将共同所有的财产的一半分出为配偶所有,其余的为被继承人的遗产。 遗产在家庭共有财产之中的,遗产分割时,应当先分出他人的财产。
第一千一百五十四条　有下列情形之一的,遗产中的有关部分按照法定继承办理: (一)遗嘱继承人放弃继承或者受遗赠人放弃受遗赠; (二)遗嘱继承人丧失继承权或者受遗赠人丧失受遗赠权; (三)遗嘱继承人、受遗赠人先于遗嘱人死亡或者终止; (四)遗嘱无效部分所涉及的遗产; (五)遗嘱未处分的遗产。	第二十七条　有下列情形之一的,遗产中的有关部分按照法定继承办理: (一)遗嘱继承人放弃继承或者受遗赠人放弃受遗赠的; (二)遗嘱继承人丧失继承权的; (三)遗嘱继承人、受遗赠人先于遗嘱人死亡的; (四)遗嘱无效部分所涉及的遗产; (五)遗嘱未处分的遗产。
第一千一百五十五条　遗产分割时,应当保留胎儿的继承份额。胎儿娩出时是死体的,保留的份额按照法定继承办理。	第二十八条　遗产分割时,应当保留胎儿的继承份额。胎儿出生时是死体的,保留的份额按照法定继承办理。
第一千一百五十六条　遗产分割应当有利于生产和生活需要,不损害遗产的效用。 不宜分割的遗产,可以采取折价、适当补偿或者共有等方法处理。	第二十九条　遗产分割应当有利于生产和生活需要,不损害遗产的效用。 不宜分割的遗产,可以采取折价、适当补偿或者共有等方法处理。
第一千一百五十七条　夫妻一方死亡后另一方再婚的,有权处分所继承的财产,任何组织或者个人不得干涉。	第三十条　夫妻一方死亡后另一方再婚的,有权处分所继承的财产,任何人不得干涉。
第一千一百五十八条　自然人可以与继承人以外的组织或者个人签订遗赠扶养协议。按照协议,该组织或者个人承担该自然人生养死葬的义务,享有受遗赠的权利。	第三十一条　公民可以与扶养人签订遗赠扶养协议。按照协议,扶养人承担该公民生养死葬的义务,享有受遗赠的权利。 公民可以与集体所有制组织签订遗赠扶养协议。按照协议,集体所有制组织承担该公民生养死葬的义务,享有受遗赠的权利。

续表

《民法典》继承编	《继承法》
第一千一百五十九条　分割遗产,应当清偿被继承人依法应当缴纳的税款和债务;但是,应当为缺乏劳动能力又没有生活来源的继承人保留必要的遗产。	
第一千一百六十条　无人继承又无人受遗赠的遗产,归国家所有,用于公益事业;死者生前是集体所有制组织成员的,归所在集体所有制组织所有。	第三十二条　无人继承又无人受遗赠的遗产,归国家所有;死者生前是集体所有制组织成员的,归所在集体所有制组织所有。
第一千一百六十一条　继承人以所得遗产实际价值为限清偿被继承人依法应当缴纳的税款和债务。超过遗产实际价值部分,继承人自愿偿还的不在此限。 继承人放弃继承的,对被继承人依法应当缴纳的税款和债务可以不负清偿责任。	第三十三条　继承遗产应当清偿被继承人依法应当缴纳的税款和债务,缴纳税款和清偿债务以他的遗产实际价值为限。超过遗产实际价值部分,继承人自愿偿还的不在此限。 继承人放弃继承的,对被继承人依法应当缴纳的税款和债务可以不负偿还责任。
第一千一百六十二条　执行遗赠不得妨碍清偿遗赠人依法应当缴纳的税款和债务。	第三十四条　执行遗赠不得妨碍清偿遗赠人依法应当缴纳的税款和债务。
第一千一百六十三条　既有法定继承又有遗嘱继承、遗赠的,由法定继承人清偿被继承人依法应当缴纳的税款和债务;超过法定继承遗产实际价值部分,由遗嘱继承人和受遗赠人按比例以所得遗产清偿。	

图书在版编目(CIP)数据

财富传承案例与实务操作 / 王秀全，郭万华主编
. -- 北京 : 法律出版社，2021
ISBN 978 - 7 - 5197 - 5343 - 6

Ⅰ. ①财… Ⅱ. ①王… ②郭… Ⅲ. ①继承法－案例－世界 Ⅳ. ①D913.55

中国版本图书馆 CIP 数据核字(2021)第 026434 号

财富传承案例与实务操作
CAIFU CHUANCHENG ANLI YU SHIWU CAOZUO

王秀全 郭万华 主编

责任编辑 慕雪丹 章 雯
装帧设计 马 帅

出版 法律出版社
总发行 中国法律图书有限公司
经销 新华书店
印刷 永清县金鑫印刷有限公司
责任校对 赵明霞
责任印制 胡晓雅

编辑统筹 法商出版分社
开本 710 毫米×1000 毫米 1/16
印张 21.5
字数 340 千
版本 2021 年 3 月第 1 版
印次 2021 年 3 月第 1 次印刷

法律出版社/北京市丰台区莲花池西里 7 号(100073)
网址/www.lawpress.com.cn
投稿邮箱/info@lawpress.com.cn
举报维权邮箱/jbwq@lawpress.com.cn
销售热线/400-660-8393
咨询电话/010-63939796

中国法律图书有限公司/北京市丰台区莲花池西里 7 号(100073)
全国各地中法图分、子公司销售电话：
统一销售客服/400-660-8393/6393
第一法律书店/010-83938432/8433　西安分公司/029-85330678　重庆分公司/023-67453036
上海分公司/021-62071010/1636　深圳分公司/0755-83072995

书号:ISBN 978-7-5197-5343-6　**定价**:138.00 元
(如有缺页或倒装,中国法律图书有限公司负责退换)